本书由南京财经大学学术著作出版项目资助

中国史前岩画艺术的审美特征研究

The Aesthetic Characteristics of Chinese Prehistoric Rock Paintings

刘程　著

中国纺织出版社有限公司

内 容 提 要

本书以中国史前岩画视觉图像为主要阐述目标，精选了众多经典岩画图像，力求完整、真实地基于图像来还原岩画作品所产生的"原境"，试图从美术元素、美术造型、作品构图、宗教信仰、审美意象等方面详尽阐述岩画自身所拥有的审美特征，从而进一步探索史前社会的宗教礼仪、图腾文化以及象征内涵等文明踪迹。

本书可供文艺学、美学、艺术学、历史学、考古学等学科研究的人员参考阅读。

图书在版编目（CIP）数据

中国史前岩画艺术的审美特征研究 / 刘程著. -- 北京：中国纺织出版社有限公司，2023.6

ISBN 978-7-5229-0486-3

Ⅰ. ①中… Ⅱ. ①刘… Ⅲ. ①岩画－美术考古－研究－中国－石器时代 Ⅳ. ①K879.424

中国国家版本馆 CIP 数据核字（2023）第 062290 号

ZHONGGUO SHIQIAN YANHUA YISHU DE SHENMEI TEZHENG YANJIU

责任编辑：朱利锋　　责任校对：寇晨晨　　责任印制：王艳丽

中国纺织出版社有限公司出版发行

地址：北京市朝阳区百子湾东里A407号楼　邮政编码：100124

销售电话：010—67004422　传真：010—87155801

http://www.c-textilep.com

中国纺织出版社天猫旗舰店

官方微博 http://weibo.com/2119887771

三河市宏盛印务有限公司印刷　各地新华书店经销

2023年6月第1版第1次印刷

开本：710×1000　1/16　印张：16

字数：275千字　定价：78.00元

　　中国史前岩画是人类最古老的并具有世界性的原始视觉语言，它跨越了时空，用最质朴的艺术形式和艺术手法在史前和当下架起了一座可以相互沟通的感性"桥梁"，是史前先民在宗教巫术感应下的一种主观意识的物态化反映。它用一种世界性的、宗教意味极强的视觉图像去描绘史前先民的生活场景、生活秩序、宗教风俗、经济生产以及审美观念，浓缩了先民对物象的审美寄托与情感需求，鲜明地建构了史前先民内心宗教化的神圣审美"场域"。

　　中国史前岩画为我们追根溯源、多角度探索中国早期文明提供了丰富的实证材料，为我们研究中华文明找到了非常关键的切入点，将有助于我们更好地继承和发扬传统美学的精华，具有较高的中华民族美术研究价值，也是中华民族审美意识的源头活水。目前，对于岩画的研究大体基于考古学、历史学、人类学以及社会学等多种学科，并生成了多视角的研究成果，但是对中国史前岩画图像艺术视角的审美研究尚不多见，特别是基于岩画图像自身的线条、造型、构图以及艺术意象的审美研究比较缺乏。因此，本书借助美学、艺术学、历史学、民族学以及图像学等相关学科的知识，采用二重证据与思辨相结合、中西参证、古今结合、田野考察、跨学科相互融合、文献研究、实物图像研究等方法，从线条、造型、构图、意象等几个方面展开对史前岩画的艺术审美特征研究。

　　全书共分为六章：

　　第一章绪论部分评述了中外学者对岩画的研究，并审视和反思了史前岩画审美特征研究的得与失，提出以线、形、意来研究史前岩画中的审美意识，即通过研究岩画图像中的线条、造型、构图、意象来展现史前岩画不同类别的审美特征。

第二章揭示了中国史前岩画线条的审美特征。本章主要阐述了岩画的形态、特征、表现方式以及表现功能，凸显了史前先民以线写形、以线成面、以线写意的审美意象性，从而探索出线条以静显动、寓动于静的审美意蕴，使得这类粗犷有力、大气干练的简约线条呈现出先民对现实物象的生命体验和情感抒发。

第三章揭示了中国史前岩画造型的审美特征。本章分别对中国南北方岩画中的图像进行了分析，从这些现实物象中高度提炼和概括出岩画的造型形态、手法和特征。这些岩画的造型形态包括人物形态、动物形态和植物形态；其造型手法主要有简约、夸张和几何化等类型；其造型特征包括人格化、程式化和平面化等，凝聚了史前先民对物象中蕴含的生命精神的无限赞美之情。

第四章揭示了中国史前岩画构图的审美特征。一是岩画的构图形式具有重叠、秩序、动静的审美特征；二是岩画的构图方法主要有鸟瞰构图、平面构图以及主次关系构图，通过这些构图方法为读者呈现了一个极富人文情调的审美意象画面；三是岩画具有叙事性、场景性、对称性、平衡性、稚拙性等特征。

第五章分析了中国史前岩画的意象类型。本章结合史前岩画图像的呈像图式，通过考察与分析不同地区的岩画图像与自身所具有的象征属性，对图像进行跨学科研究，发现中国史前岩画意象有自然意象、生活意象和巫术意象等类型。在巫术意象的范围内，又有狩猎巫术意象、神灵崇拜意象、图腾崇拜意象以及生殖崇拜意象等类型。

为方便读者欣赏和研究岩画图像，各章高清彩图以二维码形式集中放在各章前。

　　本书编写过程中，得到了导师、同门及同行的诸多支持和帮助，也参阅了大量文献，在此对他们表示真诚的感谢，并对所参考文献的原作者表示诚挚的谢意。

　　本书图片主要来源于《中国岩画全集》，其他的著作也兼而有之。在此向原作者与出版单位致以诚挚的谢意。如有必要请联系本书作者，万分感谢！

　　由于作者水平所限，书中难免存在不足之处，敬请广大读者及同行批评指正。

　　本书的出版得到2022年度南京财经大学学术著作出版项目资助。

刘程

2023年1月

Contents

目 录

第一章　绪论

第一章图片

岩画，英文称rock painting、rock art、petroglyph、engraving、pictograph[1]、paleolithic art[2]等。岩画又可以称作岩石艺术，它以岩石为载体，以平面造像、二维空间为主要呈像特征，经过人类的劳动加工之后而创造的艺术成果。国际岩画组织联合会主席罗伯特·G.贝德纳里克（Robert G.Bednarik）将其称为Rock of Science[3]，美国学者坎贝尔·格兰特（Compbell Grant）将岩画概括为被刻绘在不能移动的石头之上的事象。意大利学者埃马努埃尔·阿纳蒂（Emmanuel Anati）认为[4]："岩画似乎是一种原始语言的表达，其包含有各种不同的'地方性'语言。"埃马努埃尔·阿纳蒂的这种概括强调了原始岩画作为一种世界性原始语言而存在。在人类发展的"童年"时期，岩画作为一种传达和记录人类生活经历的重要标记并普遍存在于原始社会之中，就像我们今天的汉字或者英文、法文一样。

国内的一些岩画学者对"岩画"有着不同的"界定"。例如，陈兆复对岩画进行概念界定，并基于国内南绘北刻的岩画类别体系做了严格的区分，也对岩画自身的属性进行了叙述，但是他忽略了史前人类生产活动和原始宗教等因素对岩画的影响，更忽略了岩画图像平面性的呈像特点以及岩画图像表达出来的意象性。盖山林认为[5]，"岩画，英文rock art，意即岩石艺术。著名的地理学家郦道元在《水经注》一书中称之为'画石'。现在还有崖画、崖壁画、崖雕、

---

[1] 杨超，《圣坛之石：一部欧洲的岩画学史》，广州：世界图书出版广东有限公司，2013年版，第47页。

[2] J. D. Lewis-Williams, T. A. Dowson, Paul G. Bahn, et al. *The signs of all times: entoptic phenomena in upper paleolithic art*. Current Anthropology, 1988, 29（4）：201–245. 文章阐释了南非的古代岩画采用民族学分析的方法，并专门走访了南非土著居民塞恩人的萨满，从中得出一些史前艺术和萨满有关的理论。

[3] Robeart G. Bedbarik, *Rock art science-the scientific study of palaeoart*. New Delhi: Aryan Books International, 2007.

[4] 埃马努埃尔·阿纳蒂，《世界岩画：原始语言》，银川：宁夏人民出版社，2017年版，第2页。

[5] 盖山林，《中国岩画学》，北京：书目文献出版社，1995年版，第3页，第18页。

石头画、崖刻等称谓。有人将绘画出的岩画称作崖画，而将凿刻的岩画另称作崖雕。""岩画是古代先民记录在石头上的形象性的史书……是人类由野蛮走向文明历程的生动图解。"盖山林先生强调岩画是对历史文明的记录。而陈望衡将岩画称作是感性的存在和形象的绘画，这种"绘画"形式已经超越了传统绘画的样式，它承载了大量的宗教信仰、先民心理活动、社会生活、经济活动以及古人的审美观念等功能❶。他认为岩画中的任何一个形象或者一条线均承载着史前社会中的某个方面的社会功能或者表达功利目的。

不管如何界定岩画自身的内涵，总的来说，岩画是古代先民记录生活、体悟生活和概括生活的一种外在感性形式，这些岩画中的形象都是"具有神力魔法的舞蹈、歌唱、咒语的凝练化的代表。它们浓缩着、积淀着原始人们强烈的情感、思想、信仰和期望"❷。史前先民将内心中的一些想象活动赋予这个拙朴的小小图画之中，每一个造型都是对现实物象深思熟虑的审美创构。同时，史前先民将某种具有象征性和世俗性的信息通过不同的造型、构图呈现出来。大多数的岩画形象造型的刻绘均带有原始宗教思维的特点，他们用这种早期的"审美语言"形式去诉说史前人类物质和精神情感活动。

中国史前岩画艺术是中国古代艺术序列中的一个重要组成部分，也是研究中国史前意象的重要切入点。它的每一个形象都是通过造型或者形式去彰显先民的审美意识、审美情趣和审美理想。它们"虽然表现形式简单，甚至粗糙，显得幼稚、笨拙，但由于它直观的图像里渗透着原始人类强旺的生命感受，内在的信息极为丰富，至今隐藏着一些秘密，使我们无法解读"❸。从西藏塔康巴岩画到连云港将军崖岩画，从黑龙江海林岩画到台湾万山岩画，这些岩画中的图像被先民主观赋予一定程度的宗教巫术观念和审美意义。先民们凭借着美术中的点、线、面元素将他们所架构的岩画形象来传播岩画自身的巫术和审美的"力量"，画面中的每一个形象已经成为先民为彰显原始生命精神而进行的某种审美创构的行为。

原始先民凭借着这种凿、刻与绘等方法记录了原始社会中的狩猎、放牧、生殖以及巫术等活动，或者基于不同属性的线将每一个形象用审美的眼光去展示先民绘画的"笔法"。这些题材在很大程度上体现了原始先民朴素和稚拙的审视视角。在这里，无论何种题材的岩画都内蕴着独特的审美艺术特征，浓

---

❶ 陈望衡，《文明前的"文明"：中华史前审美意识研究》（上），北京：人民出版社，2017年版，第39页。

❷ 李泽厚，《美的历程》，北京：生活·读书·新知三联书店，2009年版，第11页。

❸ 斑澜、冯军胜，《阴山岩画文化艺术论》，呼和浩特：远方出版社，2000年版，第15页。

缩了先民对生命精神的高度礼赞。特别是在史前社会里，原始先民由于认知水平的限制，基于自身的审美趣味和实用需要对物象进行组合和美化。这种美化都是将物象的轮廓和内在细节高度抽象，他们基于物象而超越物象，形成了原始思维状态下的岩画意象。在一定的文本话语上，先民将这些无生命的岩画形象看作是其进行审美创构的重要媒介，以表达对现实物象的审美崇拜。通过这种审美活动，我们可以了解到原始先民保存在岩画中的审美经验，更可以以岩画图像作为史前与现代人类沟通的桥梁，让岩画图像自身来绘声绘色地向现代人讲述原始时代的宗教风俗、审美观念以及丰富多彩的生活故事。

第一节　研究背景

岩画图像重要的承载体就是岩石或崖面。我们可以将岩石或崖面视作一件实物、一种绘画媒材或者一个兼具有二维和三维视角的自然物象。岩石或崖面为岩画图像提供了很好二维空间的联想和想象界面，它可以让作者或者受众清晰地在这个平面上看清或体悟画面中的形象、构图以及画中形象之间的比例关系。岩石或崖面为岩画提供了空间上的有序分隔，岩石或崖面将图像从现实、地面、立体、功能等各方面分隔开来。各种物象经过作者的技艺加工之后，岩石或崖面上的文本图像似乎还和现实中的物象有着千丝万缕的联系。一方面，岩石或崖面将作者的刻绘技艺和思想情感予以拓展，并成为他们日常生产和生活中的一个延伸点和倾诉处；另一方面，岩面或崖面成为先民祭拜神灵和沟通天地的重要场所，并使其权威覆盖于这一具体地点❶。

中国岩画可以追溯到旧石器时代❷，其本身就具有"原始性"的概念。陈

---

❶ 巫鸿，《重屏：中国绘画中的媒材与再现》，文丹译，上海：上海人民出版社，2009年版，第3页。

❷ 对于岩画发生的时间，多数的学者都认为岩画发生在旧石器时代。例如盖山林在其著作《中国岩画》中就参考欧洲岩画分期："早期始于旧石器时代，是晚期智人创造出来的，反映出了智人的特定的思维方式一直延续到中石器时代，属于狩猎艺术，从35000年前至10000年前，一直延续了25000年之久。晚期中石器时代开始，一直延续到有文字的历史时期。" 盖山林，《中国岩画》，广州：广东旅游出版社，2004年版，第2页。李祥石在其著作《解读岩画》中也将岩画的发生时间划定在4万年。陈兆复在其著作《古代岩画》中也指出"最早的岩画创作于四五万年以前"。陈兆复，《古代岩画》，北京：文物出版社，2002年版，第2页。

兆复在《中国岩画发现史》中明确将岩画概括为"一种制作在岩石上的原始艺术"❶。"岩画"这一词汇隐喻着某种时代画种或技法或未加训练的人类，他们运用最原始的硬质工具凭借着"凿刻""磨刻""线刻"或者"涂绘"等技法，将经过加工后的物象"镶嵌"于人类早期社会的岩石表面或洞穴内部墙壁上，向世人呈现出人类早期简朴、直率、粗陋以及神秘的宗教生活环境，将他们的信仰哲学、宗教巫术以及史前人类与动物的生存搏斗史保留在了无声的岩石表面，向人们诉说着史前人类社会的"神话巫术"活动，它"既包括人们物质生活所需的产品，也含精神生活方面的内容"❷。从某种意义上来说，"'原始艺术'的历史出现是原始人制作的人工制品及西方人将它们当作艺术品的翻译法的产物。"❸"它开创了原始艺术的先河，同时它又是人类自我表达生活的创造形式，基本上是直观的图画艺术形式，也有抽象与图画结合的表意形式。"❹在原始人眼中，原始宗教巫术控制或影响了整个的史前社会，不管做什么事情，他们都会利用"象征、神秘感和超越时空的自由联想"❺来赋予巫术活动更多的主观意愿，特别是原始岩画。在一定程度上它是原始宗教巫术的一种附属品❻。

这种通过最原始的刻绘技法与抽象思维相结合所形成的各类题材的形象，用图像来传递某种不可言说的情感话语。它"不论是写实的图像，还是抽象难解的符号，无一不是先民意识的产物。主要内容涉及狩猎、放牧、征战、交媾、祭祀及农耕生活，分别有动物、人物、人面像、车辆、符号等图案，是先民们对其思维结构、宗教信仰、文化模式等多方面的一种真实性反映"❼。正如中央民族大学陈兆复所说❽："岩画是靠着艺术想象力使情感具象化。处于原始时代的人类，无公害的污染，无人为的羁绊，任想象力自由驰骋。他们所创造的原始

❶ 陈兆复，《中国岩画发现史》，上海：上海人民出版社，1991年版，第1页。
❷ 徐自强，《石刻论著汇编》（第一集上编），北京：北京图书馆出版社，1997年版，《中国石文化丛书》说明。
❸ 简·布洛克，《原始艺术哲学》，沈波、张安平译，朱立元校，上海：上海人民出版社，1991年版，第139页。
❹ 李祥石，《解读岩画》，银川：宁夏人民出版社，2012年版，第1页。
❺ 宁克平，《中国岩画艺术图式》，包青林绘图，长沙：湖南美术出版社，1990年版，第2页。
❻ 朱狄，《雕刻出来的祈祷：原始艺术研究》，武汉：武汉大学出版社，2008年版，第45页。
❼ 杨慧玲，《神化与人格：宁夏人形岩画》，银川：黄河出版传媒集团、宁夏人民出版社，2015年版，第2页。
❽ 陈兆复，《古代岩画》，北京：文物出版社，2002年版，第4页。

艺术，纯朴无华，犹如陈年的醇酒，流香日溢。绝非现代艺术所能比拟。"

岩画作为一个世界性的文化现象、一种超越地域的艺术形式，已经遍布五大洲70个国家150个区域，超过820个岩画区❶的"70万个岩画点，估计有两千万个或更多的形象和符号"❷。托马斯·海德认为：岩画具有世界性的文化现象❸。而且，这种视觉传达形式无论在澳大利亚的阿兰达人、南非的布须曼人还是中国广西境内的骆越民族，他们都用岩画以镜子般的形式去反映早期人类的精神情感、思维观念以及审美观念。每一个区域里都拥有自己的岩画特点和忠实地反映原始先民心理演变过程的视觉图像。这些岩画点里保存着巨大数量的岩画图像，有狩猎岩画、生殖崇拜岩画、放牧岩画、动物岩画、太阳神岩画、祖先岩画、印迹岩画等不同母题的岩画。这些岩画充满了浓郁的人文与巫术特色，特别是在中国这个岩画记载最早、岩画存量最丰富的国家里❸，它形成了北起黑龙江、内蒙古，南至广东、广西、江苏、台湾，西至甘肃、青海、云南、新疆等各个省区市，覆盖面较广，所在地人文历史丰富。

每一个图像都彰显出原始先民对于生命精神的高度赞美和对巫术思想的精准传递。其中，狩猎和与狩猎相关的岩画占整个岩画数量的65%❹以上。因此，大约在12000年❺前，人类就开始经历了一个比较漫长的由早期狩猎经济向牧民动物饲养经济❻演变的发展历史。在那个时代，先民逐渐地开始使用弓箭、弩、棍棒等工具来采集一些肉类食物，他们用狩猎图像去诉说原始先民内在的巫术祈愿与外在的生活习俗观念。它们静静地被固定在岩石之上，虽然经过漫长的岁月对岩画图像的自然与人为的考验，但是，它们好似在等待后人给予它们某种合

---

❶ 埃马努埃尔·阿纳蒂（Emmanuel Anati），《世界岩画：原始语言》，张晓霞、张博文、郭晓云、张亚莎译，银川：宁夏人民出版社，2017年版，第5页，第6页。

❷ 韩丛耀主编，陈兆复、邢琏著，《中华图像文化史》（原始卷），北京：中国摄影出版社，2016年版，第115页。

❸ 盖山林：《中国岩画学》，北京：书目文献出版社，1995年版，第30页。

❹ 盖山林：《阴山史前狩猎岩画研究》，《内蒙古师大学报（自然科学）》，1984年第1期。

❺ 宁克平在《中国岩画艺术图式》中对狩猎时代是这样的划分的：石器时代（距今10000~3000年）。在这10000~3000年里，又分出早期的狩猎时期（距今10000~6000年）；狩猎鼎盛期（距今6000~4000年）；原始牧业萌芽（距今4000~3000年）。宁克平，《中国岩画艺术图式》，包青林绘图，长沙：湖南美术出版社，1990年版，第6-7页。陈兆复认为："旧石器时代之后的狩猎者，约公元前10000~6000年……后期的狩猎者，约公元前8000~4000年……游牧饲养经济，约公元前3500~200年。"陈兆复，《中国岩画发现史》，上海：上海人民出版社，1991年版，第7页。

❻ 埃马努埃尔·阿纳蒂（Emmanuel Anati），《世界岩画：原始语言》，张晓霞、张博文、郭晓云、张亚莎译，银川：宁夏人民出版社，2017年版，第21页。

理的诠释。这为后代人了解原始先民的生活场景以及宗教习俗提供了重要的历史文本。当然，这种文化现象已经成为中华传统文化的重要组成部分。也就是说，岩画的产生为后代的艺术创作特别是美术作品创作带来了很丰富的史料借鉴作用，并以丰富的史前图像资料来探寻人类如何通过岩画来创造意象世界的。

岩画是一种人类最古老的"原始视觉语言"（primordial visual language）❶。岩画图像最早产生于旧石器时代❷，它是在人类没有形成口语化语言之前而形成的一种图形化的"媒介物"，这种独具韵味的语言形式一直持续了43900年❸，让我们凭借着岩画窥探出早期人类的情感世界，它提供了我们观察史前人类原始文化模式和智力模式的一个独特的视角，它更给我们呈现了先民的物象游戏心态和巫术审美趣味。埃马努埃尔·阿纳蒂（Emmanuel Anati）认为❹："在文字出现之前，艺术起到了文字的作用，艺术是记忆的手段，也是传递信息和想法的手段。"原始先民将所要表达的话语运用点、线、面，并利用岩石的底部色彩，在岩石高低起伏的二维空间内，通过象形、构图、色彩、线条等艺术手法共同架构一个或一组有意味的平面隐喻图像。这些图像很大的程度上都是使用原始拟人造型形象并在造型基础上进行巫变❺。

在宁夏中卫、内蒙古磴口、巴丹吉林、连云港将军崖以及利比亚的塔德拉尔特阿卡库斯提恩拉兰的巴拉岩画点，原始先民将所要表达的内涵用硬质工具刻绘出来，他们在一幅画中凭借着不同的动作和形象去建构超自然的语言现象。他们将这些图像呈现在岩石表面上，"在有限的空间表现时间的动态艺术效果，创造出直观并可触摸的形象和符号。"❻ 以图表意，图意结合，并在受众的内心深处形成了意象化的精神语言，而这种意象化的图像就成为原始先民传

---

❶ 埃马努埃尔·阿纳蒂（Emmanuel Anati），《世界岩画：原始语言》，张晓霞、张博文、郭晓云、张亚莎译，银川：宁夏人民出版社，2017年版，第12页。这种"语言"在很大程度上是以图为主，以图显意，这里其实和我们所说的意象有些关系了，因为读图因人而异。因此，读图之后而在主观大脑中所形成的情趣和想象就存在差异了，不同的人对图像的体悟也是不一样的。

❷ 伊曼纽尔·阿纳蒂著，陈兆复主编，《阿纳蒂论岩画》，北京：文物出版社，2019年版，第17页。

❸ Aubert M, Lebe R, Oktaviana A A, et al. *Earliest hunting scene in prehistoric art*. Nature, 2019（576）：442–445.

❹ 埃马努埃尔·阿纳蒂，《艺术的起源》，刘建译，北京：中国人民大学出版社，2007年版，第23页。

❺ 基于巫术的视角对造型就行变化，造型的变化服从于巫术的观念。

❻ 《中国美术分类全集》编委会，《中国岩画全集》（西部岩画1），沈阳：辽宁美术出版社，2006年版，第25页。

授知识、神灵崇拜、寄托生活理想以及宣泄娱乐情绪的"原始语言"。唐代张彦远认为原始岩画就是一种视觉文字，因此他说❶："是时也，书画同体而未分，象制肇创而犹略。无以传其意，故有书；无以见其形，故有画……是故知书画异名而同体也。"而且"它们都具有古朴纯朴的风貌，造型概括简洁，轮廓突出鲜明，往往运用剪影式的没骨法来描绘人物，画动物有时用线条勾勒的方法"❷。这种造型简约而具有审美情境的视觉语言，常常给人一种神秘怪异的情感和意境，"它描述了经济和社会活动、想法、信念和实践，提供了观察人类智力生活和文化模式的独特视角。"❸在一定程度上拓展了先民的生命形式和审美需求。因此，岩画是一种象形语言文字。

岩画是人类最原始的"母语"❹。原始先民用岩画图像去揭示他们那个时期的生产、生活、精神以及宗教活动，是人类之间交流、传播、传达、记忆更好的文化形式，即使在现代的数字社会，人们也喜欢用图像来表现生活中的意象。在史前社会，人类存在着相同的观看物象的方式，也拥有着共同的理想、愿望和思维，人们在日常生产和生活中形成了对物象粗略的认识和见解，当艺术家利用硬质或软毛工具将这些物象简约地刻绘在岩石上之后，人们一看便知物象表示的是什么意思，不管这个图像是具象还是抽象。因此，岩画家是将那些比较普适化的图像刻绘在岩石上，来表达人类在那个时期的思想情感和宗教文化。

岩画具有特定的物质特征。首先，岩画的构图具有自由性，有单体构图，有群体式构图，还有的呈现一定的秩序性构图。不同的构图给我们呈现了不同的视觉内涵。其次，每一个画面或者形象之间没有按照正常的比例去构像。世界各大洲的岩画中的画面和形象都是按照先民主观宗教观念和记事观念构成的，每一个画面和物象之间不是按照现实物象的比例进行塑造的，有的物象较大，有的较小，有的很夸张，有的则进行具象描摹。再次，岩画以平面方式呈现。岩画将形象布置在一个平面或立面之上，是固定在岩面或者崖面之上的。它是一个非流动性的史前艺术作品。岩画中的形象也是基于平面二维空间而去建构的。最后，岩画以站立的形式与画面形成平视角度。

---

❶ （唐）张彦远著，俞剑华注释，《历代名画记》，南京：江苏美术出版社，2007年版，第1–2页。

❷ 陈兆复，《中国岩画发现史》，上海：上海人民出版社，1991年版，第19页。

❸ 埃马努埃尔·阿纳蒂，《世界岩画：原始语言》，张晓霞、张博文、郭晓云、张亚莎译，银川：宁夏人民出版社，2017年版，第3页。

❹ 李祥石，《世界岩画欣赏》，银川：宁夏人民出版社，2017年版，第307页。

岩画具有特定的媒材特性。首先，岩画是以岩石或崖面将画面呈现出来的，岩石或者崖面就成为先民们作画的依托和载体。受众通过自己的视觉与画面进行接触、交流。其次，观画的过程具有时间性和连续性。岩画形象的排列有高有低，有大有小，有虚有实，形成了高低错落的形式。你中有我，我中有你，这样就体现了一种动态性的视觉连续画面。因此，循序渐进地去观赏一幅岩画，通过移动观者的物理位置和视觉目光，观者所看到的整个画面是由多幅小画面共同构成的连续动态画面，它们不但凭借着不同的人物形象来呈现画面的表现内容，而且也是观者的视觉向外延展和画面形象平铺的过程。如四川罗场的一幅舞蹈岩画（图1-1），画面的上下幅从左到右，均由单体人物形象组成，通过观赏位置和视觉的不断变换，使画面呈现了舞蹈的连续动作，虽然不是一个人，但是先民们的动作将人物形象连接起来。最后，岩画观赏的公众性。岩画的外在视觉呈现是让众人遵守萨满的教义或教规，或者来展示本氏族的一种风土人情。当然，也有的岩画确实刻绘在深深地岩洞里或者比较隐秘的地方，但是大多数的岩画都是基于公众的视角来刻绘的，如广西花山岩画、云南沧源岩画以及连云港将军崖岩画等。

图1-1 四川罗场岩画
来源：李祥石，《世界岩画欣赏》，银川：宁夏人民出版社，2017年版。

岩画的产生、岩画的田野考察以及岩画审美研究三者并不是同步进行的，这需要研究者基于不同的理论构想和研究方法对岩画图像进行认识和接受，从这些图像中提炼和归纳出不同母题的审美特征。这些史前艺术的审美理论构想很多具有某种假设性或者基于社会学、宗教学、民族学或者民俗学观念而生成的，当然，在一定程度上讲，这些理论为后代人研究原始先民的岩画审美提供了某种指导或者研究方法。

在公元前35000~25000年❶，人类就有意识地制造图像和建构人类生活的画面。对史前岩画的研究最早起源于法国，后来，这种研究延伸到其他的国度。在研究过程中出现了不同的理论和研究构想，历史上有以下几种史前艺术研究的理论，如爱德华·泰勒（Edward Tylor）的"万物有灵观"，奥克拉德尼科夫（A. P. Okladnikov）的"萨满理论"，亚历山大·马沙克（A. Marshack）的"季节符号论"，爱德华·拉尔代（Edouard Lardet）的"为艺术而艺术"，所罗门·雷纳克（Salomon Reinach）的"开心的魔术"，亨利·贝古安伯爵（Henri Begouen）的"狩猎的魔术"，路易·加比唐（Louis Capitan）的"洞穴教堂说"，乔治-亨利·吕凯（Georges-henri Luquet）的"从偶然到有意"，安耐特·拉明-昂珀莱尔（Annette Laming-Emperaire）的"神话理论"和"性象征理论"，安德里亚斯·隆美尔、让·克洛特（Jean Clottes）、大卫·路易斯-威廉姆斯（David Lewis-Williams）的"萨满教理论"，马丽加·金芭塔丝（Marija Gimbutas）的"女神母亲理论"，这些理论为研究史前艺术的最初动机和探寻自身的溯源提供了一些理论支持。

在当时，人类面对自然现象处于一种无知的状态，深受"万物有灵"思维的影响，认为这种自然现象是一种有生命的客体，彼此存在着种种的神秘关系，并将其祭拜为象征生命力的"神"。这种原始思维逐渐渗透到岩画的创作之中，每一个图像或多或少地添加了宗教巫术的因素，并使用神话思维去探求生命之本和宇宙之本。如宁夏贺兰山岩画、内蒙古阴山岩画❷、连云港将军崖的农业和星空岩画、广西花山祭神岩画以及新疆呼图壁康家石门子的生殖岩画等。因此，早期的岩画图像是被宗教意图所包围着的对自然物象的感悟形式，包含着一种混沌不分的宗教审美情趣。

史前岩画图像已经呈现出鲜明的意象性。史前岩画通过先民对线条、二维空间现象的感知，并利用不同的塑造手法"活取"现实之像和臆想出来的图像巧妙地刻绘在岩石上。他们所绘制的每一幅图像都是高度融入了主体对客体的

---

❶　何丹，《图画文字说与人类文字的起源：关于人类文字起源模式重构的研究》，北京：中国社会科学出版社，2003年版，第117页。

❷　内蒙古阴山和宁夏贺兰山均以神格人面像闻名于世，给我们呈现出造型简约、惟妙惟肖、雄浑刚劲、神秘威严的风格特征。这些神格人面像好似是神灵的面像，每一个图像均呈现出人类喜怒哀乐的面部表情，虽然刻绘得比较抽象。

体悟，将这种体悟上升到一种具有"意指"的符号系统，使得这种符号化、物态化的艺术作品借助主观的联想和想象传达出物象的内在神韵。他们所使用的点、线以及面并架构起的岩画图像，无疑彰显着原始岩画独特的意象魅力，用物态感性的"象"来形成一种"有意味"的视觉幻化效果。他们将现实物象幻化为一种具有主观审美虚构的"形象"，使得观者能够通过联想或者想象与作者形成一种意象的时空共鸣，以象表情达意。这些自成一格的意象系统，为日后的中国画的形象塑造、构图以及其他形式的艺术创作提供了借鉴，同时也为现代人继承和弘扬传统文化提供了不竭的源泉。

岩画的审美研究是通过对具体的、感性的、鲜活的视觉画面对其艺术特征进行诠释和概括。它是主体心理对感性物象作有意味的颖悟，这种体悟对象遍布在原始社会的任何一个现实角落里，"他们将最大的注意力放在他们最关注的对象与关系最密切的各种动物以及各种和他们生活紧密相连的事物与活动上。"❶ 将这些场景通过娴熟的笔法与个人的情感相结合将其呈现出来。这里面有祭拜，有动物，有舞蹈，有狩猎，有械斗，还有交媾，等等。这些具体的、感性的现实物象的出现也导致了岩画题材不具有单一性。如贺兰山的牛羊群、青海舍布齐的射牛图、云南沧源的"太阳祭"舞蹈以及内蒙古阿拉善的游牧场景等。

巴丹吉林有一幅反映部落械斗的岩画（图1-2），画面的左侧有三个士兵骑在马上，并手持长矛或棍状武器直指对方。与之相对的右侧有四位双腿叉

图1-2　巴丹吉林岩画
来源：范荣南、范永龙，《大漠遗珍：巴丹吉林岩画精粹》，北京：文物出版社，2014年版。

开呈站姿的士兵并手持棍棒类武器，这个画面显然是将原始时代的部族或氏族之间的现实械斗场景用简约的岩画图像呈现出来。在此基础上，主体对物象进行高度概括。作者从日常生活现象中通过主体内心自觉地概括并创构意象，这些由主体积极概括出来的意象画面均是物我交融、体物得神的结果。岩画需要视觉图像作为一种人与物或物与物之间的沟通媒介，或者说，这种感性的视觉图像所呈现的意象

---

❶　宁克平，《中国岩画艺术图式》，包青林绘图，长沙：湖南美术出版社，1990年版，第20页。

感知常常出现在一些巫术和神格化的祭祀场景中，将具有崇高感或壮美性的悲壮情志洒向无边无际的人类生活的空间里。岩画的艺术审美要在原始思维的情感状态下对感性、鲜活的物象进行动态的观察和体悟，以情理交融为基础，充分调动岩画艺术家的审美情感和丰富的想象力，经由直觉在艺术家表现原始活动的那一瞬间与主体相契合，创构出具有情景交融、主客统一的动态意象。

史前岩画的表达方式使用一些抽象的符号来彰显象征意象。黑格尔认为❶："'象征'无论就它的概念来说，还是就它在历史上出现的次第来说，都是艺术的开始。因此，它只应看作艺术前的艺术，主要起源于东方。"史前先民所刻绘的岩画图像均为抽象性的。它超出了现实物象的羁绊，加入人类的想象，表现作者的审美情趣，每一个物象都是将现实物象加以抽象。正如埃马努埃尔·阿纳蒂所说❷："岩画揭示了人类的抽象、综合和理想化的思维能力。"原始先民想借用这种被抽象的符号来传达某种象征性的功能，指代某种"意"，从由点、线、面等美术元素构成的岩画图像发展成为言、象、意相互融通的岩画艺术意象。如

古代岩画中不断地出现弓箭的造型（图1-3），弓在这里象征着女性生殖器官，而箭则象征着男性生殖器官。手持弓箭射向对方，弓留在男性手里，箭不在画面之中，就意味着男女两性交媾，繁衍子孙后代。换言之，这类符号已经失去了原有的本源意义，先民运用抽象的思维在符号与"它们留下的踪迹之间建立一种间接联系"❸，使得这种抽象的符号间接地指向另外一种象征性内涵。

岩画所在的地方时常被先民

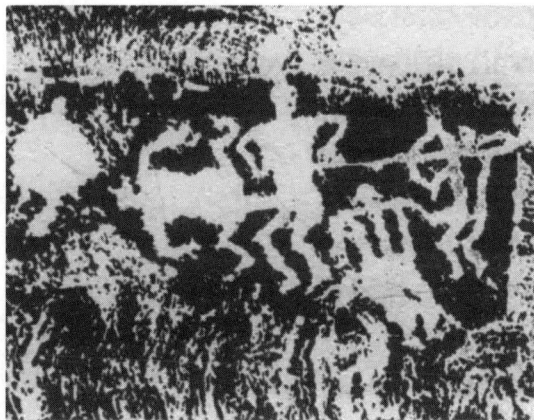

图1-3 宁夏贺兰山岩画（拓本）

来源：韩丛耀主编，陈兆复、邢琏著，《中华图像文化史》（原始卷），北京：中国摄影出版社，2016年版。

---

❶ 黑格尔，《美学》，朱光潜译，北京：商务印书馆，1979年版，第9页。

❷ 埃马努埃尔·阿纳蒂，《世界岩画：原始语言》，银川：宁夏人民出版社，2017年版，第3页。

❸ 吉纳维芙·冯·佩金格尔，《符号侦探：解密人类最古老的象征符号》，朱宁雁译，北京：北京联合出版公司，2019年版，第201页。

赋予"神圣场域"❶的特性。在原始社会中，原始宗教文化充斥着整个社会，将某个物象视为神灵的再现是常有的事情。每一个图像自身都拥有着某种神性，他们将这些代表神灵的物象用刻或绘的方法布置在不被别人触手可及的地方，如被布置在洞窟中的顶端或者更高处的地方。这些地方的选择是有意而为之的，"它要透过真情实景的'实对'加入作者的感情及希望达到的表现效果——意境（立意）即'悟对'。这样就要求艺术家提炼、归纳，用典型的环境来反映最典型的思想感情……特别注意生动有节奏的布势，虚与实的对比统一，局部和整体的统一，疏与密的对比，形象的对比，空间大小对比，全体与细部、内部与外在的关系都要统一协调，利于突出最初的立意。"❷ 例如，在美国俄勒冈的哥伦比亚河畔、阿拉斯加等地，岩画大多存在于靠近海边忽高忽低的岩石之上以及河流或湖泊的岸边❸。

连云港将军崖的岩画（图1-4）岩画图像凿刻在一个巨大的岩石之上，这块岩石整体倾斜，剖面呈现三角形，像屋顶。整块岩石面朝大海和太阳，且这块岩石处在比较高的位置，站在上面有一种一览众山小的感觉。

图1-4　连云港将军崖岩画
来源：作者拍摄。

---

❶ 唐娜·L. 吉莱特、麦维斯·格里尔、米歇尔·H. 海沃德、威廉·布林·默里，《岩画与神圣景观》，王永军等译，银川：宁夏人民出版社，2017年版，第4页。

❷ 冯晓林，《论画精神：传统绘画批评的基本范畴研究》，北京：中央编译出版社，2016年，第261页。

❸ Beth Hill. *Guide to Indian Rock Carvings of the Pacific Northwest Coast*. Hancock House Publishers, 1975: 9–10.

"在扎拉马洞穴，有岩画分布的洞壁突出部的岩画，均被石灰流积层，即所谓荒漠岩漆覆盖。在这种驼黄色的背景下，画面会清晰地显现出来，而在自然的灰色岩面上就要差得多。"❶ 广西左江岩画在悬崖绝壁上进行绘制，崖面和江面保持垂直，画面面朝左江，整个画面内蕴着一种祭祀河神的话语体系。美国夏威夷还有先民将一些象征着生殖崇拜的足迹或兽蹄印刻绘在一块朝南的巨大岩石之上，岩石的前面有一块平坦开阔之地，每当阳春三月，一些祈求生育的青年男女就对着这块岩石上的足迹顶礼膜拜，阳光、符号、岩石、平坦的地面以及周围的环境都为史前先民"提供了交感的对象和形象的暗示"❷。这样说来，岩画的这种社会—地理环境内蕴着原始神性的生活因子，为岩画整体营造具有宗教巫术的氛围奠定了外部场域基础。

中国史前岩画体现着先民的个人创造精神。史前岩画的艺术呈现是依靠个体对物象进行刻绘和记载，这些所谓的个体有的是巫觋，有的是当地的氏族成员，每一个个体都受到宗教巫术、审美价值、生活习俗、经济生产等各方面的深刻影响。他们个人对每一个物象的体悟以及刻绘在岩石上的形象都体现了自己的创造精神。史前艺术家运用自身的心和脑对物象进行快速记录并将物象内化于个性化的创造活动之中，以宗教化的心理和思维对现实物象进行真实的书写，对物象进行高度的提取，去掉物象中被个体认为是没有价值的东西，进行简化，舍弃细节，抓住主体特征，保留下来的那些主要结构均是物与我、意与象的高度融合，并通过这种"图像"去塑造一个经过个人创造与艺术升华的意象。这些经过岩画创作者对物象进行高度抽象之后的岩画图像已经和原有的物象不一致了，其中已经融入了先民个人的思想观念和创构手法。例如，在云南沧源岩画中有一幅关于对牛的崇拜或者说部落中的徽章是牛的图案。画面上就画了两个形象：人物和牛。乍一看，就是关于人和牛的故事，一般的对于图腾崇拜的图像都会将牛放在头顶上，因为人类对于动物的情感已经超过了本身的客观限制，他们"常以实际存在的动物为依据，凭着幻想，将各种动物最敏锐部分搭配起来，创造出现实世界上不曾存在过的幻想动物"❸。我们可以这样认为，这些个体均是现实场景的"参与者"和岩画创构的"执行者"，他们每一个人的绘制形式、绘制方法以及形象排列顺序都带有明显的个人创造精神，均

❶ A. A. 福尔莫佐夫，《苏联境内的原始艺术遗存》，路远译，西安：陕西师范大学出版社，1992年版，第49页。

❷ 韩丛耀主编，陈兆复、邢琏著，《中华图像文化史》（原始卷），北京：中国摄影出版社，2016年版，第128页。

❸ 盖山林，《中国岩画学》，北京：书目文献出版社，1995年版，第131页。

彰显着个体的审美情趣和宗教精神。

先民在刻绘每一幅图像的时候，作画者自身的思维、创作状态等因素都会影响到个人创造精神和个人刻绘风格的形成。我们仔细端详可以发现，广西花山崖画虽说具有程式化、千篇一律的风格特征，但依然可见刻绘者的个性特征，一些画面的细节上还是有一些局部的差异性。以腿脚为例，有的蛙形人像站姿为直角站立，有的站姿呈现梯形；有的脚部穿着鞋，有的则没有。又如在连云港将军崖的岩画，画面中大部分岩画都是采用凿刻线条的方式对老人和晚辈进行富有表情的凿刻，同时也展现了个人的创造精神和个人风格，画面中的嘴巴附近有朝外的三条直线，也有的形象嘴巴边上的胡须呈现弯曲状；有的人物形象的头部画得较圆，有的则呈方形，更有的画像头上好似戴着一顶帽子；有的眼睛是采用双圈纹饰，有的眼睛则扁圆形，在眼角的末端刻有两条曲曲折折的皱纹线。

通过以上案例的分析和阐释可知，不管广西花山岩画还是连云港将军崖岩画，都具有程式化的艺术风格特征，都采用线条对物象进行刻与绘。我们还发现，在具有程式化艺术风格的同时，两地岩画高度凝聚了原始先民的聪明才智。它生动地展现了当地人富于生命精神的原始风貌。这类具有个人创造精神的视觉图像生动地反映了人与神、天与地、宇宙与我、自然与人间等方面呈现相互沟通的和谐关系，其中也蕴含了具有丰富个体精神的史前岩画话语。

通过对岩画背景的分析可知，岩画是一种没有国界的"原始视觉语言"，它创造性地融入了个人、社会与宗教的思维，先民用岩画意象与"上天"❶沟通，大多数岩画形象都被宗教巫术的狂热的表象结构包裹着，从而丰富和深化了创作者的想象力和创造力，它给我们呈现了一种隐喻化的艺术线条、造型、构图以及岩画审美，并且向我们呈现了诸如动与静、虚与实、以线写形、简约、略形取神等多方面的审美形式。这些体现在岩石之上的天人合一的自然处世态度、观物取象的艺术创作视角、原始生命的审美意识、原始宗教巫术思维，乃至具有独特的平面意识、抽象思维、程式化以及形式美法则等，都是原始先民从现实物象之中通过主体积极与物象进行物我交融而架构起来的，均是对现实物象的审美概括和总结。他们用这种岩刻的方式将原始社会的风土人情、宗教态度以及审美趣味一一显现出来，特别是原始岩画创作者将万事万物

❶ "敬奉四时运转、云行雨施以及可以降生人类各种自然灾难的'上天'信仰体系"。李山，《西周礼乐文明的精神建构》，石家庄：河北教育出版社，2014年版，第1页。

的内在生命精神通过现有的岩画图像表现出来，以象表意、以意寓象、以象显意，既超脱于形似之外，又内蕴于神韵之内。因此，我们不仅可以从中国史前岩画艺术研究史前社会的经济状态、宗教文化、民俗风情、精神风貌，而且可以研究其中所体现的审美特征。更重要的是，史前艺术的审美特征还是我们现当代艺术美学的"源头活水"。

第二节　研究现状

中华民族具有悠久的文明和历史，这其中就包蕴了古人所创造的史前岩画，从中体现了独具特色的史前艺术生命精神，值得后人去借鉴、传承与发展。中国史前岩画的艺术审美是由史前先民在长期的劳作与生产实践中得到启发并形成的，它是中华文明审美文化的具体物态化表现。研究中国史前岩画艺术的审美特征就是研究人类审美意识历史的早期篇章，这对于我们研究人类早期的审美意识，继承中华民族优秀的传统文化，有着重要的历史和现实价值。因此，对中国史前岩画的艺术审美特征要从理论和实践的角度进行研究和概括。

一、史前岩画的分布

对于中国史前岩画点的分布，岩画学界有着不同的观点。目前中国史前岩画的数量巨大，其分布已经遍布了大半个中国。北魏地理学家郦道元所著的《水经注》中所记载的二十多处岩画遗迹就涉及湖北、陕西、宁夏、安徽、内蒙古、河南、甘肃、广西等省区。李祥石在《解读岩画》一书中说❶："如今世界上有160多个国家发现有岩画，共有7万个岩画点，总数约4550万幅。我国也有150多个县（旗）发现了岩画，约有100万幅。"

陈兆复根据岩画的地理位置、作品内容以及风格特征的差异，将中国岩画分为西南、北方、东南三个系统，将其界定为六个地区：

（1）东北、内蒙古地区：牡丹江崖画、大兴安岭崖画、白岔河岩刻、乌兰察布岩刻、苏尼特岩刻、阴山岩刻、阿拉善岩刻以及海勃湾岩刻。

（2）宁夏、甘肃、青海地区：石嘴山岩刻、贺兰山岩刻、青铜峡岩刻、黑山岩刻、祁连山岩刻以及青海岩刻。

❶　李祥石，《解读岩画》，银川：宁夏人民出版社，2012年版，第27页。

（3）新疆地区：北疆岩刻、阿尔泰岩画、呼图壁岩刻、哈密岩刻、托克逊岩刻、米泉岩刻、库鲁克塔格岩刻、昆仑山岩刻、和田岩刻以及克孜尔石窟刻划。

（4）西藏地区：鲁日郎卡岩刻、任姆栋岩刻、恰克桑岩画。

（5）西南地区：珙县崖画、关岭花江崖画、开阳画马崖岩画、沧源崖画、耿马崖画、元江它克崖画、麻栗坡崖画、左江壁画。

（6）东南地区：华安岩刻、连云港岩刻、香港岩刻、澳门岩刻、珠海岩刻以及台湾万山岩雕群❶。盖山林在《中国岩画学》一书中指出❷，史前岩画分布在东北农林区、北方草原区、西南山地区和东南海滨区四大区域，与陈兆复的区域划分基本上是一致的。

宁克平对于岩画分布勾勒了一个大致的分界线，南从香港、南海岛一直到云南沧源地区，东至台湾和连云港区域，北至呼伦贝尔草原，西达新疆和西藏地区，在这个范围内的70个县（旗）区域❸。

总之，中国岩画的分布大致集中在三个区域：一是风景秀丽、润泽优美的云南、广西、贵州地区；二是富有粗犷、雄浑艺术风格的北方内蒙古阴山、阿尔泰山以及宁夏的贺兰山；三是濒临海岸，包孕着古代岩画抽象图案风格的江苏、广东、台湾、福建、澳门以及香港等地。南北岩画点相互呼应，形成了一种具有史前人类文化进化风格❸与传播原始民风民俗❹的地理格局。

长期以来，世界各国的学者们对岩画的内涵进行探究与阐释，众多学者也都借用或沿袭了历史学、文献学、社会学、艺术学、考古学、民俗学等学科的方法和相关理论研究成果。在中国，从北方的内蒙古、贺兰山、阴山到南方的岩画区域都遍布了学者们对于中国史前岩画意象内涵的深切认知和探索足迹，这些零星的、片段的研究成果都将为史前岩画的审美特征研究提供大量的直接或间接性的线索和启发。

❶ 陈兆复，《中国岩画发现史》，上海：上海人民出版社，1991年版，第79–220页。
❷ 盖山林，《中国岩画学》，北京：书目文献出版社，1995年版，第1页。
❸ 宁克平，《中国岩画艺术图式》，包青林绘图，长沙：湖南美术出版社，1990年版，第4页，第6页。
❹ 陈高华、徐吉军主编，宋兆麟著，《中国风俗通史》（原始社会卷），上海：上海文艺出版社，2001年版，第115页。

二、中西学者对中国史前岩画的研究情况

中国古代对于岩画记录可以追溯至《诗经》❶《韩非子》❷《史记》❸等古代历史典籍，而大量地记载岩画形象则出现在北魏郦道元的著作《水经注》中。书中记录了动物形象岩画、神像和人面像岩画、符号岩画、佛教岩画、脚印岩画、车辙与牛迹岩画、刀剑等武器岩画以及动物的蹄足印岩画❹。除了《水经注》对岩画不同母题形象的记载之外，唐朝张读的《宣室志》❺、宋人李石的《续博物志》❻、宋人王象之的《舆地纪胜》❼、清代纪昀的《阅微草堂笔记》❽以及一些地方志❾等书籍也对岩画进行有关的历史记录。

近代岩画的发现始于1915年8月岭南大学黄仲琴对福建华安仙字潭岩画区

❶ 《诗经·生民》曰："厥初生民，时维姜嫄，生民如何，克禋克祀，以弗无子。履帝武敏歆，攸介攸止，载震载夙，载生载育，时维后稷。"（清）阮元校刻，《十三经注疏》（毛诗正义卷十七之一），北京，中华书局，1980年版，第528页。

❷ 《韩非子》第十一卷外储说左上第三十二中有这样的记载："赵主父令工施钩梯而缘播吾，刻疏人迹其上，广三尺，长五尺，而勒之曰：'主父常游于此。'"赵主父命令工匠在播吾山的岩石上面刻上人的脚印，宽三尺，长五尺，并刻绘上字：主父到此一游。［张觉等，《韩非子译注》（第十一卷外储说左上第三十二），上海：上海古籍出版社，2012年版，第318页。］

❸ 《史记·周本纪》述："其母有邰氏女，曰姜原。姜原为帝喾元妃。姜原出野，见巨人迹，心忻然说，欲践之，践之而身动如孕者，居期而生子。"（汉）司马迁著，（宋）裴骃集解，（唐）司马贞索隐，（唐）张守节正义，《史记》（卷四·周本纪第四），北京：中华书局，1959年版，第111页。

❹ 盖山林，《中国岩画学》，北京：书目文献出版社，1995年版，第27-29页。

❺ "泉州之南有山焉，其山峻起壁立，下有潭，水深不可测……而石壁之上，有凿成文字一十九言。字势甚古，郡中士庶，无能知者。"（唐）张读、裴铏撰，萧逸、田松青校点，《宣室志·裴铏传奇》，上海：上海古籍出版社，2012年版，第39页。

❻ "二广深谿石壁上有鬼影，如澹墨画……"（宋）李石，《续博物志》，北京：中华书局，1985年版，第108页。

❼ "仙岩。在武宣县南四十里。可容数百人，石壁上有仙人影。""月鬐星冠七大夫，远看还有近看无，瑶池侍女成双对，遗下群仙聚饮图。"（宋）王象之著，李勇先校点，《舆地纪胜》，成都：四川大学出版社，2005年版，第3539页，第3740-3741页。

❽ "喀什噶尔山洞中洞中，石壁劚平处有人马像。"（清）纪昀著，韩希明译注，《阅微草堂笔记》（卷十三·槐西杂志三），北京：中华书局，2014年版，第1013页。

❾ 清末的《宁明州志》述："花山距城五十里，峭壁中有生成赤色人形，皆裸体，或大或小，或执干戈，或骑马。未乱之先，色明亮；乱过之后，色稍黯淡。又按沿江一路两岸，石壁如此类者多有。"［黄成助，《宁明州志》（卷上·上岭），台北：成文出版社有限公司，1970年版，第21页。］还有《福建通志》以及《武夷山志》等地方志或多或少也记录了崖壁画的情况。

域进行调查❶，他将所考察的成果撰写成一篇论文《汰溪古文》❷，并发表于《岭南学报》。尽管他在这篇文章中将岩画以文字的形式进行研究，但是，他开创了近代中国学者对于岩画考察的先河。1954年，广西少数民族社会历史调查组对广西左江崖画进行考察。1965年，汪宁生等发现了云南沧源岩画，出版了《云南沧源崖画的发现与研究》❸一书。一直到20世纪80年代，中国岩画调查形成了一个非常热门的课题。与此同时，盖山林开始建构中国自己的岩画学科。从此以后，中国学者就开始大量地研究岩画，大多数都是基于考古学、社会学以及艺术人类学层面上，如盖山林❹、陈兆复❺、贺吉德❻、龚田夫❼、汤惠生❽、覃圣敏❾、汪宁生❿、李祥石⓫、王克荣⓬、王系松⓭、周兴华⓮、苏北海⓯及宁可平⓰等对宁夏、青海、内蒙古、新疆、西藏、贵州、江苏及云南等地的岩画点进行研究，并陆续发表研究论文或出版专著。与此同时，一些国外学者也开始研究中国岩画，如斯文·赫定（Sven Hedin）⓱、贝格曼⓲、弗兰柯（Francke）⓳及尼克·史

❶ 盖山林，《岩石上的历史图卷：中国岩画》，北京：商务印书馆，1997年版，第2页。
❷ 黄仲琴，《汰溪古文》，岭南学报，1935年第2期。
❸ 汪宁生，《云南沧源崖画的发现与研究》，北京：文物出版社，1985年版。
❹ 盖山林，《中国岩画学》，北京：书目文献出版社，1995年版。
❺ 陈兆复，《中国岩画发现史》，上海：上海人民出版社，1991年版。
❻ 贺吉德，《贺兰山岩画研究》，丁玉芳整理，银川：宁夏人民出版社，2012年版。
❼ 龚田夫、张亚莎，《原始艺术》，北京：中央民族大学出版社，2006年版。
❽ Tanghuisheng, Gao zhiwei. *Dating analysis of rockart in Qinghai-Tibetan Plateau*. Rock ART Research. 2004, 21(2): 16.
❾ 覃圣敏，《骆越画魂：花山崖壁画之谜》，南宁：广西人民出版社，2009年版。
❿ 汪宁生，《云南沧源崖画的发现与研究》，北京：文物出版社，1985年版。
⓫ 李祥石，《解读岩画》，银川：宁夏人民出版社，2012年版。
⓬ 王克荣、邱钟仑、陈远璋，《乌兰察布岩画》，北京：文物出版社，1988年版。
⓭ 王系松、许成、李文杰、卫忠，《贺兰山岩画》，银川：宁夏人民出版社，1990年版。
⓮ 周兴华，《中卫岩画》，银川：宁夏人民出版社，1991年版。
⓯ 苏北海，《新疆岩画》，乌鲁木齐：新疆美术摄影出版社，2001年版。
⓰ 宁克平，《中国岩画艺术图式》，包青林绘图，长沙：湖南美术出版社，1990年版。
⓱ 1927年中国学术团体和瑞典探险家斯文·赫定对我国西北地区的岩画进行探究。
⓲ 20世纪20~30年代，瑞典考古学家贝格曼对新疆南部的库鲁克塔格山进行考察，并出版专著《新疆考古研究》。（苏北海，《新疆岩画》，乌鲁木齐：新疆美术摄影出版社，1994年版，第3页。）
⓳ Francke A H. *Some more rock-carvings from Lower Ladakh*. The Indian Antiquary, 1903 (9): 361–362; Francke A H. *Note rock carvings from lower ladakh*. The Indian Antiquary, 1902 (10): 398–401.

密斯（Nicol Smith）❶等对中国西部地区岩画点进行考察，发表岩画论文或出版研究著作。

纵观中国岩画的研究现状，成果颇为丰富，有的成果成为后辈从不同视角研究岩画的重要参考文献。但是，岩画作为一种非文字化的视觉图像，它具有更深层的交流、传播及意象功能，我们要从这些岩画图像中运用多学科的综合知识去探寻图像的审美特征。

三、中国史前岩画研究成果分类

目前，中国史前岩画审美特征的研究比较庞杂❷，且研究成果呈现多元化和多视角的特点。这里特将以往学者们的研究成果简单地分类和评述，以便提高对岩画研究现状的整体认识。它们大体可分为以下几类：

（一）一些学者亲自到实地去勘察测量和考察，对现存的区域岩画进行拍照、编号以及制作岩画图录（彩色或黑白）

这一类旨在对图片进行编录，且以图片（彩色或黑白）为主，并运用较简短的文字进行岩画点或图像的介绍，涉及岩画艺术审美特征的文字很少。如由《中国美术分类全集》编委会编纂的五本《中国岩画全集》❸，主要以彩色图片的形式介绍了不同地区岩画点的岩画图像、岩画风格以及岩画创构模式，通过大量翔实的艺术图片将史前岩画的原貌呈现出来。又如文焱主编的《西域岩画图案全集》❹，也是以图片的形式呈现岩画图像，该书收集了新疆、江苏、福建、西藏、内蒙古、宁夏、云南岩画点的部分图片。以西部和南部的岩画点为主，这些黑白图片全部是从岩石上拓下来的，图片较清晰。再如范荣男和范永龙合著的《大漠遗珍：巴丹吉林岩画精粹》❺，该著作认真记录和编目巴丹吉林境内的岩画并以

---

❶ Nicol Smith. *Golden doorway to Tibet*. Indianapolis, New York: The Bobbs-Merrill Company, INC. 1949.

❷ 对于史前岩画艺术的审美研究，很多学者立足点是不尽相同的，有的是直接阐述，有的是通过图像的象征间接表现的，大体上围绕着这几个方面：巫术、原始思维；岩画的点、线、面；岩画的考古、区域岩画的考察、史前岩画的审美、图腾、原始艺术、原始文化研究、岩画学以及岩画符号等。

❸ 《中国美术分类全集》编委会，《中国岩画全集》，沈阳：辽宁美术出版社，2006年版。

❹ 文焱，《西域岩画图案全集》，乌鲁木齐：新疆美术摄影出版社、新疆电子音像出版社，2014年版。

❺ 范荣南、范永龙，《大漠遗珍：巴丹吉林岩画精粹》，北京：文物出版社，2014年版。

图录的形式向我们展示了史前社会丰富多彩的人文和社会面貌。另外，李伟、张春雨主编的《贺兰山岩画》❶。这部著作是贺兰山岩画为主体进行图录编目，特别是贺兰口、苏峪口、归德沟、黑石卯、石炭井双疙瘩、大西峰沟、黄羊湾、卢沟湖、回回沟、滚钟口、大水沟、小西峰、广武口、驴尾沟、树林沟、四眼井、石马湾、白芨沟、韭菜沟、麦汝井、白沟、插旗沟等区域，一共刊载了1413幅岩画图样，在岩画表象结构的审美特征方面给我们提供了一定的线索和史料。李祥石编著的《世界岩画欣赏》❷，这部著作主要以黑白图录的形式将岩画给受众的审美感受呈现出来。列举了亚洲、欧洲、非洲以及美洲岩画的局部造型，他认为："岩画的造型语言是一种表象的形式化语言，具有表情达意的符号性质，同时具有象形图形和象征符号、指示符号的作用，通过图像的分析就可以理解要表达的情感和意愿。"除了以上图录著作之外，银川市贺兰山岩画管理处编纂的《贺兰山岩画》❸，李森、刘方的《世界岩画资料集》❹，张晓东、生海鹏的《嘉峪关黑山岩画图录》❺，鲍幸君摹绘制的《阿尔泰山岩画》❻以及韩积罡的《肃北岩画》❼都在一定程度上运用一些历史图样来阐述史前岩画艺术的视觉审美特征。

（二）以"岩画学"的学科概念进行定位与研究

这类研究主要以学科定位进行论述，往往是就现象研究现象，或局限于一个学科领域，对岩画的审美特征也有局部涉及。如盖山林1995年出版的《中国岩画学》，他在1983年自己提出的岩画学概念❽的基础上向前推进，在书中专门列出一章来阐释中国史前岩画的审美问题。他在书中指出❾："岩画是先民审美意识和情趣高度集中的反映，其中凝聚着他们对于美的认识，美的表现，美的追求和美的享受。"并向我们呈现了自然美、节奏美、功利美以及和谐融洽的审美特征。在书中，盖山林先生对岩画的背景、岩画题材和母题、岩画图像的分布、岩画点的发现、岩画的社会功能与审美追求等方面进行了卓有成效的探

---

❶ 李伟、张春雨主编，西北第二民族学院编纂，《贺兰山岩画》，上海：上海古籍出版社，2007年版。

❷ 李祥石，《世界岩画欣赏》，银川：宁夏人民出版社，2017年版。

❸ 银川市贺兰山岩画管理处，《贺兰山岩画》，上海：上海古籍出版社，2011年版。

❹ 李森、刘方，《世界岩画资料图集》，北京：中国工人出版社，1992年版。

❺ 张晓东、生海鹏，《嘉峪关黑山岩画图录》，兰州：甘肃文化出版社，2016年版。

❻ 鲍幸君摹绘，《阿尔泰山岩画》，乌鲁木齐：新疆人民出版社，2006年版。

❼ 韩积罡，《肃北岩画》，兰州：甘肃人民美术出版社，2015年版。

❽ 对于学科概念是盖山林最早在1983年第6期的《潜科学》上发表的文章《岩画学刍议论》中提出的。

❾ 盖山林，《中国岩画学》，北京：书目文献出版社，1995年版，第208-212页。

讨。特别是在第八章中，他以"岩画中的审美追求"[1]为题对岩画图像的审美进行阐释。他很注重基于艺术学视角对岩画的艺术风格和艺术特色进行深入浅出的分析，如从美学特征、审美功利性、形式美、写实与抽象、装饰艺术风格、图像程式化风格、自然美等方面所做的研究。他希望从该视角能够瞬间呈现岩画图像的意象特征。盖山林对不同岩画点的图片分析图片后面所发生的"故事"，并通过这些"故事"在受众面前呈现一定程度的内在视觉意象效果。如狩猎岩画，他首先要讲述这种题材为什么能够在北方这么兴盛，联系到自然环境和狩猎的种类等，再提出狩猎者弓和箭的人文历史，又联系到弓箭的使用者以及狩猎的具体形式等。通过这些分析，受众可以从中找寻到图像所带给我们内心深处的审美印象。张亚莎在2014年出版专著《岩画学论丛》[2]，该书从岩画发现与调查、岩画探索与研究、岩画理论与方法等几个方面进行深挖，整本书以"岩画考古"作为主要研究领域。另外，国际岩画委员会首任主席、意大利学者伊曼纽尔·阿纳蒂出版的《阿纳蒂论岩画》[3]一书，从四个部分对岩画自身的内涵进行不同视角的界定，如从岩画调研概况、论欧洲、论中国以及对岩画艺术的若干论点等方面对岩画进行多学科的概括。

（三）一些学者以"田野调查"作为首要研究方法，将区域性的岩画作为研究重点，以田野考古为主，其他学科为辅，对岩画点的岩画图像所处的位置、大小、形态、内容以及题材文化进行不同视角的阐述

目前，中国岩画艺术审美特征的研究，首先要对岩画点进行实地考察，从原始遗迹中找到相关证据。在大部分的岩画研究中，每一部著作或每一篇论文或多或少都使用了这种方法。近代最先用这种方法对岩画进行考古的是黄仲琴[4]。在专著方面最典型的就是陈兆复1991年出版的《中国岩画发现史》[5]，作者紧扣岩画点的不同图像，对岩画进行图像表层、制作技巧、形式特征以及形态分析等多方面的阐释，以此来获取岩画的审美特征。他的另外一部著作《古代岩画》[6]基于原始宗教的层面进行符号意象分析，从原始宗教、符号、鸟兽图腾以及生殖崇拜等方面提出中国岩画与海洋文化之间存在着密切的关系。著作中列举了具有

❶ 盖山林，《中国岩画学》，北京：书目文献出版社，1995年版，第195页。
❷ 张亚莎，《岩画学论丛》，北京：中央民族大学出版社，2014年版。
❸ 伊曼纽尔·阿纳蒂著，陈兆复主编，《阿纳蒂论岩画》，北京：文物出版社，2019年版。
❹ 当初黄仲琴教授目标对象是字体，那个时候还不认为它是古代先民具有神话巫术功能的图像。在今天看来，这个岩画点与广西花山以及康家石门子岩画点的岩画类似，都具有对某种神性的祭拜作用。
❺ 陈兆复，《中国岩画发现史》，上海：上海人民出版社，1991年版。
❻ 陈兆复，《古代岩画》，北京：文物出版社，2002年版。

突出视觉特征的猫头鹰神人兽面纹图像，他将猫头鹰的形象与天文现象相联系。李祥石于2012年出版的《解读岩画》❶提出运用象征意义的形象来代替抽象的含义。他认为这类象征图像大多是宗教性的审美意象，这类图像经过多次幻化之后，从单一的具有社会功利目的图像经过漫长的发展演变为被"社会悦纳的集体意象"，正像是"那震撼人心的梦魇般幻化的形，是一种充满原始神秘感的幻象"❷。他还将人面像与万物有灵、拜物教、图腾崇拜以及巫术崇拜相联系，指出了人面像岩画是"巫术意识的物化，达到娱神、沟通、情感交流的目的"，并引用荣格的话：人面像岩画是"将面具的佩戴者转化成为一种原型意象"❸。刘五一的《具茨山岩画》❹详细考察了具茨山周围的自然环境、历史环境、文学环境、考古学环境，并结合这些环境，将每一个岩画点中的杯形岩画分析出来。

除了以上著作之外，还有宋耀良的《中国岩画考察》❺、刘五一的《中原岩画》❻、乔华与杨慧玲的《远古的呼唤：宁夏岩画研究进程》❼、王晓琨与张文静的《阴山岩画研究》❽、梁振华的《桌子山岩画》❾、王良范与罗晓明的《中国岩画·贵州》❿、汪宁生的《云南沧源崖画的发现与研究》⓫、盖山林的《阴山岩画》⓬、刘青砚和刘宏编著的《阿尔泰岩画艺术》⓭、王晓琨的《锡林郭勒岩画》⓮、柳辉的《灵武岩画》⓯、斑澜和冯军胜的《北方岩画与草原文化建构》⓰、

❶ 李祥石，《解读岩画》，银川：宁夏人民出版社，2012年版。
❷ 邓启耀，《宗教美术意象》，昆明：云南人民出版社，1991年版，第215页。
❸ C. G. 荣格，《人及其表象》，张月译，宋运田校，北京：中国国际广播出版社，1989年版，第265页。
❹ 刘五一，《具茨山岩画》，郑州：中州古籍出版社，2010年版。
❺ 宋耀良，《中国岩画考察》，上海：上海人民出版社，2015年版。
❻ 刘五一，《中原岩画》，郑州：中州古籍出版社，2012年版。
❼ 乔华、杨慧玲，《远古的呼唤：宁夏岩画研究历程》，银川：宁夏人民出版社，2009年版。
❽ 王晓琨、张文静，《阴山岩画研究》，北京：中国社会科学出版社，2012年版。
❾ 梁振华，《桌子山岩画》，北京：文物出版社，1998年版。
❿ 王良范、罗晓明，《中国岩画·贵州》，北京：中国国际广播出版社，2010年版。
⓫ 汪宁生，《云南沧源崖画的发现与研究》，北京：文物出版社1985年版。
⓬ 盖山林，《阴山岩画》，北京：文物出版社，1986年版。
⓭ 刘青砚、刘宏，《阿尔泰岩画艺术》，济南：山东美术出版社，1998年版。
⓮ 王晓琨，《锡林郭勒岩画》，北京：社会科学文献出版社，2019年版。
⓯ 柳辉，《灵武岩画》，银川：宁夏人民出版社，2018年版。
⓰ 斑澜、冯军胜，《北方岩画与草原文化建构》，呼和浩特：内蒙古教育出版社，2012年版。

张亚莎的《西藏的岩画》❶、贺吉德撰写及丁玉芳整理的《贺兰山岩画研究》❷、盖山林和盖志浩的《丝绸之路岩画研究》❸、秦维廉的《香港古石刻：起源及意义》❹、赵养锋的《中国阿尔泰山岩画》❺、王克荣等的《广西左江岩画》❻、王系松等的《贺兰山岩画》❼、高业荣的《万山岩雕：台湾首次发现摩崖艺术之研究》、周兴华的《中卫岩画》❽、梁振华的《桌子山岩画》❾、斑澜和冯军胜的《阴山岩画文化艺术论》❿以及李昆声和黄懿陆的《中国盘古文化暨大王岩画研究》⓫等，这些具有地域性的岩画著作也都为中国史前岩画的审美特征研究提供了历史与文化资料和图像方面的参考文献。它们将极具地方特色的区域文化习俗资源融入中华传统的艺术意象之中，向我们呈现出异彩斑斓的传统艺术风貌。

（四）在中国古代历史典籍中所记载的岩画线索

中国古代对于岩画记录可以追溯至《诗经》⓬《韩非子》⓭以及《史记》⓮等著作，其中对岩石上出现的脚印或足迹图像进行了局部的记录。《韩非

---

❶ 张亚莎，《西藏的岩画》，西宁：青海人民出版社，2006年版。

❷ 贺吉德，《贺兰山岩画研究》，丁玉芳整理，银川：宁夏人民出版社，2012年版。

❸ 盖山林、盖志浩，《丝绸之路岩画研究》，乌鲁木齐：新疆人民出版社，2009年版。

❹ 秦维廉（W. Mcacham），《香港古石刻：起源及意义》（*Rock Carving in Hongkong—an illustrated and interpretive study*），香港：香港基督教中国宗教文化研究社，1976年版。

❺ 赵养锋，《中国阿尔泰山岩画》，西安：陕西人民美术出版社，1987年版。

❻ 王克荣等，《广西左江岩画》，北京：文物出版社，1988年版。

❼ 王系松、许成等，《贺兰山岩画》，银川：宁夏人民出版社，1990年版。

❽ 周兴华，《中卫岩画》，银川：宁夏人民出版社，1991年版。

❾ 梁振华，《桌子山岩画》，北京：文物出版社，1998年版。

❿ 斑澜、冯军胜，《阴山岩画的文化艺术论》，呼和浩特：远方出版社，2000年版。

⓫ 李昆声、黄懿陆，《中国盘古文化暨大王岩画研究》，昆明：云南人民出版社，2016年版。

⓬ 《诗经·生民》曰："厥初生民，时维姜嫄，生民如何，克禋克祀，以弗无子。履帝武敏歆，攸介攸止，载震载夙，载生载育，时维后稷。"［（清）阮元校刻，《十三经注疏》（毛诗正义卷十七——一），北京：中华书局，1980年版，第528页］

⓭ 《史记·周本纪》述："其母有邰氏女，曰姜原，姜原为帝喾元妃。姜原出野，见巨人迹，心忻然说，欲践之，践之而身动如孕者，居期而生子。"［（汉）司马迁著，（宋）裴骃集解，（唐）司马贞索隐，（唐）张守节正义，《史记》（卷四·周本纪第四），北京：中华书局，1959年版，第111页］

⓮ 《韩非子》（第十一卷外储说左上第三十二）中有这样的记载："赵主父令工施钩梯而缘播吾，刻疏人迹其上，广三尺，长五尺，而勒之曰：'主父常游于此。'"赵主父命令工匠在播吾山的岩石上面刻上人的脚印，宽三尺，长五尺，并刻绘上字：主父到此一游。［张觉等，《韩非子译注》（第十一卷外储说左上第三十二），上海：上海古籍出版社，2012年版，第318页］

子》（卷十一）中曰❶："赵主父令工施钩梯而缘播吾，刻疏人迹其上，广三尺，长五尺，而勒之曰：'主父常游于此。'"在"播吾"❷这个地方有史前先人在岩石表面刻画脚印的宗教风俗。《太平御览》（卷三百八十八·人事部二九·色影迹）中曰❸："《述征记》曰'齐有龙盘山，上有大脚，姜嫄所履迹。'""湘东阴山县北数十里有武阳龙糜二山，上悉生松柏美木。龙糜山有盘石，石上有仙人迹及龙迹。传云昔仙人游此二山，常税驾此石。"北朝北魏时期著名的地理学家郦道元的《水经注》❹所涉及的岩画区域大概包括了内蒙古、陕西、青海、河南、四川、云南、山东等地。《水经注》中所提到的一些岩画题材是很丰富的，包括一些动物形象、神像和人面像、符号岩画、佛教岩画、脚印岩画、车辙与牛迹岩画、刀、剑等武器岩画以及动物的蹄足印岩画❺。例如动物的造型形态，"河水又东北历石崖山西，去北地五百里，山石之上，自然有文，尽若虎马之状，粲然成著，类似图焉，故亦谓之画石山也。"❻"漓水又东南流入熙平县，迳羊濑山，山临漓水，石间有色类羊。又东南迳鸡濑山，山带漓水，石色状鸡，故二山以物象受名矣。"❼"淮水又北迳山硖中，谓之硖石，对岸山上结二城以防津要，西岸山上有马迹，世传淮南王乘马升仙所在也。今山之东南，石上有大小马迹十余所，今仍存焉。"❽除了以上古代史书对岩画形象的记载外，还有其他的一些历史典籍为我们研究史前岩画的审美特征提供了某些线索。如唐代张读的《宣室志》云❾："石壁之上有凿成文字一十九言，……郡守因之名其地为'石铭里'盖因字为铭，且识其异也。"王振镛认为❿：石铭里这一地名是今天的岩溪镇管辖范围，位于九龙江东岸，而仙字潭则在九龙西岸，并不在良冈山麓。

❶ 张觉等，《韩非子译注》，上海：上海古籍出版社，2012年版，第408页。
❷ 在河北省平山县东南。
❸ （宋）李昉等著，《太平御览》，北京：中华书局，1960年版，第1795–1796页。
❹ 《水经注》最早是东汉桑钦所著的《水经》，在北魏时期由郦道元补注与阐释。
❺ 盖山林，《中国岩画学》，北京：书目文献出版社，1995年版，第27–29页。
❻ （北魏）郦道元，《水经注校证》（卷三·河水），陈桥驿校证，北京：中华书局，2013年版，第71页。
❼ （北魏）郦道元，《水经注校证》（卷三十八·漓水），陈桥驿校证，北京：中华书局，2013年版，第858页。
❽ （北魏）郦道元，《水经注校证》（卷三十·淮水），陈桥驿校证，北京：中华书局，2013年版，第679页。
❾ （唐）张读、裴铏撰，萧逸、田松青校点，《宣室志·裴铏传奇》，上海：上海古籍出版社，2012年版，第39页。
❿ 王振镛，《略论华安仙字潭岩刻研究》；福建省考古博物院学会，《福建华安仙字潭摩崖石刻研究》，北京，中央民族学院出版社，1990年版，第229–230页。

（五）以中华民族传统文化资源为立足点，以多学科交叉为切入点，对岩画图像进行审美文化与精神层面的分析与研究

如陈兆复、邢琏在2019年出版了《中华图像文化史》（岩画卷）❶，对史前岩画以图像的形式进行阐述，还原图像产生的原境，对每一个岩画点的图像概貌、艺术特征以及文化渊源进行详细描述。他们认为："岩画图像的意义不在于描摹所感之'像'，而在于象征所知之'灵'。"盖山林和盖志浩在2002年出版了《内蒙古岩画的文化解读》❷，在文化诠释视角下对岩画的内在文化特征和审美特征进行分类阐述。在书中，作者对车辆、太阳神岩画、艺术风格以及文化进行单独解释，简洁明了地揭示了内蒙古岩画自身的区域审美和文化性。汤惠生、张文华两位老师的著作❸从考古学、宗教学、社会学、文化人类学等多学科切入主题研究，着重强调二元对立理论对图像的跨文化和跨学科原型分析，运用综合分析的方法和微腐蚀断代法对青海岩画进行断代分析。户晓辉的《地母之歌：中国彩陶与岩画的生死母题》❹，将彩陶和岩画作为前文字社会的物化精神符号，分析中国彩陶和岩画中的神像之间的内在联系。殷晓蕾的《中国原始岩画中的生命精神》❺一书从原始岩画中的生命精神产生的内外机制，自然崇拜阶段、图腾崇拜阶段以及祖先崇拜阶段的生命意识等几个方面对具体的岩画作品进行审美分析，从图像自身的造型方法、技艺以及线条的写意性和象征性，去探索史前岩画自身所表达的意蕴和审美观念。书中还基于自然崇拜、图腾崇拜、祖先崇拜等巫术视角，探讨了原始岩画艺术中的生生不息的生命精神。其他还有周兴华的《解读岩画与文明探源》❻等。

（六）以审美特征或者艺术特征作为切入点，以艺术技艺和审美观念作为主要论述内容

朱媛在其《中国岩画的审美之维》❼的著作中对于岩画的审美思维或意象进行论述，全书从对象的界定、岩画的构形要素、成像特征、题材意蕴等方面进

---

❶　韩丛耀主编，陈兆复、邢琏著，《中华图像文化史》（岩画卷·上），北京：中国摄影出版社，2019年版。

❷　盖山林、盖志浩，《内蒙古岩画的文化解读》，北京：北京图书馆出版社，2002年版。

❸　汤惠生、张文华，《青海岩画：史前艺术中二元对立思维及其观念的研究》，北京：科学出版社，2001年版。

❹　户晓辉，《地母之歌：中国彩陶与岩画的生死母题》，上海：上海文化出版社，2001年版。

❺　殷晓蕾，《中国原始岩画中的生命精神》，合肥：安徽教育出版社，2014年版。

❻　周兴华，《解读岩画与文明探源》，银川：宁夏人民出版社，2008年版。

❼　朱媛，《中国岩画的审美之维》，上海：上海人民出版社，2013年版。

行翔实的概括，她认为："中国岩画的审美特征研究应建立在中国岩画中包含生命情怀的有意蕴的形式上。"周菁葆的《丝绸之路岩画艺术》❶通过对岩画技术、母题、艺术风格、周围环境等方面的田野调查，并与其他岩画点的岩画相比较，对岩画的时代和族属等问题进行初步探讨和分析。朱狄的《雕刻出来的祈祷：原始艺术研究》❷一书列举了中外的原始艺术，并总结了中国古代岩画艺术自身具有动物侧面性、人物正面性、图式化以及重叠等造型艺术审美特征。斑斓和冯军胜在《中国岩画艺术》❸一书中对中国岩画艺术中的意象进行了论述，包括岩画的形式美、岩画的象征性、岩画的造型意味以及中国南北方岩画的审美特征比较等内容。邓启耀的《云南岩画艺术》❹一书基于装饰艺术、艺术图式等视角对云南岩画进行艺术层面的解读，将岩画图像与少数民族的习俗相结合，追本溯源，对比观照。张晓凌在《中国原始艺术精神》❺一书中积极建构史前审美意识，将审美视角贯穿于每一个章节。他认为岩画是原始先民造型观念和审美心理的重叠。除了以上的著作之外，还有纳·达楞古日布撰写的《内蒙古岩画艺术》❻、张学智的《宁夏岩画艺术》❼等著作，也从艺术特征和审美特征的角度做了阐述。

（七）从史前原始社会史、某个岩画形象类别以及原始文化等方面对岩画审美的间接阐述，这些论述在一定程度上拓展了岩画的外在审美空间

1. 以岩画存在的社会发展史作为线索进行审美特征研究

对这一部分的研究主要集中于对中国原始社会发展史方面。学者们都从各自所研究的时代背景、文化学术思潮出发，结合具体的岩画艺术风貌与重要的学术观点、学说，来探讨史前社会的美学与艺术精神。宋兆麟、黎家芳、杜耀西三位学者结合考古学、艺术学、社会学、人类学等学科，研究了中国史前社会发展脉络以及史前社会的文化与艺术，概括出了原始绘画艺术精神的重要审美特征❽："画面简洁，风格朴素，线条比较流畅，色彩鲜艳，形象栩栩如生，具有浓厚的生活气息，是渔猎生活在艺术上的反映。"岑家梧先生也从原始社

---

❶　周菁葆，《丝绸之路岩画艺术》，乌鲁木齐：新疆人民出版社，1993年版。

❷　朱狄，《雕刻出来的祈祷：原始艺术研究》，武汉：武汉大学出版社，2008年版。

❸　斑斓、冯军胜，《中国岩画艺术》，呼和浩特：内蒙古人民出版社，2008年版。

❹　邓启耀，《云南岩画艺术》，昆明：晨光出版社，2004年版。

❺　张晓凌，《中国原始艺术精神》，重庆：重庆出版社，1992年版。

❻　纳·达楞古日布，《内蒙古岩画艺术》，海拉尔：内蒙古文化出版社，2000年版。

❼　张学智，《宁夏岩画艺术》，银川：宁夏人民出版社，2018年版。

❽　宋兆麟、黎家芳、杜耀西，《中国原始社会史》，北京：文物出版社，1983年版，第398页。

会发展以及相关文献入手，揭示了史前岩画艺术的审美精神。他的遗作《中国原始社会史稿》❶也为后来学者研究史前社会岩画的审美特征提供了强大的史论支持。

2. 对岩画中的某个类别进行研究

如崔凤祥、崔星编著的《原始体育形态岩画》，将岩画中涉及运动的图像几乎全部收录在内，他们认为❷："岩画反映了原始时代的民族体育文化，是东方文化体系中的一种独特构体。"杨慧玲的《神话与人格：宁夏人形岩画》❸，专门对宁夏、广西、福建以及国外的岩画人形进行研究，最后得出结论：史前岩画中的人形受到时代、民族、区域环境、外来文化的影响，并从比例、体型、动作、构图特征、风格等各方面进行综合比较和分析。黄亚琪的《广西左江蹲踞式人形岩画研究》❹从广西人形岩画环境与作者入手，分别从风格、分布空间、创作思维模式以及岩画保护等方面进行探讨，总结出左江人形岩画是借助于骆越民族的宗教信仰，将人形幻化为一种符号意象结构，并利用这种人形岩画构建了西南稻作民族文化圈。王毓红的《羊书：一种象形表意石头文》❺主要基于羊这一专门的类别进行研究，从羊岩画的符号自身、构形模式、类型形态、六种组合以及书写系统、文饰、内在形式结构等多方面进行研究。这类的著作还有高嵩和高原合著的《岩画中的文字和文字中的历史》❻等。

（八）学者对原始文化、原始艺术的研究著述

如朱狄的《原始文化研究：对审美发生问题的思考》是研究史前文化与艺术精神的专著，该著作论述了从西方19世纪以来的"原始思维的特征""旧石器时代艺术""现代原始部落的艺术""神话学"以及相关文献入手，揭示了"审美状态是从道德状态发展而来的，而不是相反，对原始部族的人们来说，部族是他们道德观念的界线，宗教祭礼则是他们艺术观念的界限。是道德观念规定了他们的艺术观念"❼。这种原始宗教的存在是由于巫术文化的盛行和原始思维的普遍化而导致的。在1872年，英国人类学家爱德华·泰勒在《原始文化：

---

❶ 岑家梧，《中国原始社会史稿》，北京：民族出版社，1984年版。

❷ 崔凤祥、崔星，《原始体育形态岩画》，北京：人民体育出版社，2010年版，第6页。

❸ 杨慧玲，《神话与人格》，银川：宁夏人民出版社，2015年版。

❹ 黄亚琪，《广西左江蹲踞式人形岩画研究》，北京：科学出版社，2018年版。

❺ 王毓红，《羊书：一种象形表意石头文》，北京：商务印书馆，2012年版。

❻ 高嵩、高原，《岩画中的文字和文字中的历史》，银川：宁夏人民出版社，2007年版。

❼ 朱狄，《原始文化研究：对审美发生问题的思考》，北京：生活·读书·新知三联书店，1988年版。

神话、哲学、宗教、语言、艺术和习俗发展之研究》❶一书中着重研究了史前社会存在着"万物有灵观"。弗朗兹·博厄斯在《原始艺术》❷一书中，以原始艺术为背景，探析了史前艺术所具有的审美精神特征："表现""象征"等。

（九）一些研究岩画意象的论文

如冯军胜的《阴山岩画的意象性构成》❸，他以阴山岩画为研究载体，具体探讨了构成岩画意象的三个因素，从创作者的心理视角来分析岩画"直率质朴"的意象风格。在他的论文《中国岩画神灵母题意象之研究》❹中，将神灵意象分为三种：自然崇拜神灵、祖先崇拜神灵以及生殖崇拜神灵，这三种神灵意象与狩猎生产、氏族生活形成了紧密而又互相影响的关系。又如叶舒宪的《鹰熊、鸮熊与天熊：鸟兽合体神话意象及其史前起源》一文，阐述了史前宗教巫术中的动物形象是如何结合的，并做了历史溯源。再如吴海进、潘博的《原始舞蹈意象心理分析》❺，论文中阐述了原始环形舞蹈中的圆形动态意象，将这种原始"万物有灵"的动态意象结合原始部落的繁衍、团结等方面作象征意义的论述。另外，还有魏臻的《图像符号化的意象之美：甘肃榆木木山岩画》❻、邓绍秋的《艺术化生存：原始意象与顿悟自性》❼等。

（十）以岩画审美研究为主题的论文

如李福顺的《中国岩画审美浅谈》❽，从选择美的环境、选择合适的工具与材料、按照美的规律进行艺术创造以及一双特殊的审美眼睛等方面对岩画的造型、构图、技术以及母题等方面展开审美探寻。又如陈望衡的《中国史前岩画审美解读》❾，认为史前岩画是原始先民在精神世界上的真实反映，他认为岩画的审美特征主要体现在"感性思维、巫术意味、稚拙情趣、线条造型、自由精

---

❶ 爱德华·泰勒，《原始文化：神话、哲学、宗教、语言、艺术和习俗发展之研究》，连树声译，谢继生、尹虎彬、姜德顺校，桂林：广西师范大学出版社，2005年版。

❷ 弗朗兹·博厄斯，《原始艺术》，金辉译，刘乃元校，上海：上海文艺出版社，1989年版。

❸ 冯军胜：《阴山岩画的意象性构成》，《内蒙古社会科学（汉文版）》，2000年第5期。

❹ 冯军胜：《中国岩画神灵母题意象之研究》，《内蒙古大学艺术学院学报》，2004年第2期。

❺ 吴海进、潘博，《原始舞蹈意象心理分析》，《大舞台》，2010年第5期。

❻ 魏臻，《图像符号化的意象之美：甘肃榆木山岩画》，《现代装饰（理论）》，2016年第2期。

❼ 邓绍秋：《艺术化生存：原始意象与顿悟自性》，《求索》，2004年第7期。

❽ 李福顺，《中国岩画审美浅谈》，广西民族研究，1978年第2期。

❾ 陈望衡，《中国史前岩画审美解读》，《湖北美术学院学报》，2013年第4期。

神等诸多方面"。斑斓的《中国南北方岩画的审美特征比较》❶一文通过对岩画的"形式美构成要素""写意与象征""壮美与优美"的细致解读，将史前岩画创作者的生存环境与生存方式进行比较，从而形成某种鲜明的南北方不同的审美心理和意象特征。朱媛的《中国岩画中"点"的审美特征》❷一文认为，中国史前岩画造型中的点有各式各样，大小、深浅、排列均不一，并给我们呈现了"抽象玄妙、显著精要、粗率劲直的艺术风格"。她的另一篇论文❸从岩画造型元素的"线"视角着手，提出了史前先民所用线条刻绘的形象具有率真、简约和整齐划一的审美风尚。另外，还有一些论文如吴楚克的《乌兰察布岩画的审美历程》、罗徕的《西藏岩画的文化内蕴与审美品格》、王亮的《中国原始岩画的审美特征》、段绪懿和黎成田的《四川珙县麻塘坝岩画的审美意蕴》、王小平的《中国审美意识起源与中国的岩画和文字》以及朱媛的《论中国岩画的取象规则》等。

（十一）从岩画造型、考古、符号、崇拜文化等视角切入对岩画审美进行研究

对于岩画造型问题以往不少学者都在努力探求。中国史前岩画造型艺术理论中的许多范畴都是基于"巫术"以及"原始思维"观念而提出的。邱钟仑的《广西左江岩画人像的再探讨》❹一文认为广西左江岩画造型是巫术文化的产物。冯军胜的《中国岩画造型的面的表现艺术》❺一文基于岩画造型中的面的元素，将其分为几种表现形式，并列举出一些面的分割与组合，归纳出史前岩画造型的不同质感和不同形态。邢琏的《岩画中的具象与抽象》❻一文认为，岩画属于造型艺术，也是人类本能欲望的变形体现，史前先民把"宇宙人情化"通过运用象征、隐喻或者夸张等手法，将被幻化后的物象形态用抽象或者具象的形式栩栩如生地表现出来。李福顺的《岩画形象造型程式化概说》❼一文介绍了

---

❶　斑斓，《中国南北方岩画的审美特征比较》，《内蒙古大学学报（人文社会科学版）》，2002年第3期。

❷　朱媛，《中国岩画中"点"的审美特征》，《文艺争鸣》，2010年第10期。

❸　朱媛，《中国岩画线条的审美特征》，《北京理工大学学报（社会科学版）》，2010年第3期。

❹　邱钟仑，《广西左江岩画人像的再探讨》，《云南民族学院学报（哲学社会科学版）》，1996年第4期。

❺　冯军胜，《中国岩画造型的面的表现艺术》，《内蒙古社会科学（汉文版）》，2003年第3期。

❻　邢琏，《岩画中的具象与抽象》，《三峡论坛》，2010年第5期。

❼　李福顺，《岩画形象造型程式化概说》，《美术》，1991年第12期。

程式化的概念、程式化的三个阶段、岩画程式化的动因以及岩画造型的趋向。崔谷平的《巴康岩画与生殖崇拜》❶一文，基于巴尔达库尔和康家石门子两处岩画中的生殖形象对原始先民所崇拜的生殖观念进行阐释。高伟在《将军崖岩画与女阴崇拜》❷一文中以海州地区的民俗文化为依托，对将军崖岩画中的有关生殖崇拜的内容进行研究。李福顺在《试谈中国岩画中的太阳神崇拜》❸一文中对已发现的太阳人面像进行研究，并根据太阳和人面两种元素的结合，推导出史前人类对太阳的人格化和对太阳神崇拜。盖山林《太阳神岩画与太阳神崇拜》❹一文以我国近年来发现的太阳神岩画造型为资料，对史前社会普遍存在的太阳神崇拜进行梳理和文化阐释。张亚莎的《西藏岩画中的"鸟图形"》❺一文将西藏岩画中的鸟图形与苯教相结合，找出鸟图形在西藏岩画中的形象注解，它是我们解读古代象雄文化的一个重要切入点。陈兆复的《符号岩画引论》❻以河南具茨山岩画为着眼点，对全球的符号岩画加以介绍，特别阐释了杯状穴岩画。另外，还有盖山林《从图画记事谈阴山岩画》❼、陈兆复的《古代少数民族的岩画》❽、李洪甫的《论中国东南地区的岩画》等。

（十二）多学科交叉的岩画研究论文

有的偏重文化，有的偏重宗教，还有的偏重于其他方面。如龚田夫、张亚莎的《中国人面像岩画文化浅谈》❾一文，以考古、文化、审美等视角对人面像岩画从其概念、分布与环境特征、制作工艺与图形分类、发生与传播以及文化内涵等方面的研究，总结出人面像岩画是一种发生在中原汉民族和少数民族之间的、伴有原始宗教文化属性的、造型别具一格的单一边缘文化。薛正昌的《贺兰山岩画文化》❿，这篇论文基于不同学科对贺兰山的岩画进行文化阐释。盖

---

❶ 崔谷平，《巴康岩画与生殖崇拜》，《新美术》，1998年第2期。

❷ 高伟，《将军崖岩画与女阴崇拜》，《东南文化》，1998年第4期。

❸ 李福顺，《试谈中国岩画中的太阳神崇拜》，《民间文化论坛》1994年第1期。

❹ 盖山林，《太阳神岩画与太阳神崇拜》，《天津师大学报（社会科学版）》，1988年第3期。

❺ 张亚莎，《西藏岩画中的"鸟图形"》，《西藏研究》，2006年第2期。

❻ 陈兆复，《符号岩画引论》，《三峡论坛（三峡文学·理论版）》。

❼ 盖山林，《从图画记事谈阴山岩画》，《黑龙江文物丛刊》，1984年第2期。

❽ 陈兆复，《古代少数民族的岩画》，参见中国民族学研究会编，《民族学研究》（第三辑），北京：民族出版社，1982年版。

❾ 龚田夫、张亚莎，《中国人面像岩画文化浅谈》，《中央民族大学报（哲学社会科学版）》，2006年第3期。

❿ 薛正昌，《贺兰山岩画文化》，《宁夏社会科学》，2004年第2期。

山林的《阴山骷髅岩画·头骨崇拜·祖先崇拜》❶，基于宗教思维对原始岩画中出现的头骨或骨骼进行宗教灵魂的探索，并探寻出头骨或骨骼具有某种宗教崇拜仪式。王毓红的《岩画本质的哲学反思》❷，以考古学、艺术学、哲学对岩画进行哲学层面的阐释，从而构想出一个"视觉语言符号系统和等级形式单位组合的岩画理论"。杨超的《论岩画阐释中的多元视界》❸，为我们提供了一种多元的阐释岩画视角，尽量还原岩画所存在的原境。另外，还有汤惠生的《凹穴岩画的分期与断代：中国史前艺术研究之一》以及盖山林的《北方草原岩画与原始思维》等。

（十三）国外关于岩画的研究

在国外岩画近代发现史上，对于岩画的发现和记录遍及南美、法属圭亚那、拉丁美洲、墨西哥、欧洲以及非洲，特别是从1598年在南美发现岩画的安布罗西奥·费尔南德斯·布兰多（Ambrosio Fernandes Brandao）❹到北欧的挪威教师彼得·阿尔逊（Pederr Alfsson）于1627年在瑞典波罕斯浪记录了岩画，使得不同国家的学者开始逐步探寻岩画。

国外一些学者基于不同视角对岩画图像进行分类研究，并且取得一定的成绩。如澳大利亚学者、国际岩画联合会主席罗伯特·G. 贝德纳里克（Robert G. Bednarik）在《岩画科学:古代艺术的科学研究》❻（*Rock Art Science:The Scientific Study of Palaeoart*）一书中，从自然岩画和人工岩画之间的标志性区分、岩画艺术的技艺、岩画发现时的现场记录、岩画艺术图像的诠释、岩画艺术的历史保护、岩画艺术的年代探寻、岩画科学的研究方法以及岩画研究资源等几个方面详细论述了岩画艺术的科学研究。又如澳大利亚学者乔·麦克唐纳（Jo McDonald）和彼得·维斯（Peter Veth）合作出版的岩画著作《岩画艺术指南》❺（*A Companion to Rock Art*），总结了一些学者对史前岩画艺术的多种看法和研究方向，并利用来自世界各地的160幅岩画图像进行说明与阐释，讨论了岩画审美、岩画形式、岩画风格、萨满教、区域研究、身份认同、岩画遗产、景观、性别以及岩画年代测定的技术等问题。克里斯·曼塞尔（Chris

---

❶　盖山林，《阴山骷髅岩画·头骨崇拜·祖先崇拜》，《北方文物》，1987年第4期。

❷　王毓红，《岩画本质的哲学反思》，《文化学刊》，2013年第2期。

❸　杨超，《论岩画阐释中的多元视界》，《东南文化》，2010年第1期。

❹　Robeart G. Bedbarik. *Rock Art Science: The Scientific Study of Palaeoart*. New Delhi: Aryan Books International，2007.

❺　Jo McDonald, Peter Veth. *A Companion to Rock Art*, Wiley−Blackwell, 2012.

Mansell）在《英国古代岩画艺术：土著石雕指南》❶（*Ancient British Rock Rrt: A Guide to Indigenous Stone Carvings*）一书中，利用旧石版画对杯形图像、抽象图像符号、岩石的装饰、岩画风格等进行了讨论，特别是这些符号的目的和内涵。美国人G. 玛勒里（Garrick Mallery）编著的《美洲印第安人的图画文字》❷（*Picture-writing of the American Indians*）用接近1300张图片和54个插图来说明原始民族使用图画作为传递信息的重要载体。加拿大学者吉纳维芙·冯·佩金格尔所著的《符号侦探：解密人类最古老的象征符号》❸，基于原始岩画中的符号元素对岩画进行诠释。另外，还有詹姆斯·伯尔和哈里森·麦克雷（James Burr, Harrison Macrae）的《佩科斯河风格的岩石艺术：史前影像》❹（*Pecos River Style Rock Art: A Prehistoric Iconography*）、汉斯·乔治·班迪等（Hans-Georg Bandi）的《石器时代的艺术：四万年的岩画艺术》❺、君特·博格豪斯（Günter Berghaus）的《史前艺术新视角》❻（*New Perspectives on Prehistoric Art*）以及埃尔斯佩思·帕里（Elspeth Parry）的《津巴布韦马托波山的岩画艺术指南》❼（*A Guide to the Rock Art of the Matopo Hills, Zimbabwe*）等。

除了以上的专著之外，还有一些研究性的外文论文，也值得我们参考。如托马斯·海德的《岩石艺术美学：岩石上的痕迹、精神的印记、大地上的视窗》❽（*Rock Art Aesthetics: Trace on Rock, Mark of Spirit, Window on Land*）、《岩画美学与文化的挪用》❾（*Rock Art Aesthetics and Cultural Appropriation*），琼·罗斯和伊恩·戴维森的《岩画与仪式：澳大利亚中部岩画的考古学分析》❿（*Rock Art*

❶ Chris Mansell. *Ancient British Rock Art: A Guide to Indigenous Stone Carvings*. wooden books Ltd, 2007.

❷ Garrick Mallery. *Picture-writing of the American Indians*. New York: Dover Publications, 1972.

❸ 吉纳维芙·冯·佩金格尔，《符号侦探：解密人类最古老的象征符号》，朱宁雁译，北京：北京联合出版公司，2019年版。

❹ James Burr, Harrison Macrae. *Pecos River Style Rock Art: A Prehistoric Iconography*. Texas A&M University Press, 2018.

❺ Hans-Georg Bandi, Henri Breuil, Henri.Lhote, Erik Holm, Lilo Berger Kirchner. *The Art of the Stone Age: Forty Thouand Years of Rock Art*. New York: Crown Publishers, Inc. 1961.

❻ Günter Berghaus. *New Perspectives on Prehistoric Art*. Westport, CT:Praeger,2004.

❼ Elspeth Parry. *A Guide to the Rock Art of the Matopo Hills*. Zimbabwe. Amabooks, 2002.

❽ Thomas Heyd. *Rock Art Aesthetics: Trace on Rock, Mark of Spirit, Window on Land*. The Journal of Aesthetics and Art Criticism,1999, 57 (4): 451–458.

❾ Thomas Heyd. *Rock Art Aesthetics and Cultural Appropriation*. The Journal of Aesthetics and Art Criticism, 2003, 61 (1): 37–46.

❿ June Ross, Iain Davidson. *Rock Art and Ritual: An Archaeological Analysis of Rock Art in Arid Central Australia*. Journal of Archaeological Method and Theory, 2006, 13 (4): 304–340.

and Ritual: An Archaeological Analysis of Rock Art in Arid Central Australia），托马斯·海德和约翰·克莱格的《艺术的力量：岩画与审美》❶（*The Power of Art: Aesthetics and Rock Art*），乔纳森·雷诺兹的《生活岩画艺术》❷（*Living Rock Art*）以及罗伯特·G.贝德纳里克的《风化指数在岩石艺术科学和考古学中的应用》❸（*The Use of Weathering Indices in Rock Art Science and Archaeology*）等。

学者们在研究中国史前岩画时有效地借鉴了国外的研究成果和视角，有的则以岩画考古资料作为基本史料，与发现的符号进行相互印证，相互推动，对其图像精心细读，结合宗教以及不同民族的风俗和文化，特别是中国学者基于本土岩画审美视角进行不同方面与不同类别的研究，使这一原始艺术的研究传承至今。

（十四）关于岩画的各类研究成果的特征

（1）学者们从岩画田野考古的视角对史前岩画艺术以及审美层面进行考察，为现当代研究艺术审美起到了很重要的推进作用。

（2）岩画的学者们运用不同学科的核心概念、范畴深入研究与探索，如原始社会的"万物有灵"巫术思维、原始巫术、图腾崇拜、人面神格等，在一定程度上彰显了中华民族的美学与艺术精神的内在含蕴，也直接或间接地为中国史前岩画艺术审美体系的构建提供了一些引导和知识点。

（3）一些学者利用古今中外的文献资料对区域内的岩画进行文化建构和图像分析，揭示了独具特色的岩画文化和审美特征。

（4）不同学者基于地区岩画特色和岩画类别对岩画进行不同层面的分析，出现了具有一定学术价值的研究性成果，为开拓岩画审美特征研究的新局面做出了重要贡献。

第三节　研究思路

中国史前岩画艺术的审美特征研究需要立足于图像的探索和诠释。不管世界任何角落的岩画，在研究岩画的审美特征时，要充分对现场图像进行认真、

---

❶ Thomas Heyd, John clegg. *The Power of Art:Aesthetics and Rock Art.* Cambridge Archaeological Journal, 2006, 16 (2): 261–262.

❷ Jonathon Reynolds. *Living Rock Art.* Archaeology, 2007, 60 (4): 55–60.

❸ Bedbarik R. G. *The Use of Weathering Indices in Rock Art Science and Archaeology*, Rock Art Research, 2012, 29 (1): 59–84.

细致以及原境❶化地读取，因为原始社会的岩画都是以图像的方式呈现在我们面前的。巫鸿在寻找中国早期艺术图像学证据的时候，使用考古材料和神话传说来建立起一种"平行结构"。笔者在写作该书时，首先对《中国岩画全集》（五卷本）的一些图像进行图像化思考和认知。中国史前岩画几乎全部是基于图像层面的，因此，笔者在撰写该书时从岩画的艺术图像视角对岩画的审美特征进行诠释。

首先，对相关史料图片进行全面、深入的挖掘和整理，为进一步推动岩画艺术的审美特征研究建立坚实的资料基础。本书基于《中国岩画全集》（五卷本）、《西域岩画图案全集》以及《巴丹吉林岩画精粹》等书籍中的图片以及现场考察的照片，对史前岩画图像进行原型分析和比较研究，尽量还原图片的原境。从岩画图像的基本构成谈起，如构成形式、构成要素、构成形态，在此基础上对图像进行审美观照，并概括出图像由内到外的审美特征、表现方法、表现形式等方面。

其次，以岩画艺术中的具体问题为导向对岩画审美特征进行研究，先进行一些宏观性的论证分析，总结和归纳出岩画图像中的造型规律和特点，基于图像自身的塑造来体察先民社会生活中的生命精神之奥秘。

再次，对岩画进行整体的跨文化分析，结合考古、历史、民俗、美学等不同学科相互印证，对岩画图像的内涵进行研究。在此基础上，对岩画不同母题进行分类研究，力图揭示岩画审美特征。在此过程中，积极吸取相关学科的研究成果，保持研究课题的前沿性和创新性。

最后，在以上三点基础上，本文自始至终高度重视中国史前艺术理论的现代转化问题，努力探索中国史前岩画审美与现代艺术美学、中西美学与艺术理论的对话与融合之路，试图建构一个既能继承古代文化又具有现代意义的中国史前岩画艺术的审美理论框架。

中国岩画的审美特征研究要基于多学科的研究思路。任何一个图像都不是由单一的学科造就的，例如在康家石门子的岩画点上，岩画图像就隐藏着不同学科研究的知识点，我们要考虑符号学、艺术学、民俗学、宗教学等不同的学科，运用不同的学科相互交叉进行研究。

---

❶ 原境（context），一般可以解释为上下文（语境），特指一种原始的环境和氛围。如我们研究原始岩画，既要强调整体又要重视具体的原始环境和氛围。研究岩画图像不能基于一个方向进行研究，要在其他方面进行沟通和探寻。原境和重构（reconstruction）是连接在一起的，原境虽然随着时间消失了，但是，我们研究岩画图像需要重构原始的环境和氛围。

第四节　研究方法

史前社会是人类社会在发展过程所经历的五种形态之一，也是人类走向现代文明的重要基础。史前社会是动物与人在生产劳动实践过程中互相分离的一个形态体，史前岩画又是后代学者探索和研究人类"童年"的社会生产生活图像、原始宗教、生殖崇拜以及原始思维等方面的重要切入点。本书首先以马克思主义方法论为指导，在内容和观点论述上努力坚持以历史唯物主义与辩证唯物主义相结合的方法。在此基础上，本书采用美学、二重证据法与思辨法相结合、田野考察法、跨学科研究法、现场实物图像研究法、文献法以及历史法等研究方法，对岩画艺术作审美溯源，从岩画图像中找到岩画意象的外在诸多呈现层面，从线条、造型、构图、意象创构以及艺术风格等各方面共同对岩画审美特征进行架构和梳理。

一、美学研究方法

岩画是美学的研究对象，也是中国传统审美意识和绘画艺术的主要源头。中国史前岩画包孕着先民对生命精神的体认，孕育着史前的审美意识，更包含着原始先民对物象的观看和处理方式。岩画中各种式样的图像"形成了鲜明而丰富的审美特征：线条的装饰性、时间性和情感性等线性特征作为最为突出的审美因素，无疑彰显了原始岩画独特的艺术魅力"[1]。史前岩画的造型体现了史前先民稚拙、粗犷而又简约的审美风尚，也使我们可以通过岩画图像来研究史前审美意识的发展与变迁，为当下的艺术作品提供一定的历史研究资料。

二、二重证据法与思辨法相结合的研究方法

这种方法以岩画遗址与理论的相互印证，从而实现理论的创新，让更多的相关学术资源发挥它自身的重要作用，实现历史与现实、理论与实证高度融合与统一的同时，将创新精神融入其中，并多层次、多视角地相互印证，从而开创研究中国史前岩画艺术审美特征的新局面、新视角。

三、田野考察法

在采用田野考察法时，尤其要重视对岩画存在的地理环境、石材、岩画图

---

[1]　朱志荣、朱媛，《中国审美意识通史》（史前卷），北京：人民出版社，2017年版，第6页。

像的基本面貌、岩画存在的大致范围以及当地古代社会文化进行详细的记录和拍照，对每一张岩画要详细地记录它的位置和与其他岩画之间的距离，同时注意对岩画的保护工作。考察完毕之后，对岩画资料、照片、所绘制岩画的草图进行整理，并多层次、多视角、全方位地进行分析。

四、跨学科研究法

中国史前岩画艺术的审美特征是一个综合性的研究对象，它不仅是基于岩石媒介创作画面，对所刻绘的图像进行分析，而且中国岩画还与其他的学科有着千丝万缕的联系，如文化人类学、生态地理学、考古学、文化生态学、宗教学、艺术学、传播学、美学、符号学、历史学、社会学等。因此，我们研究中国史前岩画艺术的审美特征就要将这些学科的知识资源进行整合与归纳，相互印证、相互结合。正如刘锡诚所说❶："研究原始艺术现象……必须超越作品表面所提供的信息，把目光投注到中国文化的深处，投注到相关学科所提供的丰富的资料和方法,才能全面地把握住所要研究的对象的整体。"例如，如果没有艺术学的知识，我们就无法分析岩画的造型是如何塑造的，岩画自身所呈现的形式特征和艺术风格特征就无法领会；没有符号学的知识，我们就无法理解原始先民在一些岩石上刻绘的很多具有抽象语义的符号都分别代表着什么意思；没有考古学的参与，中国史前岩画就不能被发现，等等。

五、现场实物图像研究方法

中国史前岩画艺术的审美特征主要保存于原始的岩画图像中，以图像为原点，从图像中来分析岩画的审美特征。原始先民是以图像讲述那个时代曾经发生的事情，有图必有意，图像后面所隐藏的某种内涵均是通过图像呈现的。虽然有的古籍中详细记录了岩画的线索，但是，文献记录缺乏对当时创作的论证。因此，要凭借现场实物对岩画图像进行审美研究。运用这种方法时要注意以下三个问题：

（1）对现场的实物图像要体现实证精神，要尊重历史实物图像，尊重其周围的社会环境以及居民居住状态，依据历史实物图像对史前岩画审美特征进行深刻研究，不盲从，不跟风，要秉持对实物图像实事求是的探索求证精神，不能偏离现场实物图像的表层结构而作主观化的猜测和臆断。

（2）要把中国史前岩画审美特征放置在整个中国美学思想发展史的大的构

---

❶　刘锡诚，《原始艺术与民间文化》，中国民间文艺出版社，1988年版，第200页。

架之中，来考虑史前岩画审美特征在整个美学发展进程中的地位和意义，从一定的学术高度进行前后分析和研判，注重不同时代的政治、经济以及当地民俗对岩画审美的影响，深切体悟现实实物图像中所体现的原境性。

（3）要注意保护现场图像，在调研完毕时，要注重恢复图像的原来面貌，尽最大努力保护和修复周围的原生态环境。

六、文献研究法

文献是研究中国史前岩画审美特征的主要阵地。涉及岩画的文献比较多，这些文献资料涉及不同的方向，有的是介绍艺术本身的，有的是宗教的，还有的是考古的，这些不同方向的研究资料为我们研究岩画的审美特征提供了可以借鉴的新视野和新切入点。

七、历史方法

原始文化和史前岩画的研究方法之一就是确定怎样用现代的视觉语言和思想观念去还原当时所发生的场景。由于现代人和原始人类之间时间和空间上的断裂，我们无法将史前人类或者巫师请过来讲述岩画是如何创作的，每一幅岩画的内涵是什么，等等。我们只能通过对图像进行审读来还原史前的历史文化语境，以那个年代的思想去叙述那个时代所发生的故事。因此，我们研究原始艺术就要回归到那个时代的"原境"，用那个时代先民自己的话语去讲述岩画图像自有的内涵，撒去现代人的思维偏见，运用史前社会所形成的思维观念、造型方式以及审美情趣对岩画图像进行概括和总结。

综上所述，史前岩画艺术的审美特征是中华民族在长期的审美实践与生产过程中逐渐积累形成的，其中就包含了中国史前岩画的艺术实践。它是由史前先民在长期的劳动与生产实践中得到启发并创造的，是中华民族审美实践的具体体现。这种独具特色的史前艺术审美，值得后代学者借鉴、传承与发展。我们在研究史前岩画审美特征的时候，要最大限度地将以上的方法与手段融合为一，"应尽量中西参照，方法多元，视野开阔，在重视中国美学独特性、整体性的基础上对其进行规范、总结，使其更加学理化，从而为当代美学，乃至为世界美学提供源头活水。"❶

---

❶ 朱志荣、朱媛，《中国审美意识通史》（史前卷），北京：人民出版社，2017年版，第15页，第4页。

第五节　研究意义

一、史前岩画是现代文明的"源头活水"

中国史前审美意识主要通过先民的造物、绘画体现出来，特别是通过岩画这种形式将先民的内在审美意蕴和外在对生活热情洋溢的赞颂鲜明生动地表现在画面上。岩画是人类进行艺术创作的最初级的艺术形式和艺术种类，是原始人类社会物质和精神的高度浓缩，孕育了中华民族朴素而又逸静的审美意识。它的线条、造型、构图以及意象等方面的特点，时时刻刻地被后代人所借鉴，成为我们造物和研究对象的一个重要的切入点。研究岩画可以帮助我们回答原始思维、宗教巫术以及原始艺术的特点是如何发生与建构的。因此，研究岩画就是在研究人类的最初发展阶段的文明，它对中国艺术审美视域的全新建构具有某种拓荒作用。它"将中国审美意识史上溯了数万年，而且对于我们今天将中国传统的美学精神发扬光大、走向世界提供了重要的感性资源"❶。

二、史前岩画意象是中国审美意象的滥觞 ❶

岩画是反映原始社会的经济生产、原始宗教思维以及人文景观的一面镜子，它是基于艺术的视角而进行的一种具有不同风格意味的主观诠释，它是历朝历代艺术意象的最初来源，只有从艺术作品发生的源头开始查找，我们的艺术创作和意象研究才能找到出发点和落脚点。中国史前大量的艺术品被先民通过巫术或者其他形式创构出来，特别是大量的岩画作品。一方面，这些作品凭借刻、凿、绘等艺术技巧并运用美术元素将一个个生动的场景意象地呈现出来，每一个物象的动作与姿势以及它所展现出来的"大象无形"和"玄妙之美"表现在岩石这个狭小的二度空间之内。它们都是先民接触世界、感悟世界、呈现世界的最初明证，自然也成为具有审美意味的"实践者"和"执行者"。这些物态化的形态为后来中国审美意象走上独立发展的道路功不可没。在广西花山岩画、云南沧源岩画以及新疆库鲁克岩画区，这些岩画都将先民最初所具有的审美意识萌芽生动地展露了出来，造型中的每一根线条都内蕴着古代先民朴拙、质朴、简约的审美风尚。另一方面，原始先民所创构的岩画意象充分体现了先民观看现实物象和体悟世界的方式，他们凭借这些刻涂在岩石或

---

❶ 陈兆复、邢琏，《中华图像文化史》（岩画卷·上），北京：中国摄影出版社，2019年版，第32页。

在崖壁上的图像，以像表意、以像达意。

三、中国史前岩画的审美特征研究可以激活中国传统艺术美学的潜在资源，实现其价值，并让其在当下发挥重要的作用

首先，中国传统艺术品类繁多，且都深深地植根于传统社会之中，我们研究中国史前岩画的审美将为其他的传统艺术审美提供一个契机，极大地拓宽了传统艺术审美的研究资源，丰富和完善了中国史前艺术史的研究。其次，研究中国岩画的审美特征可以拓展和彰显中国古代文论在当下的学术价值，并为当下的旅游文化和文化创意产业的发展注入了新的活力。最后，研究史前岩画的审美特征可以丰富中国古代意象理论体系。通过对岩画审美意象的研究，拓展夏商周以前的意象研究，使得中国审美意象成为一个研究整体。可以说，没有中国史前岩画的加入，中国古代审美理论就不完整，它显然是中国古代美学体系中一个重要的组成部分，以当下的研究视角来诠释具有传统美学中的一个"点"，对于整个美学界的学者们来说具有极其重要的现实和历史意义。

四、中国史前岩画的审美特征研究为当下的各类艺术意象的研究注入新的活力

自从17世纪彼得·阿尔逊（Pederr Alfsson）在瑞典波罕斯浪发现岩画[1]，人类就对岩画这种艺术种类开始了孜孜不倦的探索。中国岩画分布区域比较广，它的塑形方法、经营位置、题材内容、构图方法、线条塑形等各个层面都将为我们研究现当代其他艺术意象提供有力的参证，从而不断推进中国艺术意象研究的进程。

五、中国史前岩画的审美特征研究可以为艺术意象理论、艺术史以及美术史提供新的研究思路和研究方法

中国史前岩画的审美特征自身有着自己的研究特点，我们要从田野考察开始，对文献和遗迹通过二重证据法进行比较研究，在此基础上对各类岩画母题意象进行研究，形成宏观与微观相结合的研究思路。这种研究思路为当下研究艺术史或美术史提供了借鉴。

总而言之，研究中国史前岩画的审美特征是基于传统文化视角下的一种图

---

[1] 伊曼纽尔·阿纳蒂，《阿纳蒂论岩画》，北京：文物出版社，2019年版，第8页。

像的审美观照，是对后代造型艺术的溯源。研究岩画艺术的审美特征有利于丰富和弥补当下造型艺术呈现的一些审美缺憾，丰富现当代的旅游文化形式，增加现当代旅游文化场所，为当下的文化创意产品设计提供一些鲜活的生命力。当下艺术的研究既要体现艺术的时代性和文化性，又要彰显中华民族优秀传统文化的审美精神。这就需要这类具有古典审美意味的传统物态化资源为当代艺术创作提供新的视角，为现当代的建筑装饰提供新的题材和审美资源。因此，我们要积极挖掘古代艺术的审美表现，特别是史前岩画艺术的审美特征，并基于这类艺术的审美特征来为现当代的文化形式服务，以此拓展人们的审美视域，满足人类自身的精神需求。

第二章　史前岩画线条的审美特征

第二章图片

　　中国画线条的运用，可以追溯到史前的岩画艺术。那时大量原始岩画中的图案造型都是以线条进行构像。"线"是岩画造像的主要介质，是先民非常重要的表现形象的手段。中国史前岩画属于线性艺术，包括它的形象塑造、构图布局以及表现题材等方面，都贯穿着线性的思维脉络。正如宗白华先生所说[1]：形象的姿态是从线条中展现出来的。

　　史前先民用线条去勾勒轮廓，用线条去填涂轮廓内的面，并对物象进行具象和装饰性的描摹，来表达主观化的审美情感。先民们充分利用凿刻或者绘制等技法将物象通过舞动的线条清晰地表现出来。每一个岩画点的线刻岩画都有自己明显的表现形态、特征、方式以及功能取向。原始先民娴熟地运用线条来表现原始社会中不同物象的面貌和先民对物象所灌注的精神情感，具有笔简意丰的审美特点，无意中传达了一种稚拙、朴实而又生涩的线条审美风尚，表现了史前先民对生命律动的深切感悟。因此，岩画始终体现着中华民族艺术生命的"内在"审美精神和审美特质。它的出现，对后来的中国汉画像石、山水画、花鸟画的线性塑造和表现起到了引领作用。

　　纵观我国的史前岩画，我们可以发现大量的线性岩画造型作品。例如在珠海高栏岛上的岩画，以曲线为主，复杂的曲折线条将一艘正在行进的航船抽象地勾勒出来。在香港地区周边的岛屿上存有大量的凿刻人物和行船的岩画。这些岩画用直线和曲线勾勒图像，线条曲折有致，丰富多姿。西藏日土县任姆栋的鹿岩画，画面中的形象均以双曲线勾勒动物的外轮廓，以单线（弧线）对物象的腹部进行装饰，同时以螺纹线条刻绘了鹿和豹子的臀部、肩部，清楚地表现了动物运动时的骨骼和肌肉。宁夏贺兰山大西峰沟的站立老虎岩刻，以粗细不均的曲线刻绘了一只站立的老虎，张口獠牙，老虎的臀部和肩部均是以螺纹线进行装饰，老虎的腹以平行直线进行填充，从整体上呈现了原始岩画线条的僵直、严峻以及威吓的心理感受。总而言之，散落在我国各地的史前岩画艺术作品，大多以不同形态的线条为主要外在表现形式，多数作品都呈现出了"抽象的主题、几何图

---

[1]　宗白华，《宗白华全集》（第三卷），合肥：安徽教育出版社，1994年版，第463页。

形和线条痕迹"[1]。他们用流畅的线条去描摹或夸张现实中的物象和场景，并用简约化的线条将其概括和简化，从而使得所构之像姿态优美、生动逼真，展现了他们对物象和场景的美好追忆，凸显了原始物象的生命精神和审美内涵。

第一节 线条的形态

岩画中的线条呈现出不同的形态。先民在岩画创构活动中，对现实物象进行高度地概括和抽象，他们运用不同属性的线条形态，去表现他们想要呈现的视觉画面。马列维奇将这种运用不同形态的线条进行个性化表达的形式称为"附加元素"[2]。

一、岩画线条中的直线形态

直线给我们呈现出刚强、僵直、呆板以及伤感的属性，特别是在原始社会后期，"直线压倒了曲线、封闭重于连续，弧形、波纹减少，直线、三角凸出，圆点弧角让位于直角方块。"[3] "粗直线显得强有力而又迟钝、粗笨、稚气；细直线显得敏感、尖锐，有紧张感；粗糙、断续的直线显得焦虑不安。"[4] 这类线条在现代的艺术作品中不是很活跃，但是在中国史前岩画中比较普遍，使用的频率非常之大，而且在任何一个岩画图像中都能感受到作者在用直线形态去概括物象的形状。直线往往表现一个物象的主要结构或形态，如人的躯干、动物的躯干以及物象的局部等。

江苏连云港将军崖中的人面形象大部分部位是通过直线去表现的（图2-1），以直线把脸部直接分割成不同的几何造型，具有

图2-1 江苏连云港将军崖岩画
来源：作者拍摄。

---

[1] Jo McDonald, Peter Veth. *A Companion to Rock Art*. Wiley–Blackwell, 2012: 385.

[2] 卡西米尔·塞文洛维奇·马列维奇，《非具象世界》，张含译，北京：中国建筑工业出版社，2015年版，第38页。

[3] 李泽厚，《美的历程》，北京：生活·读书·新知三联书店，2009年版，第31页。

[4] 冯军胜，《中国岩画造型的线条艺术》，《内蒙古社会科学（汉文版）》，2002年第6期。

浓厚的抽象意味。广西花山崖画，无论人物、动物的躯干还是各种配饰，方中带直，直中带曲，使用直线去表现他们对河神的敬重和崇拜。广西靖西岩怀山的岩画形象使用大量的直线形态，三至四条直线相互交叉，去表现星纹。在新疆阿勒泰地区哈巴河县多尕特的岩画《舞蹈人像》，创作者用简约的四根直线生动地呈现了史前舞者的舞姿。舞者两臂伸展，好似在呼唤什么，两腿叉开并有尾饰。这些形形色色的直线形态给我们直观地勾勒了一个经过先民高度概括的意象图形。他们用率直的直线形态代替柔和的曲线形态，超越了现实的物象，甚至超越了原始巫术的精神力量。每一个经过直线表现的形态都准确地呈现了物象的粗略面貌，具有直接、理性、概括、简略与象征的审美特性，非常恰当地给我们呈现了先民的精神诉求和言外之意。

　　岩画中的直线形态有长短之分。中国史前先民具有优秀的物象概括能力，他们能将一些不重要的细节删除掉，用长短的直线形态去勾勒大形。一般利用长的直线形态去勾勒物象的整体面貌，如人物的双肩、脊柱以及从腋下到小腿，或者其他物象的主要结构。如肃北县大黑沟树木的主干，就是用一条长的直线从上到下表现出来。利用短直线形态勾勒一些细小的局部，如内部轮廓内的一些经过先民概括后的细节。这些细小的短直线形态为岩画图像建构更加唯美的艺术境界增添了装饰氛围。例如在内蒙古交劳格道岩画点上有一幅人物与动物的岩画（图2-2），画面上先民使用褐红色绘制了一个站立、双腿叉开、双臂伸展的正面人物形象和一个轮廓形状的侧面动物形态。作者用一条长直线将人物的脊柱从头到脚简约地呈现出来，而双臂和双腿则用短直线去表现。

图2-2　内蒙古呼伦贝尔市大兴安岭
交劳格道岩画
来源：《中国美术分类全集》编委会，《中国岩画全集》
（北部岩画），沈阳：辽宁美术出版社2006年版。

二、岩画线条中的曲线形态

　　人类刚开始并不是在岩石上直接刻绘出直线，而是以一种螺旋线式的曲

43

线对物象进行审美表现。"曲线有优雅柔美的品质。有规则的曲线给人速度感、弹力感，具有明快、柔软的双重性格；自由的曲线更舒展、自由，也更圆润、有弹性（没有弹性和韵律的曲线是不美的）。"❶

　　史前岩画形象中的曲线形态可以分为圆弧线、波状线、蛇形线以及有或无规律的自由曲线。这些不同种类的曲线均是先民"近取诸身，远取诸物"❷的取象结果，体现了先民们较为自由、洒脱、生动活泼的审美品位。曲线形态的使用在岩画形象的造型表现中占有重要地位。我们观看任何一个岩画点上的岩画，曲线形态往往以表现动物为主，特别是动物的外在轮廓。先民利用曲折的线条将对象的体态栩栩如生地表现出来。物象的曲线越多越能显示出物象的繁杂和装饰性。如台湾万山孤巴察岩画中的一幅岩画《旋涡纹与蛇状曲线》，整幅岩画运用大量的抽象曲线和旋涡纹刻绘于岩石表面，有复线同心圆，也有半圆、蛇形线穿插其中。其中抽象曲线形态形成的蛇形线条相互交错，带有浓郁的原始宗教祭祀氛围。

　　这种曲线在国外的岩画点上也大量出现过，这样就证实了曲线这种线形态不但在中国的岩画形象上频繁使用，在国外也是如此。如英国诺森伯兰有一块叫Roughting Linn的岩画（图2-3），画面上大量的圆曲线和旋涡纹展示了复杂的物象设计，以最里面的一个点为基础，在它的上面有二至三层同心圆线，圆线刻绘极为工整和规矩。从中心点伸出了一个竖线，这表示植物的主干。在同心圆圈的最上面有八条短竖线。这些曲线形态在太阳光下熠熠生辉，把先民的巫术思想寓于这些曲折婉转的线条之中，简约而又传神。

　　曲线呈现了线条参差不齐的艺术形态。先民们认为，曲线象征一

图2-3　英国诺森伯兰岩画

来源：Chris Mansell.*Ancient British Rock Art: A Guide to Indigenous Stone Carvings*. wooden books Ltd,2007.

---

❶　冯军胜，《中国岩画造型的线条艺术》，《内蒙古社会科学（汉文版）》，2002年第6期。

❷　黄寿祺、张善文，《周易译注》，上海：上海古籍出版社，2012年版，第343页。

种柔和的性格，曲线能将物象的高低
起伏、参差不齐的外形刻绘得很具
体，能展现物象的面貌，能体现出岩
画形象的外在精神风貌。每一条曲线
形态均受到制作者的雕刻技术、审美
心理以及周围环境的影响。如宁夏贺
兰山的老虎岩画，使用参差不齐的线
条将物象的外在形态栩栩如生地呈
现出来。曲线形态有的粗壮，有的纤
细，有的繁密，有的疏松，呈现出节
奏、韵律感。又如新疆阿勒泰布拉特
的鹿石像（图2–4），整个鹿的形象用
纯净优美的曲线形态绘制出来，特别
是鹿角，被先民以弧线一段一段地、
细节鲜明地呈现出来。

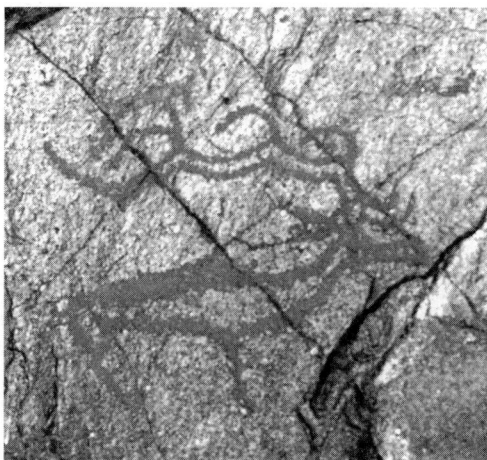

图2–4　新疆阿勒泰地区富蕴县布拉特岩画
来源：《中国美术分类全集》编委会，《中国岩画全集》
（西部岩画2），沈阳：辽宁美术出版社，2006年版。

三、岩画中由各类线条组成的几何形态

　　几何形态在中国史前岩画造型中较多，先民在用线条构成几何形态时，更加
注重线条的概括性和高度简约性。几何造型并不是先民对物象简单或草率的勾
勒，这种形态往往是由具有理性观念的线条分割架构而成。一方面表现出一个物
象的外在形态或者记事，如田地、人面以及具有象征意义的抽象符号等。另一方
面具有某种神秘的宗教观念。这些几何形态中的线条大都呈现出一种稚拙的风格
特性。如宁夏石嘴山有一幅反映放牧的岩画，画面上用直线将牧羊分割成好几块
几何形态，整个躯体呈现出一种方形的造型结构，充分显示出几何形态的直观性。

四、岩画形象中曲直交叉的线性形态

　　中国史前岩画形象中存在很多单个形象中既有直线形态，又有曲线形态
的情况。在表现动物的时候，这两种形态彼此交叉使用。直线形态一般表示躯
干，有时候表示双臂等部位；而曲线形态一般表示动物的角、尾巴、四腿等
部位。在形态中呈现出曲直结合、刚柔结合、感性和理性相互交叠的审美趣
味。在贺兰山岩画中有一幅猎手的形态（图2–5），作者充分使用了两种形态的
线条，作者将狩猎者的外在躯干概括成圆弧线，显得圆润饱满、流畅自然。裙
底和双臂概括成直线，而弓箭则被椭圆形造型代替，简洁而又形象，将狩猎者

图2-5　宁夏贺兰山岩画

来源:《中国美术分类全集》编委会,《中国岩画全集》
（西部岩画1）,沈阳:辽宁美术出版社,2006年版。

和动物之间的姿势淋漓尽致地表现了出来。先民们交替使用这两种线条,一方面体现了求新求异的审美情趣,另一方面也彰显了史前社会浓郁的圆润和谐的审美品位。

总之,线条是中国史前岩画形象的重要表现媒介,也是先民们表现人和动物各种精神风貌的主要形式。这些丰富多彩的线条所构成的各种形态,可以唤起受众对各类形态的联想,使岩画中的抽象线条成为反映现实物象形态的重要形式。先民们使用寥寥的数笔线条就能将物象简略地概括进去,充分表现了史前岩画线条丰富的审美意蕴,凸显了先民们高度的概括能力和写意意识。

第二节　线条的特征

中国史前岩画在表现物象的时候,史前先民高度重视线条的抽象性。他们用这些经过高度抽象的线条形态对物象进行书写和写意。每一个岩画图像均呈现出抽象和简约的审美特征。它们都是先民观物取象、物我融合、虚实结合、体悟得道的产物。史前先民把自我的生命精神和物象的内在韵律结合在一起,从而形成了具有主观化特征的审美意味。抽象和简约这两种表现特征在很大程度上影响了中国古代绘画艺术,特别是中国古代写意的人物画和山水画。研究岩画的线条特征对我们研究青铜器、汉画像石以及中国园林都有很好的借鉴作用,对当代的绘画实践也具有启发意义。

一、线条的简约性

古代先民在岩画中塑造物象的时候,更加强调使用简约的线条来实现他们的夙愿。每一个刻绘都和简约的线条有着千丝万缕的联系。简约的线条不但塑造了生动的物象外形。更重要的是,这种高度简约化的线条给我们呈现了原始先民的生命精神和内在审美趣味。图像中每一条简约的线条都将意象造型呈现得淋漓尽致。它打破了物体塑造的基本规矩，使高度浓缩、律动化的线条成为内蕴原始哲学并超越一切时空的形式载体，用这些简约的线条去体现一些不可言说的文本内容。这种简约化的线条也显示出原始先民对现实物象的高度提炼能力。

中国史前岩画中的"简"是对物象形态的一种主体感悟和"升华"，以简约的线条写形，以简约的线条呈现形，主动去掉那些细枝末叶，保留那些体现本质特征的线条。

史前先民对物象的简约一般可以分为两种。一种是直接对现实物象观察之后而获得的启发和影响，这一部分依据现实的物象进行高度概括和归纳。另一种是对现实物象进行抽象和符号化的图案处理，如简化成直线、十字形、圆形、几何形等。这一部分的纹饰大多呈现某种精神观念或者宗教信仰，如生殖崇拜、天体崇拜或者太阳崇拜等。

纵观我国南北方的岩画，以上述这两种简约化手法在岩画图像创构活动中出现频率较高。例如，画帐篷就只刻绘帐篷的内在支撑结构，画猎人持弓就画他的外在轮廓，把动物的头和身躯简化成一条线。史前先民将简约的线视为一种表达自我审美情趣的造型方法。

（一）史前先民用线条把物象简化成一个平面形象

不管是俄罗斯希什金诺的牛形象[1]、挪威北部诺尔兰岩刻中的驯鹿形象、印度皮摩波特卡岩刻中的鱼形象[2]，还是中国新疆吐鲁番柯尔碱村的大角羊形象[3]，这些岩画均有一个共同的表现特征，即这些物象均被岩画家运用极其简约化的线条勾勒成一个平面的形象，只勾勒外在的轮廓而省略了物象体积内的一些细节，让岩石的表面来充当它们的躯体。在阿塞拜疆巴库地区，史前先民用坚硬的物件将一头具象性的牛凿刻在岩石上（图2-6）。这个野牛形象的

图2-6　阿塞拜疆巴库岩画
来源：唐诗杰提供。

---

[1]　内蒙古自治区文物工作队编印，《文物考古参考资料》，1980年第2期，第18页。

[2]　陈兆复、邢琏，《外国岩画发现史》，上海：上海人民出版社，1993年版，第78-79页。

[3]　《中国美术分类全集》编委会，《中国岩画全集》（西部岩画2），沈阳：辽宁美术出版社，2006年版，第104-105页。

塑造方式与中国史前岩画的构造方式相类似，都是使用简练的线条将牛身外轮廓塑造成平面式样。牛躯体内的细节被省略，牛躯体被岩石的肌理表面所代替，只留给我们一个由简约轮廓线构成的平面图像。

（二）史前先民运用线对物象进行简约概括

史前先民凭借着线条的疏密、虚实，对物象进行基于写意视角的呈现，以"线"概括和书写万物，把万事万物的变化概括为"线"的变化。西藏日土塔康巴岩画中的巫术图形，就是从巫师穿着的衣服中概括出线条的。特别是巫师腰部的可转动的服饰，它是作者利用几条有斜度的线条概括出来的。在骆越民族集聚的广西花山岩画上，人物形象都被先民高度简约地概括，将曲线概括成直线。云南沧源岩画中太阳圆圈中的人物形象，呈现高度的简洁性，特别是腿部运用一条直线来代替。宁夏贺兰山和青海的虎图像以及西藏的鹿图像，都是作者从虎和鹿的原型中提取纹理，特别是从动物的腿部提取螺旋线，并用这种线来概括虎与鹿较强的运动性。江苏连云港将军崖的太阳神和人面像，人物形象被创作者使用密集的线条概括和归纳出来，疏密有致。线条大多都是以短直线为主，人面像的中间有一条连通植物的长线，直而飘逸，人面像中间穿插着用线条组合成的几何造型。整幅画借用线条的曲折变化与宇宙相联系，构造了东夷部落对天体和农业的崇拜观念。高度概括的简约性线条充分体现了原始人类对物象神态写意性的审美追求和内蒙古曼德拉山岩画《牧鹿图》，是作者根据现实物象高度凝练和概括的结果。作者将一个骑在马背上的猎人简化成一竖线和两短横线，意在表现追逐猎物时的激烈场面。中间一只鹿被作者简化为几何化的造型，用方条纹饰对鹿造型进行处理。

（三）史前岩画中的"线"是先民从现实物象中积极提取和概括并形成抽象符号的

史前岩画的抽象符号是将现实的物像通过高度归纳和提炼的方法融入作者的精神层面中去。他们基于某种巫术，提炼出最能代表物象生命精神的"线"的。这种"线"往往是情感的寄托或神明形式的呈现。他们将这些提炼出来的具有象征性的粗线和细线以某种秩序有组织地排列在画面之中，使这些高度抽象化、简约化的线条能够完美地呈现史前先民的思维观念。如内蒙古阿拉善的重圈纹、贵州开阳县画马崖壁画中的圆圈和带芒状的圆圈，他们均是对水波纹和天体进行高度概括和归纳的结果，取而代之的是被简化了的最能显示事物意味的纯粹的抽象符号。又如巴丹吉林的一幅岩画《射虎》，右边刻绘的是一个持弓的猎者，人物躯干采用一条竖线，活灵活现地展现了一个狩猎者的生命姿态。这里被提取和概括的线包括直线、曲线（蛇形线）、螺旋线、波折线、弧线以及由线条组成的几何纹饰和卷曲不规则的抽象式样。再如在大麦地岩画区有一幅关于天象的抽象符号岩画，在这幅画面里，原始先民将现实中所感知到的大风造型用线简化成回字纹。这种巨大的风给人们带来了很大的恐慌，在回字纹下面有三个抽象的符号，一个左手举臂的人，或惊呼或舞蹈，这个抽象符号完全用相互穿插的线条把原始先民惊呼的造型呈现出来。右边下方一只小狗，整个画面造型非常抽象，而且很有趣。

（四）岩画作者将物象的结构进行简约化呈现

在史前岩画的结构表现中，为了更快地抓住物象的行为姿势，史前先民在原有复杂物象的基础上，抓取物象本质内容，提取物象中最主要的结构部分。同时将物象的不是太重要的结构省略，并对物象的结构高度简化抽象，将曲线的结构简化成直线结构，把粗的形体结构幻化为一条线。用一条线将物象的主要结构呈现出来。正如宗白华先生所说[1]："以最简单的线条结构表示宇宙万象的变化节奏。"如岩画形象中的大腿和臂膀，先民用一笔去彰显图像所隐含的意义。云南元江它克岩画点上的蛙人，作者用三条竖斜线将正在跳舞的先民的胸腹部表现出来，中间一道线是脊柱，而左右两边线则是胸腹外在的轮廓结构。广西花山岩画中的大大小小的人物形象，均是用直线构成了四肢和躯干，从而创构了一个个结构简明的岩画形象，由内而外透露着一种刚直不阿的肃穆感。在表现巫觋做法的场景时，先民简化巫师的衣服或者身体之上的结构细节，身躯和四肢的结构均被高度简化成一条直线，从头部到脚部，整体结构处于一种被简化了的状态。如在史前岩画中有很多三角形的图符，这种三角形就是一种对女性生殖器官结构高度简化的视觉形象。

（五）以简约化的线条去呈现动物和猎人的形象

在史前的南北岩画点上，特别是北部岩画区，遍布着大量不同姿势的动物和猎人形象，有的奔跑，有的静止，有的持弓待射，有的轰赶猎物等。这些各种各样的形象大都是先民使用不同属性的线条进行简约刻绘而成。这些被简化的形象可以唤醒人们对感性生命的亲切想象，每一根线条表达了天地万物无限的生命之韵。如内蒙古曼德拉山岩画点中的一幅《猎羊》岩画（图2-7），画面上反映了两个猎人射杀北山羊的情景。一只北山羊站在中间，前后各有一个狩猎者，各执一张弓，拉弓待射，前后夹击。图中人物的拉弓待射动作用等粗的线条三笔勾勒出来，特别是前面的狩猎者，躯体用一竖线高度概括，下体粗长，表示男性。弓箭的造型也比较自由写意。为了突出北山羊，作者用比较粗

---

❶　宗白华，《宗白华全集》（第二卷），合肥：安徽教育出版社，1994年版，第109页。

图2-7　内蒙古阿拉善右旗曼德拉山岩画《猎羊》
来源：范荣南、范永龙，《大漠遗珍：巴丹吉林岩画精粹》，
北京：文物出版社，2014年版。

的线条省略了羊身躯上的一些细节，将静态的山羊呈现出来，整个造型简练、古朴。每一个造型既使用了简约的造型形式，又运用了拙笨的刻绘手法，将猎羊的整个紧张氛围生动地呈现出来。它体现了原始先民基于生命状态对物象的审美活动，给受众带来了原始社会的自由、大胆的视觉质朴美。

总之，纵观大江南北的各大岩画区，线条是原始先民对物象高度简约的主要介质。历史上不同时期留下来的不同题材的岩画，无不以线条的简约形式去呈现物象的生命精神，其中既包孕着特定的巫术、场景、人文等社会内容，又凸显了作者对岩画中物象的提炼。他们以借用线条表现物象为主，辅以点或面，强调以线绘形，以线表意，以线呈现结构，用不同属性且具有动态化的线条将物象简略地勾勒出来，突出物象的基本特征和行为姿势。其中摹形写意、神合体道，能动地对图像进行"心物合一"的线性简约化处理，将物象最表面的形式与意蕴用线的方式简要地加以呈现。这种表现方式体现先民对于物象的真实情感和精神慰藉。

首先，简化了原始场景中的"意"，"意"是提炼原始物象的主旨，也是岩画形象的统领者。其次，简化了原始物象的"象"，被简化的象是意的承载者。原始先民将这种高度归纳的"意"和"象"通过简约的岩石形象合二为一，突出图像的简约性和直白性。这类动态的线条不仅是作者对于岩画形象的一种情感表现，更是一种带有宗教巫术观念的控制力量。在一定程度上向我们直观地呈现了史前先民的生命意味，又彰显了史前时代的审美价值和审美趣味。

二、线条的抽象性

线条的抽象性是中国史前岩画形象的一个重要表现特征。德国艺术史学家W．沃林格说[1]："艺术活动的出发点就是线形的抽象。"以线条勾勒的史前岩画

---

[1]　W．沃林格，《抽象与移情：对艺术风格的心理学研究》，王才勇译，沈阳：辽宁人民出社，1987年版，第63页。

被认为是最早的抽象艺术形态。那时的岩画作者注重用最简约的抽象线条去表现物象。他们力求摆脱或超越现实物象和自我，将对象所拥有的意象、精神以及审美情趣瞬间幻化为流动的线条，从注重物象的"再现"到追求元素抽象符号的"表现"，以纯粹的构成形式进行创构。从一定程度上讲，岩画中的抽象线条完全是作者对物象颖悟的结果，它被作者赋予了思想情感和主观能动性。每一根线条都是作者的精神意愿和情志的抽象抒发，它抽取了物象中的内在生命精神，形成了由几何、自由形态组合成的"自我"空间，从而形成了基于精神情感的抽象表现形式。这样的表现方式往往用"一笔"就可以将物象的外在轮廓和内心情感叙述出来。

（一）史前先民运用抽象的线条去构建合适的岩画图像

在史前社会，人类经历由原始狩猎经济发展到复合型经济，社会经济模式每向前发展一个阶段，必然就要求人们的思维跟上这种经济模式的节拍。在经济发展的同时，大量的社会精神文明以及物质文明需要比上一个经济模式更强的传播形式或者方式，原有具象写实的形式已经不再适应这个经济模式了，先民们就需要一个能用线条刻绘出的且蕴含更多意义和内涵的抽象图像。因此，这种以线条为主要形式的抽象图像的创构就成为社会发展的一种历史必然❶。纵观世界各大岩画点，如贵州牛角井白岩脚人物抽象画，不管人面像的外部还是内部构成都采用赭色的抽象粗线绘制，人物五官用圆圈和竖线表示，线条流畅而又细腻。又如广东珠海高栏岛的抽象航船图像，香港的曲折有致的人面与兽面图案等，每一个岩画点都遍布着先民利用抽象的线条建构的富有象征意义的岩画造型，并运用这些曲折婉转的抽象线条去建构属于本氏族的象征目的。这些地方的先民们往往使用夸张、变形以及抽象写意的手法将现实物象幻化成一种抽象符号，并借用这种抽象符号来传达更为深刻的宗教巫术意义，"加之那种奔放无羁的个人抽象思维的注入，使先民的记事方式以及巫术、宗教信仰得以象征写意式地实现。""正是这些表现形式和表现手法的运用，使岩画从最初的具象写实走上了抽象写意发展道路。"❷

（二）中国史前岩画是被主观符号化了的视觉抽象图像

纵观史前岩画中不同的视觉符号，它们都是史前先民主观情境下对某物的高度概括和抽象的结果，每一个抽象符号都是主观想象和审美趣味的产物，尽

❶　张晓凌，《中国原始艺术精神》，重庆：重庆出版社，1992年版，第200页。

❷　朱志荣、朱媛，《中国审美意识通史》（史前卷），北京：人民出版社，2017年版，第43页，第46页。

管这些抽象的图像被先民符号化了，但是这些抽象图像依然描绘出一种主观精神层面的行为，隐隐约约地给我们呈现了先民对于自己看不见的神祇的一种高度崇拜。内蒙古磴口县的人像面具把每一个人面与太阳形象相结合，先民用大量的线条构成人面像的符号化图像，如重圈纹等。每一张脸都具有超越现实的面部特征，显示出先民主观符号化的观念。肃北县大黑沟岩画创作者将鹿的躯体主观抽象成三角形，贵州开阳画马崖岩画和四川珙县岩画出现了万字纹饰，连云港将军崖的老祖母岩画是由几根直线勾勒的抽象符号，康家石门子生育岩画中的人物形象完全摈弃具象描述而转向抽象的几何化图式，左江岩画中的舞者身躯也被艺术家创构出一种类似梯形的造型，等等。这些主观视域下的符号，都凸显了岩画创作者基于自身的主观情感和审美情趣的需要，创作了超越现实的主观岩画抽象符号，造型由繁到简，由具象转向抽象，从而形成了具有形式规律的美的抽象图案。

（三）原始岩画大多都是运用抽象的线条形式，如直线、曲线、蛇形线、螺旋纹、卷曲纹饰等形式或各种线相互交叉使用

我们在史前岩画中看到一些符号，这类符号大多是一些抽象或者具有意味的线条。如大浪湾岩画中的螺旋纹❶、莱·比利塔洞穴❷中的曲线、加加洞穴内的蛇形线以及云南沧源岩画中一些用直线或者折线条表现的抽象符号。

在具体的运用中，这类符号有的使用具象物象与抽象的曲线相结合的方式。如呼图壁县康家石门子岩画，有一幅是两只具象北山羊，中间有一些抽象线条，这些曲线线条可能是植物。还有的就是以纯抽象的线条进行表现，线条比较繁缛，图像相互穿插，紧密相依。如在香港和台湾地区的岩画点上，有大量的岩画均使用了方形螺线、旋涡线、蛇形线等。青海卢山的抽象岩画中使用了蛇形线，内蒙古阿拉善岩画中出现了波折线，贵州贵阳画马崖的先民用圆圈与其他符号相结合。这些线条在呈现视角方面有的单一，有的集合，有疏有密，有粗有细，有的则具有娱乐和记事功能。大多数的这类作品具有精神意味性。如在贺兰山贺兰口洪积扇上，原始先民用曲线刻绘了一只公羊和一个类似于倒写的"U"的抽象符号（图2-8）❸。这种"U"中间加一个点的符号是国际学界公认的女性阴部符号。图画中阴茎勃起的公羊和女性倒写的"U"形符号

❶ 盖山林，《中国岩画学》，北京：书目文献出版社，1995年版，第81页。

❷ 朱狄，《原始文化研究：对审美发生问题的思考》，北京：生活·读书·新知三联书店，1988年版，第264页。

❸ 贺吉德，《贺兰山岩画研究》，丁玉芳整理，银川：宁夏人民出版社，2012年版，第118页。

组合，意为公羊和母羊的"兽交图"。

（四）原始先民所创构的主观抽象符号具有构成性

中国史前岩画本身就具有主观符号化的属性。整个符号主要由点、线以及由线建构而成的面所构成的，"点"在这些符号之中一般呈现出圆点，也有的呈现方形或不规则形。例如北方的人面像以及生殖岩画中的凹穴等。这些点大多数呈现集群式构造，也有的是单独呈现。集群式构成的图式一般具有某种生殖或宇宙星空的观念，而单独呈现的点则抽象意味更浓。线条则为物象呈现出清晰的视觉外貌，它往往用单线来构建物象的外形或者用集群线条构成一个抽象符号。线条有的比较洒脱，如构成人像，则用三笔就可以形成较主观的符号了。有的呈现出理性思维观念，

图2-8 宁夏贺兰山岩画
来源：贺吉德，《贺兰山岩画研究》，银川：宁夏人民出版社，2012年版。

图2-9 新疆阿勒泰汗德尕特乡岩画《孕牛图》
来源：《中国美术分类全集》编委会，《中国岩画全集》（西部岩画2），沈阳：辽宁美术出版社，2006年版。

如人面像中的脸部外形以及眼睛等部位。物象的外形通常使用一整条曲线，内部则使用短线进行填涂，线与线之间相隔的距离均等。"面"一般具有南北相异的艺术特点，北方往往由线来形成面，而南方大多数是作者用血液、兔尿或树脂蘸上赤矿粉用手指（毛发）涂绘在崖面上形成面。面有虚实、大小之分，有的面和线建构在同一个画面之中，如新疆阿勒泰的《孕牛图》（图2-9），母牛的外形是被先民用线概括的，省略外形的细节，取直，而躯体内则是用敲击的方式敲出一些印迹作为面，画面表现了母牛的受孕和待产过程。

（五）中国史前岩画形象中的抽象线条呈现出不同的几何图像

岩画形体被先民幻化为不同的几何图像，大致可以分为以下两类：

第一类，没有经过细心排列和组合的几何图像。这类图像在史前岩画形象中较多，就是说整个岩画形象被这类单一的几何图像填满，例如，广西花山岩

画中的人物形象，就是一种单一的矩形几何图像，云南沧源岩画中的人物形象采用单个三角形，宁夏苏峪口的狩猎人岩画则是一种倒置的梯形等。尽管这些岩画形象均采用单一的几何图像，但是先民也注意到其中的形体虚实变化，将直线和曲线共同建构在这类几何图像之中，整体构图简洁，动静相宜，虚实结合，图像中明显呈现出一种秩序性。

第二类，使用较复杂的几何小图像，排列成一个大的几何图像。包括三角形、矩形、圆形以及菱形等。例如连云港将军崖的人面像，整个人面像分为上下两部分，上部是用菱形刻画额头，线条较僵硬，呈现出一种安静的姿态。下部用三角形去刻画腮部，用圆圈书写眼睛和头形。斜线使用比较多，具有动感的视觉效果。这样，动静结合，上下呼应，使这个装饰的造型显得飘逸中见稳健，静态中见自由。

（六）通过抽象的方式对物象进行象形表现

一般情况下，史前先民首先要对物象的外在形象进行一定的认知，在对物象的全面认知和理解的基础上对物象进行线性勾勒。这种勾勒是按照一定的程式化、抽象化或者式样化对物象进行夸张性的简略刻绘。史前先民利用抽象的线条创构出拟人形、工具、武器、动物形以及其他的象形图像，这些象形图像均是基于现实物象的内外形，它超越现实物象，是先民依据自己对物象的外在感受和认识对物象进行的意象刻绘，将物象上所呈现出来流畅的、自由洒脱通过一定的主观意象化表现出来，用形式来呈现物象的外在感受，从而形成具有形似性强、自由灵活、突破现实物象束缚的"似与不似"的视觉抽象纹饰。它是艺术家运用"观物取象""超以物象"等多种意象思维处理的结果。在史前岩画中有很多经过抽象的象形图像，如康家石门沟生殖岩画中的女性，作者为了表现女性舞姿，将上身和下身服饰概括成三角形，抛弃了对造型的准确把握和对女性形象的细致刻画，尤其重视运用抽象的线条表现意象化的审美感受，从而凸显女性腰部的纤细。如内蒙古夏勒口的《追羊图》（图2-10），作者将快速跑动的人物的脊柱象形刻绘了一条斜直线，根据人物快跑的姿势，用一个半圆形来模仿物象。

图2-10 内蒙古达尔罕茂明安联合旗夏勒口岩画
《追羊图》

来源：《中国美术分类全集》编委会，《中国岩画全集》（北部岩画），沈阳：辽宁美术出版社，2006年版。

抽象化的象形表现主要有以下三个方面。

首先，对物象外形的象形表现。史前先民用象形的表现方式将物象的造型进行写意化的描摹，"象形"寓于岩画造型中，它是以现实造型为基础对客观物象进行"以形写神"，以物象中的形貌为基点，对物象的整体造型特征进行抽象的意象视觉传达，抓住物象的内在神韵，忽略一些细部的特征，达到"以通神明之德，以类万物之情"❶。甘肃肃北岩画中的北山羊就是创作者利用粗细相对的线条，粗线代表北山羊的躯体，细线则代表动物的四条腿，形象较简略，保留岩画形象的主要特征，北山羊或走或停，有的机警注视着前方，有的则转头向后看，造型不仅形似而且传神。

其次，对物象动态的情趣表现。中国史前岩画的形象大多是动态的形象，如狩猎活动、交媾活动、围猎活动、祭祀活动以及动物奔跑等。很多母题都将这种动态的情趣用抽象线条象形地呈现出来。如史前岩画中的人面像，大都具有喜怒哀乐的表情。有一幅岩画人面像，作者用简略的线条刻绘了一个头型，在头形内作者刻绘了两个大眼睛，圆圆的，鼻孔朝上，嘴巴也被作者用圆线条勾勒出张大口的形象，描述了一个神情惊恐万分的人脸。

最后，抽象化的象形岩画具有某种象征意义。中国史前岩画更加注重其图像的象征意义，常常以图像去隐喻某种事象或者某种物象。如新疆阿勒泰汗德尕特乡的岩画《孕牛图》（图2-9），这里的野牛象征着孕育、待产以及食物之源。这些岩画体现了原始先民的审美趣味由早期具象的审美描摹逐渐转向"以形写神"的"象形化"的抽象审美境界。

（七）先民从现实的物象中抽取最本质的图像形式，并以此建构抽象的视觉式样

具象中的抽象"意味着从一个对象中抽取它与意识的一切联系，抽取出一切感觉印象以及一切特定的思想后所剩下的东西"❷，这种以具象写实为基础的抽象表现方法不仅受到个人主观意愿的羁绊，而且受到主观情感对物象的支配，抽取现实物象中的形式美、秩序性以及规律性，归纳造型形态，从而形成一种回避刻意再现自然形态而注重于表达抽象意念的绘画❷。这类抽象的首要目的是表现现实物象中"形而上"的艺术形式。这种具象中的抽象在很大程度上是借助于形式美规律将提取的元素视觉化，对原型本身图像的中心属性仍予

---

❶ 黄寿祺、张善文，《周易译注》，上海：上海古籍出版社，2012年版，第343-344页。

❷ 瓦西里·康定斯基，《论艺术的精神》，查里译，北京：中国社会科学出版社，1987年版，第6页，第8页。

图2-11　新疆巴音郭楞蒙古自治州和静县
八音乌鲁乡阿勒腾尕松岩画
来源：《中国美术分类全集》编委会，《中国岩画全集》
（西部岩画2），沈阳：辽宁美术出版社，2006年版。

以保留，如新疆巴音乌鲁乡阿勒腾尕松岩画（图2-11）。中国史前岩画的视觉图像大多以这种表现手法进行提炼，抽取现实物象中的某种审美元素对视觉造型进行重构。如内蒙古乌海市桌子山召烧沟岩画《太阳神》，画面上錾刻了一个太阳神的形象，面部颇似人类，头戴光冠，头顶有长长的饰物。这幅岩画将人面与太阳的造型元素特征进行抽取并结合，来表达对于太阳的图腾崇拜观念。这类图像表达了具象的人脸以及太阳带给原始人类的温暖、无限威严、至高无上的神秘力量。

抽象的"线"已经成为南北方太阳神人面像创构的主要介质形式。每一个太阳神人面像的五官均使用经过概括的线条自由地表现，有的五官将两个眉毛抽象成一条直线，把鼻子和嘴巴概括成一条直线和一条拱形线。还有的面部五官的线条自由组织，面部中间一条线，只绘左侧眉毛和眼睛，或不绘五官，只绘面部的皱纹。更有甚者，面部的五官完全由先民通过抽象意象化的绘制方式进行刻绘，线条均是互相交叠，形成了高度意象化的抽象绘画话语。这种被净化了的线条或结构不是一般意义层面的形式或者图案，而是具有一种流动的、有意味的、审美化的以及富有生命律动特征的艺术元素❶。

总之，线条的抽象性是中国史前岩画形象的一个重要表现特征，是先民对物象的高度概括和情感升华的结果，是感物动情、物我融合的产物，是先民思想情感的高度浓缩和汇集，被作者主观化了的审美形式。先民凭借着这些具有形式美、象征性的抽象线条去体悟宇宙万事万物生命精神，将最能代表和体现画面语义的线条抽象性地呈现出来。当然，这个抽象写意的阶段是岩画创构活动中必须经历的一个艺术审美历程。

三、本节小结

线条的简约性和抽象性是中国史前岩画的重要表现特征。它们为岩画形象的创构提供强有力的物态化话语支持。史前先民在每一个岩画形象的表现

---

❶　李泽厚，《美的历程》，北京：生活·读书·新知三联书店，2009年版，第45页。

中都掺杂着他们对物象的外形、结构以及精神风貌的直接干预。先民从各类物象之中提取和概括具有简洁语义的线条，以线写物，以线状物，体现了先民对现实生活敏锐的观察能力。他们通过这类线条对物象进行有秩序的组织和创构，使每一笔和每一个形象都凭借这种感性特征去描摹史前先民生活的世界。

第三节　线条的表现方式

中国的绘画艺术总的说来自始至终是一种线的艺术，中国史前岩画作为中国绘画艺术的源头自然而然地成为线的艺术的代表。而这种线的艺术又是经过史前先民对物象进行高度提炼和归纳的，把线条发展为一种表现先民的审美情感、审美品格以及主观目的的重要视觉表现形式。他们用每一条线性形态尽最大可能去呈现现实社会中的时空性和情感性，以不同的线条去展现远近、上下、左右的空间性以及宗教巫术审美意味。每一条线均具有虚实，虚中有实，实中带虚，虚虚实实，给我们呈现出一个具有具象性、时间性、空间性和虚实相生的史前岩画表现方式。

一、线条的具象性

岩画的具象在史前岩画作品中占据着很大比例，它是岩画造型艺术的主流，具象性的艺术风格在一定程度上展现了先民对物象的准确观察程度和观物取象的能力。史前时代的艺术家们将表现物象逼肖的外在造型作为艺术创作的主要目的，希望借助这种逼肖的表现方式获得原始人类所祈求的结果[1]。具象性的刻绘是其他造型语言表现的重要基础，即使是抽象、简约、虚实、省略细节、突出主体特征、夸张等造型方法也要基于现实物象的具象写实进行演化和塑造。后来的半抽象、抽象、写意等表现方式也都是以具象表现作为基础的。史前岩画的物象表现大都取材于客观现实，这类题材是为现实生活服务的，以写实化的视觉现象作为对象。有些岩画图像还可以很容易地从现实生活中找到原型。史前社会蕴含着丰富的物种，为具象表现方式的诞生提供了重要的基础。

---

[1]　宁克平，《中国岩画艺术图式》，包青林绘图，长沙：湖南美术出版社，1990年版，第20页。

（一）先民运用线条以具象性的表现方式去展现原始社会的日常生产与生活

在岩画的线性刻绘中，先民们想要掌控外界的物象，就要运用一些具象的表现方式将物象进行剪影式的细致描绘。具象性的刻绘是最能够展现物象主要特征的表现方式。在四川珙县、黑山、贺兰山的娱乐岩画中，先人以简约而又朴素的直线和曲线将女性的穿着具象地呈现出来。有的人物束腰，上面紧身，下面宽大，这可能与工作或跳舞有着很大的关系；有的人物服装比较宽松，且裙边下垂至大腿或脚踝处，这可能和当地的气候以及当地穿着风俗有极其密切的联系。在宁夏、内蒙古以及新疆等区域，史前先民用线条对大量的动物进行具象性描绘，都是以动物的原型为基础。这些形象有的跳跃，有的警觉，有的凶猛，还有的四处走动，形态各异，姿态万千，给我们呈现出史前社会浓郁的生产、生活以及宗教巫术的气息。这些动物形象大多造型优美、体形肥硕、栩栩如生，表明史前先民拥有高度的模仿能力。

（二）具象性的线刻绘是我国岩画的一个重要艺术表现方式

陈兆复先生说过：中国史前岩画的形象一般都来源于现实社会，那么，他们所刻绘的物象大多数采用自然主义的写实技法去构象。岩画中的人物、动物以及植物形象，都能从现实生活中找到它们的原型，这充分体现了原始艺术家惊人、细致的观察力和表现力。因此，先民所刻绘的岩画大部分都是以具体物象作为对象来表现的，给我们呈现出强烈的自然主义艺术风格。如在云南丘北县狮子山岩画点的一个岩画《鱼》（图2-12），画中用较强的点和线条（粗线、细线、弧线、直线、长短线）对鱼进行具象性描绘，用弧线突出鱼的外部形态，用点作为眼睛，眼睛的位置点得非常精确，用直线和长短线去刻绘鱼鳞和鱼鳍。作者将鱼鳞的疏密、高低、起伏通过线条的长短表现出来，形象地表达了"具体图像"与"视觉审美"之间的内在联系，说明鱼在原始社会不但是主要食物来源，而且是当地的宗教象征。

图2-12　云南省丘北县
狮子山岩画《鱼》

来源：《中国美术分类全集》编委会，《中国岩画全集》（南部岩画2），沈阳：辽宁美术出版社，2006年版。

（三）具象写实被原始宗教作为一种手段去表现万物有灵论或者原始巫术观念

史前先民高度重视原始宗教思维，他们用

具象的写实性线条语言详细记录宗教崇拜图像，如狩猎（西藏、青海、内蒙古、甘肃等地表现尤为广泛）、生活（云南沧源、连云港将军崖、广西花山、四川珙县）、巫术（南北方岩画均存在）、生育（康家石门子）等❶。这些母题中运用具象性线条，有的描述对象被射中，有的描述动物被围住，还有的描述两性交媾的画面等。"原始岩画作者以写实形式尽可能真实地表现兽类和狩猎活动，其目的是希望这种写实图式产生出他们所祈望的结果来。"❷ 如新疆巴里坤哈萨克县的狩猎岩画（图2-13），画面上刻绘了一只被夸大的具象的鹿以及被缩小的狩猎者，两个物象被刻绘得非常逼真，特别是鹿的躯体和腿的弯曲处以及人腿的弯曲处与现实中的形象非常相像。画面中先民有意将逼真的鹿夸大，夸张鹿的体形和肥硕。先民希望他们在日常的狩猎活动中能够猎捕到这么肥大的鹿，这样可以最大限度地解决食物短缺问题。

图2-13　新疆巴里坤哈萨克岩画
来源：《中国美术分类全集》编委会，《中国岩画全集》
（西部岩画2），沈阳：辽宁美术出版社，2006年版。

（四）先民注重利用线条对某一物象中的局部感性形象进行刻绘

史前社会非常注重对某一物象的局部进行具象描述，如在岩画中大量出

---

❶　在原始社会中，任何的母题都充斥着原始宗教的因素，这些物象都被先民赋予万物有灵的思维观念。

❷　宁克平，《中国岩画艺术图式》，包青林绘图，长沙：湖南美术出版社，1990年版，第20页。

图2-14 新疆天山神鹿岩画
来源：李祥石,《世界岩画欣赏》,银川:
宁夏人民出版社,2017年版。

现的鹿和北山羊这两类图像,有很大部分都是运用线条的具象表现方式进行刻绘的,作者要将他们看到的最具感性的特征描摹出来。山羊和鹿具有矫健的身躯,它们跑动起来比较长,整体造型呈现"Ⅱ"的形状,羊角向后翻,有的山羊角被作者用线刻绘成卷云纹饰,鹿角则被作者描述成树枝的式样。而生殖岩画形象中,如在阴山、康家石门、乌兰察布等岩画点,先民均将男性的生殖器刻绘在两条腿中间,有的还在性器周围包了一片东西,刻绘得极为详细,可见先民观察物象的能力和记事能力的高超。在新疆天山有一幅神鹿岩画图像（图2-14）,作者利用参差不齐的直线将鹿最感性、最唯美的鹿角形象直接地呈现出来,鹿角被刻绘得很大,而且很壮观,整个鹿角和鹿身体形成了上大下小的视觉局面,给人一种鹿的身体已经承受不了鹿角重量的视觉感受。显然,这是先民利用线条去凸显外部感性形象的特征,以形成对视觉的冲击。

（五）中国史前岩画利用线条去创构各类动植物形象

在原始社会中,野生植物的繁茂,给动物提供了优异而又大量的食物,使得一些动物在体形上显示出一种肥大的特征,一些大型动物如牦牛、骆驼、大象、野牛、马、老虎以及大角鹿在体形上显然区别于蛇、乌龟、山羊、狐狸之类的小动物。从各地的岩画形象来看,原始先民更喜欢去表现那些健壮的、大型的动物,他们往往把这些大型动物形象放置在画面的主要位置。

（六）中国史前狩猎岩画形象是先民对感性物象进行写生的结果

先民一般追求对动物形象或者狩猎者姿势的逼真再现,大多数的狩猎岩画都采用对物象写生的手法,尽最大可能逼肖真实的物象,再现现实的场景。正如格罗塞所说：史前民族对自身的装饰元素,大多来自自然界,他们对自然界的形态进行惟妙惟肖的模仿和再现[1]。如在新源县则克台镇的狩猎岩画里,原始先民生动地刻绘出当时狩猎的场景,九个狩猎人排列成一排,好似严阵以待的士兵与敌人进行决战。人物神态逼真,有的准备对着牛射箭,有的拿着长状物要砍前

---

[1] 格罗塞,《艺术的起源》,蔡慕晖译,北京：商务印书馆,1984年版,第90-92页。

面的动物，还有的箭放在胸前，箭头朝下。动物千姿百态，有的一边飞奔一边对天吼叫，有的伸长脖子朝向猎人跑去，还有的则站立不动，好似在觅食。

（七）模仿是先民利用线条对氏族生活、自然物象进行具象表现的方式

模仿在原始岩画创作中占有重要的位置，尤其是在原始社会的早期阶段。为了实现早期快速表现物象的需要，先民们通过使用线条对物象进行模仿并反映常见的动物、人物的外形姿势以及狩猎场面。邓福星认为[1]："模仿的原始本能同艺术创造的冲动是相通的。"原始先民对物象的模仿是先民对物象深切感悟的结果，是物我同一的结果，是先民们借助线条对物象进行认真描摹的结果。它强调对物象具象特征的具体描述，以线摹形，以线造型，以线成像。这些模仿图像凭借线条的造型语言表达了先民们对生活的礼赞和对美好生活的向往。在西藏札达县萨岗岩画点上，先民用流畅的线条非常写实地将正在奔跑的鹿摹写下来。日土县任姆栋的鹿也是通过先民使用线条对具体物象进行摹写。

（八）现实物象给作者呈现出某种审美感受

在史前社会中，先民们对于任何一种物象都具有自己独特的审美感受，动物的身体、神态以及动感都会成为审美感受的重要方面。如老虎，岩画上有的是群虎，有的是单只虎，每一头老虎身上利用曲折线进行装饰，形成独具审美特色的岩画。新疆阿勒泰多尕特的《舞蹈人像》（图2-15），画面中绘制了一些人物正在跳舞，作者将他看到的这些场景进行描摹，提炼舞蹈人像中能引起美感的线条，将其概括成两个三角形和倒"出"字形，而这两个符号正是作者对于舞蹈人像的一种审美简化。

图2-15　新疆阿勒泰地区哈巴河县多尕特岩画《舞蹈人像》

来源：《中国美术分类全集》编委会，《中国岩画全集》（西部岩画2），沈阳：辽宁美术出版社，2006年版。

（九）人面像的内部结构运用具象写实[2]的表现手法进行创绘

人面像岩画的内部构成一部分采用具象的元素。先民用具象性的表现手

---

[1]　邓福星，《艺术前的艺术：史前艺术研究》，济南：山东文艺出版社，1986年版，第63页。

[2]　南北方的人面像符号整体呈现抽象的艺术特征，通过原始人类的夸张和抽象，形成了具有广义和狭义的抽象，那些完全辨识不清，有难度，我们归为完全抽象或者图案化装饰。还有一批就是抽象程度不高，而且和现实的写实元素又比较接近。

法将自己看到的现实人面五官以及头戴饰物的情形细致地描摹下来，如赤峰白岔河、康家山湾、贺兰山、桌子山、阴山地区等区域岩画。从这些具象的人面像呈现角度上来看，几乎所有的写实性人面像都是正面的，有的带有头部轮廓，也有的没有外轮廓（狼山西部人面符号），不管有没有轮廓，它们都能给受众呈现出一种五官俱全的心理感受。他们按照人面像的五官轮廓进行概括，如画眼睛就用线条勾勒出横向叶子形或者圆形，描摹鼻子用一根线从眼眉一道刻画下来，两个鼻翼之间省略两个鼻孔，五官局部就用一条线表示鼻底，鼻子也有三角形、圆形。嘴巴就刻画上嘴唇和下嘴唇中间的线条，耳朵就画出一个耳郭，有的还画出耳朵内耳廓，整体呈现出具象性的物象形状。还有的人面像岩画在面部五官周围用具象写实的艺术语言对脸部的皱纹进行线性描绘，描绘出来的视觉效果特别逼真。如赤峰市英金河流域的半支箭村附近有胡须的人面像，整个人面像采用具象写实的表现方法进行刻绘，外在造型呈现椭圆形，下颌周围有参差不齐的胡须向外辐射，鼻翼两边的线条勾勒出鼻子的造型，嘴巴用一条线简洁明了地交代了位置，整个造型生动、逼真。它体现了原始人类用具象性的艺术语言"制造"了神或者神性的偶像神韵，以此来"支配自然、控制自然、影响自然，达到人的欲望和要求"❶。

（十）手印岩画符号具有写实的特点

手印岩画符号在整个岩画体系中不是太多，在贺兰山白芨沟上田村、贺兰口、新疆库鲁克塔格山、哈巴河县杜阿特、阴山以及青河县边海子森塔斯等区域都出现过这类图像，在这些区域里的手印岩画符号大多呈现出一种写实的特点，和现实中的手基本相同，也就是说，原始人模拟了现实中的手。

贺兰山岩画中的手印符号，画面中的左手均模仿现实中的人手，保留了原型中的一些细节。例如手指的大体轮廓和手指的不同长度和宽度等。原始先民利用这种模仿手法去强调静态画面中生机勃勃的自然形态，并运用这种符号深入生命的深处去挖掘宇宙的奥秘。大多数手印符号是用线（粗线或细线）来描摹勾勒的，且75%的手印符号是女性❷。当然，也有用实心填涂来显示造型的。手印符号往往五个手指头分开，也有的是五个手指并拢，手指之间无孔隙，手指骨节不明显。手指的粗细程度在写实的基础上各有千秋，有的手指上下等粗，有的手指上面较粗下面较细。

---

❶ 盖山林、盖志浩，《丝绸之路岩画研究》，乌鲁木齐：新疆人民出版社，2009年版，第100页。

❷ 吉纳维芙·冯·佩金格尔，《符号侦探：解密人类最古老的象征符号》，朱宁雁译，北京：北京联合出版公司，2019年版，第117页。

　　如且末县昆仑山手印符号（图2-16），整个画面上有七只手，这七只手均为写实化的造型。画面上端的五只手均使用纤细的线条来代替手指，其长度不一，下端右边的手印符号使用填涂技法，手指上粗下细。左边的手印则使用线条勾勒方式，手指使用粗细不等的线条进行刻绘。这些手印被先民赋予更多的抽象功能，在原始社会中，这些写实化的手印符号有可能是用来传递某种信息或者占有某种物象的宗教工具。

　　总之，具象性的表现方式是人类观察大自然和反映现实景物的重要方式。先民将实实在在的物象通过线条的形式情真意切地刻绘在岩石之上，岩画中的每一条线都给我们呈现了规则和秩序化的视觉效果。具象性表现方式以客观物象为基础，以线条的方式对物象进行描摹，通过对自然物象的具象刻绘、模仿物象的运动来呈

图2-16　新疆阿勒泰地区哈巴河县
多尕特岩画

来源：文焱，《西域岩画图案全集》，乌鲁木齐：新疆美术摄影出版社，2014年版。

现原始社会自身具有的宗教巫术性。作者使用线条有意识地建构了一种主观符合客观规律的视觉图像生成模式，这正是先民实实在在地用物象去体悟生命精神的重要表现，更是原始社会生活的折射，在一定程度上体现了先民内心无法言说的审美情趣。

二、线条的空间性

　　线条自身具有空间性，如粗线和细线就存在着对空间面积的"占领"，而在中国史前岩画中，中国先民就知道利用线条去描摹物象，并凭借着线条自身的线性去创构有限的空间。因此，大多数岩画作品均使用粗细、曲直不等的线条去呈现原始先民想要的空间。他们用较粗或密集的线条表现形体的转折处、前面空间或者物体的形体结构，用纤细的线条去表现容易忽略的外部空间、物象或空间的转折。研究史前岩画线条的空间性，有利于我们更深层地挖掘我国古代山水画和人物画线条的使用经验，并为后现代主义艺术创构提供一定的参考。

（一）中国史前岩画是通过线条去表现空间的

中国史前岩画大多数作品均是通过线来呈像的，而线条又被先民赋予空间表现的职能。先民将主观处理的"像"转换成一种主观的二维线性平面，把原来三维立体的物象线条转换成二维剪影画面。同时，他们在把剪影画面转换到岩面的时候，又用线条去表现三维空间。这类图像超越了自然界的真实空间，是建构在二维平面上的"虚拟"空间。

首先，线条在岩画中呈现出前后空间关系。史前民注重对于空间的远近的把握，将物象全部放置在岩石表面，其空白处给人更多的遐想空间，在岩画最底下的物象有可能就是离创作者最近的；反之，最上面的物象则是离作者最远的。在北方的一些岩画点上，先民一般采用较粗的、密集的线条去表现前面的物象；相反，细线、模糊不清、缺少刻画细部的物象则在后面。如在内蒙古乌拉特呼鲁斯太苏木地里哈日的一幅岩画《猎野马》，画面上用勾勒了几个动物，在左边有一匹马采用直线、几何线对现实物象进行刻绘，线条较粗，整体较清晰，刻绘得也比较烦琐，呈现前进的感觉；相反地，周围的那几匹马则较模糊，而且线条刻绘较粗略。

其次，线条与岩面形成了空间关系。岩石的表面被岩石的材质所填充，其材质均被附着在二维平面之上，二维平面只有长和宽。当先民将一条线刻绘在上面时，线条就属于另外一个主观化的、人为的、具有情感意义的东西，属于区别于岩面的他物，形成了一种相互排斥的现象，线条和岩面就形成了上下叠压的空间关系，毕竟线条是在岩面上进行刻绘的。更为重要的是，这种线条和岩面的关系不但拓展了空间，而且也丰富了岩面中的造型内涵。如甘肃黑山四道鼓心沟的岩画《野牛》（图2-17），先民将物象用简约的线条具象地刻绘在岩面上，岩面和线条就形成了上下的空间关系。岩画艺术家重点突出野牛的头部，使野牛形成一定的方向性。线条将物象变得倾斜，从而将画面斜对角一分为二，画面的躯体留白。这个平面空间展示出野牛肥硕而臃肿的体态，线条从头部开始比较粗，越往后变得较细，这样也形成了一个透视的立体空间。

图2-17 甘肃黑山四道鼓心沟岩画《野牛》
来源：《中国美术分类全集》编委会，《中国岩画全集》（西部岩画1），沈阳：辽宁美术出版社，2006年版。

最后，史前先民将现实物象用线条转化成三维空间。云南沧源岩画丁来一号点的岩画图像（图2-18）中先民用线条勾勒出一些平面的立体空间。画面上既没有明暗也没有充足的物理空间。在村落中，线条将村落的帐篷以半圆的形式构成上下两个空间，线条被作者赋予长度、位置、宽度、色彩、形状等特征。作者用线条把中心和外围清楚地分离开来，中间椭圆形正是一个村落的整体布局。房子下面有一条线，这条线代表壕沟或寨墙，在村落的上面有一个干栏式的房子，显然是哨所。一条线将不同造型的帐篷串起来，并将上下、左右、前后的平面空间清晰地表现出来。在人物像的下面都有一条直线，这条直线代表着土地，头顶留白的空间代表天空，连接村落半圆圈的线条向左延展，这条线代表着从村落到外界的小路。

图2-18　云南沧源岩画

来源：《中国美术分类全集》编委会，《中国岩画全集》（南部岩画2），
沈阳：辽宁美术出版社，2006年版。

（二）原始岩画中的线条可以将前后的物象空间分开

先民注重用高度概括的线条对物象进行快速勾勒。原始先民勾勒物象造型的时候，始终站在物象的现实视角来看待，现实中的物象在前面还是在后面，是物象的前腿还是后腿都通过线条去界定。

首先，艺术家采取增加线条或减少线条来区分前后的物象空间。在一些岩画的形象创构过程中，岩画是平面性的，先民要想呈现前后空间，他们就用四条线刻绘成动物的四条腿，还原物象的本身结构。在动物臀部下面刻绘一条竖线，在其前面同样刻绘出一条平行竖线，这样在受众的视角中就能感受到前后腿的空间关系。如在阴山的《群虎》岩画（图2-19）中，整个画面分为前后两个空间，前面空间中的线条较多，用大量的波折线对前面老虎的纹理进行装饰，形成了眼花缭乱的视觉场面；相反，后面空间的动物则使用少量的线条进行简单勾勒。因此可以说，前面线条较多的物象向前进，而后面线条少的物象则向后跑，形成了一前一后的视觉空间关系。又如在内蒙古的曼德拉山的岩画《骆驼群》（图2-20），画面上刻绘了三匹骆驼，三匹都通过线条塑造。离作者较近的一匹和第三批的骆驼的四条腿全部刻画出来，一前一后，四条腿的线条是一种竖式平行关系。对于离作者较近的骆驼，作者用线条刻画的细节很多，在其后的骆驼作者只绘制了五笔（一条横和四条短竖），非常简约。

图2-19　内蒙古阴山岩画《群虎》
来源：《中国美术分类全集》编委会，《中国岩画全集》（北部岩画），沈阳：辽宁美术出版社，2006年版。

图2-20　内蒙古阿拉善右旗孟根布拉格苏木曼德拉山岩画《骆驼群》
来源：《中国美术分类全集》编委会，《中国岩画全集》（北部岩画），沈阳：辽宁美术出版社，2006年版。

图2-21　西藏日土县岩画《舞蹈》
来源：李祥石，《世界岩画欣赏》，银川：宁夏人民出版社，2017年版。

其次，原始先民使用线条叠加的方式来呈现前后空间。单条线作为一个孤立的因素，不能构成一定的空间关系，也不能把某种前后空间表达出来。如西藏日土县的《舞蹈》岩画（图2-21），画面展示了整体和局部之间的关系，绳子和左边舞者的身躯发生了交叠，一前一后。绳子的轮廓线条与舞者躯体之间的线条相互阻断，两个单位共同形成了具有一定透视方向的交叉点。而那个在相交之后轮廓线仍然保存着连续状态的物体，又总是被看成位于另一个物体的前面❶。这也就是说，画面中左边舞者的轮廓线条被

---

❶　鲁道夫·阿恩海姆，《艺术与视知觉》，滕守尧、朱疆源译，成都：四川人民出版社，1998年版，第329页。

绳子中途拦腰阻断了。显然，绳子应该就在人物形象的前面。又如青海舍布齐沟的《射猎》岩画，先民用线条勾勒一位持弓待射的猎人和一匹奔跑的马，人的躯体和马的躯体在线条上发生了叠加关系，而这两个物象的形象并没有被对方的线条所遮蔽，两者的空间关系是由两个物象的轮廓线的相互交叉点所决定的。当人物的轮廓线与马的轮廓线相交的时候，人物轮廓线的发展方向不会改变，这样就可以很明晰地判断出哪一个是前者和哪一个是后者。

（三）先民在岩画线条空间创构活动中采用对比的表现形式

在空间创构活动中，先民往往使用对比的手法表现画面的空间关系，这种对比的表现形式可以分为虚实对比和疏密对比。

（1）虚实的空间对比。这类对比在岩画中比较常见。从黑龙江到台湾地区，从连云港到云南沧源地区，每一处岩画点都有一定数量的岩画利用虚实对比来创构空间。岩画形象中的线条装饰以及每一个物象装饰的不同层次都依靠侧面来展现岩画的虚实对比，既有虚又有实，体现了岩画形象的外在疏密和内在和谐。先民在整个岩画中基于自己的需求和审美，利用线条刻绘出不同物象的虚与实。有的先民运用线条勾勒出一个大的形象，然后在其周围布满了一个（些）小形象。被线条勾勒的大形象呈现"实"的特点，而小形象则呈现"虚"的特点。有的先民将物象的某个局部刻绘得非常清楚，其他部分则被弱化。还有的先民将与作者较近的图像用线条刻绘得较为繁密，呈现"实"的特点，而较远的物象基本上是以小或者简化为主，呈现"虚"的特点。我们可以推测，"实"的部分是先民对物象最重要或最本质的部分进行刻绘。这种刻绘首先要将对象清晰地呈现出来，以点带面，线面结合，虚实相间，使得画面形成虚中有实、实中有虚的视觉图像。

如新疆阿勒泰徐永恰勒岩画点的《鹿羊图》，画面中用粗细线轻盈地刻绘了鹿和羊的形象，用粗线将距离作者较近的鹿形象刻绘得非常逼真，线条刻绘细节较多，呈现一种较实的图像，而在距作者较远的地方，用较细的线条粗略地描述了同样站姿的羊和鹿，每一只动物使用的线条很少，且只突出动物的重要特征，如刻绘鹿角和羊角。

又如新疆阿勒泰地区哈巴河县多尕特岩画《狩猎图》，创作者通过虚实对比的手法，将图像中的形象刻绘成前后空间关系，模糊具体时空界面。大面积的岩石表面是空白，营造出草原的空旷感。画面中的空白处不是"无"，而是有无限意味的"有"。在画面中的马和人物形象是"实"，而形象之外的空间都是"虚"，虚实相间，使画面形成独具匠心的理想空间。

（2）疏密的空间对比。如法国尼奥洞窟崖壁画中有一幅《中箭的野牛》，画面上刻绘了一头野牛被有钩的鱼叉射中。在鱼叉射中的地方，作者用匀齐富丽的粗线和细线刻绘出比较密集的造型。这个密集的造型首先就将人的视觉拉近了，以这个点为视觉核心，再引向其他空间。而箭的后面则是作者留下来的虚的、空疏的空间，这就使得前面密集的箭和后面疏朗的白色空间形成了一种前后关系。

综上所述，史前先民以线条为介质，为了再现现实或展现主体心中的空间性，运用一条线将所刻绘的物象从岩石表面上强行分离出来，线条这时候成了某种具有主观化和人文情感的空间介质。他们利用线的粗细、长短、宽窄等方面的对比，使画面中的形象呈现出前后、虚实、转折的虚拟空间。同时，绘画者将不同物象之间的空间位置加以区分和有秩序地进行分割。这种分割强调对现实景致的还原。每一条线都将三维状态下的物象瞬间转换至二维平面系统，每一条线所在的位置都呈现物象的前后、远近的空间关系。它往往倾注了艺术家的思想情感，是绘画者对真实空间的艺术性表述。它已经超越了现实中线条所在的空间系统，超越了对现实物象的模仿。

三、虚实相生

虚实结合在中国史前岩画图像中的表现尤其多，特别是岩画在使用线条刻绘物象的时候，虚线和实线相互交叉，交相辉映。物象的生命精神和原始先民的审美情趣通过这种虚实线条以一种独特的方式表现出来。我们说，虚实结合就是将物象形成秩序性的视觉表象，实线是作者表现的主要部位或者要祈求的局部，虚线为我们提供了一个丰富的想象空间，虚实可以相互转换。通过虚线与实线的相互呼应，来反映对象的功利目的或精神风貌。

图2-22　宁夏贺兰县金山乡金山村苏峪口
岩画《狩猎图》

来源：《中国美术分类全集》编委会，《中国岩画全集》
（西部岩画1），沈阳：辽宁美术出版社，2006年版。

（一）原始先民在平面的呈像结构中去表现立体特征，用粗细线条去展现画面形象的前后虚实关系

如宁夏苏峪口的岩画《狩猎图》（图2-22），画面上呈现了三个物象，一个是人物形象，另外两个是羊和牧羊犬。作者用粗线对人物形象进行刻绘，人物拉弓待射的瞬间被作者用粗线表现出来。人物形象呈现向前移动的样子。而后面的羊和狗则用细线粗略地表示

出形体。三个形象生动活泼，有主
有次，前后层次分明，充分体现出
整个画面的立体特征。对比映衬的
手法也加强了这几个形象的空间虚
实感。

**（二）岩画形体用线围合成的
面和以单线勾勒的造型呈现虚实结
合的特点**

在宁夏贺兰山的贺兰口有一幅
岩画《人面和羚羊》（图2-23），作
者将羚羊这种动物用线条围合成躯

图2-23　宁夏贺兰口岩画《人面和羚羊》
来源：《中国美术分类全集》编委会，《中国岩画全集》
（西部岩画1），沈阳：辽宁美术出版社，2006年版。

体，里面用錾刻的方式敲击很多点状的东西，而羚羊的羊角、尾巴以及腿部则
使用与前者不同的塑造方式：单线勾勒。这样，画面上就有实体化的面和一维
性的虚线，线面结合，虚实相生。

在中国史前岩画创作中，"实"代表着先民创构出具体可感的艺术形象。
在史前艺术家看来，具体可感的物象是先民运用线条首先要勾勒的对象。他们
用不同的线条，如曲线、直线以及圆弧线将现实物象中的具体事物以一种简略
的线条塑造出来。如宁夏贺兰山贺兰口的毛驴岩画，整个毛驴的形象呈现一个
奔跑的姿态，悠闲且娴静，眼睛注视着前方。毛驴的四周轮廓均用粗细一致的
实线勾勒而成。线条流畅而又刻绘均匀，显示出现实物象的一种具体状态，展
现了先民高超的概括能力和娴熟的刻绘技法。

"虚"呈现了一种无法言说的想象空间。我们经常看到中国史前岩画的作
者用线条勾勒出物象的轮廓，或者创构出其内在结构。除了这些线条之外，其

图2-24　内蒙古海尔汗山岩画《众骑与祭坛》
来源：《中国美术分类全集》编委会，《中国岩画全集》
（北部岩画），沈阳：辽宁美术出版社，2006年版。

他地方均为"留白"。这种"留白"
是对实像内涵的一种补充，也是先
民对物象形体进行精简的结果，更
是先民留给人们的一种想象空间。
这种想象空间的建构依靠的是先民
或受众自身对物象的静观，发挥联
想和想象，基于物而不滞物，以自
由豁达的审美情趣对物象进行意象
创构。如内蒙古海尔汗山的《众骑
与祭坛》岩画（图2-24），画面上

刻绘了众多骑马的骑士和几何形的祭坛，这些造型均用半抽象的线条将实在的物象轮廓呈现出来，每一匹马都尽显出矫健的体形。而在马的轮廓之内的空间被先民赋予更多的内涵，他们想通过这种简洁化的轮廓留白，去表达他们对美好生活的期望以及对食物的赞颂。

（三）中国史前岩画使用实线和虚线写形

中国史前大多数的岩画均是采用线条刻绘的，使用线条刻绘必然会出现实线和虚线。

首先，实线是在岩画塑形过程中直接表现出来的实实在在的线条，往往直接用实线塑造形体。先民们在塑造出来的形象上，重视结构线对于形象的呈现作用，受众可以通过这些实线容易地辨认物象整体。这类线条大多以结构线或者外轮廓线为主。与其他部位的线条相比，实线较粗且呈现在画面主要的位置。如云南丘北县狮子山岩画点的《鱼》（参见图2-12），作者将整个鱼的外在轮廓利用较粗的线条进行绘制，里面的鱼鳞则用较细的短线绘制，虚实相间，显示了原始先民质朴的审美品位和基于自然物象而超越自然物象的写形能力。

图2-25 云南省沧源佤族自治县
曼坎Ⅱ号岩画《捕猴图》（局部）

来源：《中国美术分类全集》编委会，《中国岩画全集》（南部岩画2），沈阳：辽宁美术出版社，2006年版。

其次，虚线在岩画作品中强调一种"虚"的境界，包括"集点成线"和线条向不同方向延伸，这两种方式在岩画形象的表现中显示了一定"意"的观念。在史前岩画中，虚线往往能展现出一种作品空虚形象之外的意境感。如云南沧源曼坎Ⅱ号岩画点里有一幅岩画《捕猴图》（图2-25），画面中有一群猴子沿着一条线向上跑去，猴子与猴子之间用虚线相连，"虚线的使用更能激发人的审美创造力，表明了先民们审美品位的内在圆融，看似简单质朴的线条下隐藏着深层的艺术规则。"❶ 这类集点成线的虚线式样在弥勒金子洞坡的岩画点、元江它克岩画点以及西藏班戈县其多山洞穴也出现过。又如，云南沧源岩画中的《着羽裙的妇女》，妇女的羽裙所形成的翩翩起舞的裙带是似有似无的虚线，这种意象化的线将女性跳舞时的热烈、奔放和激情展现出来，并展示了原始先民内心的狂热心情。

最后，实线形成物态的轮廓，虚线则形成物象的内在肌肉。如内蒙古乌拉特中旗呼鲁斯太苏木地里哈日的《马》（图2-26），画面上作者用实线刻绘了一个马向前倾的动作姿势，马的体形很长，而勾勒的躯体是空的。我们认为，躯体是由无数的虚线将物象的肌肉和内在事物一一刻绘出来。

图2-26　内蒙古乌拉特中旗呼鲁斯太
苏木地里哈日岩画《马》

来源：《中国美术分类全集》编委会，《中国岩画全集》
（北部岩画），沈阳：辽宁美术出版社，2006年版。

（四）岩画形象中的线条呈现出曲直变化

中国史前岩画形象所表达出来的形式反映了线条的曲折、长短、动静、刚柔、高低、大小等特点。曲线在岩画形象刻绘中具有柔和的特点；相反地，直线被视为僵直、呆板的代名词，是没有生气和活力的一维事物。在中国史前岩画图像中，很多岩画形象都具有曲直线条的虚实变化，先民一般用曲线表现物象的外在优美形态。曲线在书写的时候，常常省略物象边缘的细节，概括和归纳物象边缘的整体效果，是一种对物象外形的意象化建构，是似与不似的虚像摹写。直线往往表现在物体的内在躯体中，在物象的躯体内勾勒直线、波折线、三角形、菱形以及梯形等。如宁夏贺兰山贺兰口的老虎（图2-27），画面上用虚线勾勒了老虎外在的形态，曲曲折折，高低起伏，省略了老虎身躯中的很多细节。老虎身躯内

图2-27　宁夏贺兰县金山乡金山村贺兰口岩画

来源：《中国美术分类全集》编委会，《中国岩画全集》
（西部岩画1），沈阳：辽宁美术出版社，2006年版。

---

❶　朱媛，《中国岩画的审美之维》，上海：上海人民出版社2013年版，第52页。

的波折线，形象而又准确地描绘出了虎皮的纹饰。有了这些具有直线性的纹饰才能保证我们能从这类细节中找到某种物象内在的丰富性，并使得纹饰依附于轮廓之中，成为营造曲直氛围的元素，从而使轮廓内的个别纹饰以现在的复合成像技术去展现线条的曲直变化。

（五）史前先民使用线条的疏密来揭示形象的虚实性

史前先民在表现物象的时候，经常使用疏密的手法直接或间接地表现虚实关系。他们把某个局部用繁密的线条刻绘得很详细，这个部位有可能是先民想要重点突出的局部，猜测这个部位给他们氏族带来某种保佑，也可能是他们的食物来源等。不管怎样，先民用繁杂的线条去突出密，被突出的地方显得比较实，因而会先被人看到。史前先民也会借用较少的线条去表现"虚实"关系中的"虚"。这类表现大约是作者故意不让受众一下子看到物象的全貌，表现出一种视觉的深远感，只是隐约将形态呈现在较为"实"形象的后面或者边上，使得物象呈现出较疏的形式。如内蒙古苦菜沟的《鹿》岩画（图2-28），画面

图2-28　内蒙古乌海市桌子山
苦菜沟岩画《鹿》

来源：《中国美术分类全集》编委会，《中国岩画全集》（北部岩画），沈阳：辽宁美术出版社，2006年版。

上清晰地刻绘了一只呈现站立姿态的鹿。特别引人注意的是，先民用比较繁密的线条对鹿的角进行细致的刻绘。反观鹿本身，则只是呈现平面型，没有细节，更不会引起我们视觉对物象的关注。

总之，虚实相生是中国史前岩画形象的一个重要方面。先民通过线条的粗细、疏密以及由线围合而成的面来表达自身的情感诉求和显示其艺术表现能力。他们把这种虚实看作是表现自己内心所隐含的某种无法阐释的"文本"。他们将这种图像的象征性以虚实的关系隐匿在其审美活动之中，虚实结合给先民提供了一种表现现实生命精神的重要方法。原始先民通过建构出不同的岩画形象，让受众从这种形象留下的空间中去想象和思考。他们既要通过这种虚实的线条去记录当时的生活和生产，也要借此找回先民自己的生命记忆。通过这种惟妙惟肖、有主有次的刻绘这种虚实相生的

独特视角去彰显个体的生命精神和伦理诉求。

四、本节小结

综上所述，史前先民借用线条的不同形态对物象进行具象性的书写，这种书写夹杂着先民对于物象的观物取象和审美体悟。一方面，先民基于现实物象，特别是通过实线和虚线去摹写物象的外在形态和内在结构，将物象自身所形成的生命精神以及旺盛的生命力以空间性的物态话语展现出来。他们用线条去描绘具象的物象，用这些写实的图像去表达史前先民对生活的赞美。另一方面，任何物象均具有三维空间视像。先民以实线和虚线将物象的前后、左右、上下的空间关系完美地呈现出来，其中的疏密、大小、长短都传达了先民的物质诉求和精神观念。同时，他们往往以线去模仿物象的内外结构，曲直、长短、宽窄等元素都是先民以线转换空间的重要话语，以线去表述现实和作者内心世界的空间性。

第四节　线条的表现功能

中国史前岩画中的线条是先民塑造物象的基本介质。原始先民对线条的表现功能有着自身的考量。首先，先民运用线条去承担对物象的塑造任务，他们通过线条记录着原始先民自身的生活习俗和文化传承，否定那些缠绕在物象之上的琐碎细节。它在一定程度上凸显了"以线写形""以线传神""以线达意"的审美意蕴，用这条"通贯宇宙、遍及于万物[1]"的线去塑写万物，彰显先民内在的生命精神风貌和时空的无限性。其次，先民们用线条来修饰他们自己的物品和家园，同时也展现了线条自身的审美功能。线条的表现功能为后来的中国画线条的使用创造了可以借鉴的绘画形式，也为当代的线性绘画艺术注入了鲜活的生命力和独特的审美情趣。

一、线条的塑形性

中国史前岩画是以线条的形式对物象的外形和结构进行塑造，他们使用不同形态的线条将物象的轮廓意象地呈现出来。线性刻绘自然地就成为中国史前岩画塑形的主要特点。他们利用这些富有节奏和韵律化的抽象线条，以线构

---

[1]　宗白华，《宗白华全集》（第三卷），合肥：安徽教育出版社，1994年版，第409页。

形、以线状物、以线表意，所塑造出来的物象均在似与不似之间呈现出美学意蕴，充分地表达了史前先民对世界万事万物的审美感受，向我们鲜明地呈现了史前社会万事万物的生命律动和构像的秩序性。因此，从一定程度上说，中国史前岩画的线性塑形功能开启了中国传统绘画以线塑形的先河，对后世的传统山水画、人物画、风景画以及其他近现代画种有着深远的影响。

（一）线条塑造岩画形象

在史前社会里，线条的出现是由于人的眼睛在物象造型中对面的提取。不管是敲凿法、磨刻法还是用颜色绘制的方法，都是借线条来概括、提炼现实的物象，并将它们融汇于主体塑造的物象之中。当然，这也体现了线条自身的实用功能。在那个时候，史前艺术家将线条视为一种塑造形体的必要元素，以"线"概括和书写万物，把万事万物的形体变化归结为"线"的高低起伏。如内蒙古乌海市桌子山召烧沟的太阳神形象（图2-29），画面上被先民用曲线和直线高度写意，塑造了一位正在跳舞与太阳神沟通的巫觋。这位巫觋头戴光冠，头外圈有大量的辐射线，张嘴露齿，眼睛上还戴有眼罩的东西，两手平伸，一腿直立，一腿向外微张，呈舞蹈状，形象生动，一副神态威严的样子。作者整体上用不同形态的线条将原始社会正在祭拜太阳神的宗教仪式通过巫觋作法的形象淋漓尽致地呈现出来，也从侧面视角反映了先民对太阳神的高度崇拜。

图2-29　内蒙古乌海市桌子山召烧沟岩画
来源：《中国美术分类全集》编委会，《中国岩画全集》（北部岩画），沈阳：辽宁美术出版社，2006年版。

（二）先民以线写形

自从中国史前先民对线条有了一定的认识之后，线条就成为他们塑造和表现物象外形的重要切入点，正如朱志荣和张岚所说[1]："先民对造型语言的体认是从线条开始的。"贺兰山大西峰沟的《人物、动物和符号》岩画，先民用曲线将人物射猎时的姿态用两个内弧线去表现，而猎人的腿部和弓箭则用线

---

[1]　朱志荣、张岚，《中国岩画的线性特性》，《艺术学界》，2009年第1期。

条清晰地予以勾勒，形象生动有趣，极为传神。通过以上案例，我们可以清楚地知道，史前先民以线造型，以线写形，以线展现物象的基本形体姿态，让受众从中能觉察到当时狩猎的紧张气氛和动物的神情姿态，这充分体现了线的塑形功能。

（三）线条内蕴某种结构，对于塑造物象或实现其实用功能有着推动作用

中国史前岩画的形象塑造包含着某种结构，即线条形成了物象自身的高低起伏的形式结构。中国传统水墨画的线条是由毛笔、水和墨建构而成的，利用这三者就能将物象的古韵精神写意成画。而在史前社会里，对于北方岩画，先民使用一些硬质的物品，如石头、铁器等部件在岩石上进行刻、凿，大部分都是经过自身体悟之后而形成的视觉图像。这些岩画图像都是被先民勾勒或凿刻出来的，线条有粗有细，深浅不一。如需要加深，就要凿，凿出不同的实用形状来。对于南方岩画，先民则用手指或用毛制成的刷子蘸着赤矿石粉进行绘制，赤矿石粉与树胶、动物血液、牛油、动物骨髓、蛋清等液体调和。每一条线都是先民用手指或毛刷绘制出来的，并按照自己的体悟去表现物象的高、低、胖、瘦。如云南沧源岩画中，先民用普通线条表现头上的装饰品，用夸张的线条塑造人物的腿部和脸，用简约的线条去呈现手臂的装饰。

（四）先民利用线条营造出异彩纷呈的视觉效果

在史前社会，南北方的岩画形象大部分呈现线性塑造，有的人物形象持弓待射，有的展现男女交媾行为，有的人面像五官呈现惊恐万状，还有的动物胡乱奔跑，等等。这些异彩纷呈的视觉形象都是先民利用粗线、细线、曲线、波折线、自由线以及几何线塑造出来的。

史前先民在用线塑造物象的时候，往往将一个物象的宽和高概括成线，减少了很多的细节，增强了动作和物象特征的识别性。鹿、马的身躯用一条粗线就能绘制出来，人在跑动的时候用一条线表现脖子到一只脚的部分，用一条线将双臂平伸的效果表现出来，再用弯曲的线将另外一条腿画出来。用曲线将猴子跳跃的情状绘制出来。北山羊被惊吓到大步快跑，作者用两条向内张的斜线将其刻绘出来。对于鹿的角，作者画出一个半圆，然后在半圆上加几个竖线来表现，等等。如广西花山岩画中的正面人物形象，为了表现祭祀仪式的严肃性，人物的头、胸以及腿均使用粗线条进行绘制，不同程度的粗线代表了人物身体中的不同部位。

（五）先民运用线条来呈现物象的轮廓

物象的轮廓是唤起先民对物象感兴趣的最重要的表象结构。中国大多数的岩画形象始终保持着早期单线勾勒物象轮廓的优良传统，就是用一条线对物象

进行简略地摹写，在物象的最边缘处绘制线条，对物象的边界进行有秩序的塑造和界定这种凭借线条对物象轮廓的书写，一方面是岩画家将物象中细节抽象化和整体化了。另一方面是先民们将物象中的各个轮廓内的细节转化成线性艺术形式。再者，先民省略轮廓内的所有细节，只保留大的轮廓线，用轮廓线条去代表物象的形状。这样，"艺术家不再试图描写或表现一头活生生的牧鹿了，他满足于用寥寥数笔，去表现他所认为的牧鹿的最主要的特征，他掌握了牧鹿的概念，并以最一般的形式将其符号化，把区分不同时期相同牧鹿和区分不同牧鹿个体特征全部省略。"❶

　　从整体上来看，南北方先民注重轮廓的外在呈像，北方錾刻，南方绘制，技法不同，但是最终均是运用粗细不等的线条对物象轮廓进行生动细致地描绘，并加入先民的巫术观念和审美意识。他们重在强调用曲折、流畅的线条表现客体物象的骨、筋、肉、血,借助线条去表现对象最本质、最重要的特征。甘肃吴家川岩画上的梅花鹿被作者忽略了颜色和外在细节，用一条自由的且粗细相等的线条把鹿行走的体态和外形清晰地勾勒了出来。

　　西藏班戈县其多山的洞穴岩画《猎牦牛》（图2-30），反映西藏先民猎取牦牛时的场景。画面上用概括流畅的线条绘制了牦牛的轮廓，这是作者对物象的情感体悟之后而刻绘的成果。整个画面中的线条稚拙而生涩，特别是在牦牛肚子底下的线条，生动传神，牛的头部犄角处同样采用一笔勾勒出来。作者用流畅的线条对现实图像进行创构，抽取能够体现主要特征的线，自由书写，自由构图，仿佛是音乐的旋律运用不同的乐符自由地表达作者对生命意味的体悟。

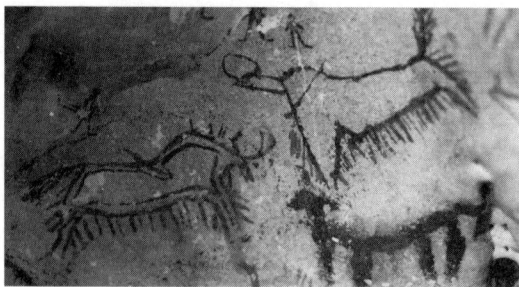

图2-30　西藏班戈其多山洞穴岩画《猎牦牛》
来源：《中国美术分类全集》编委会，《中国岩画全集》
（西部岩画2），沈阳：辽宁美术出版社，2006年版。

物象轮廓作为一种"边界"而存在。任何物象都有着自身区别于他物的界限，这些物象通过线条对自己的边界进行设定，这样的做法在中国岩画形象的轮廓上有着突出表现。物象上的一条线将岩面和上面的图像相互分开，两种属性之间存在一种相互排斥的关系，线既是物象轮廓的造型线，又是将两个物象相互

---

❶　戈登·柴尔德，《人类创造了自身》，安家瑗、余敬东译，上海：上海三联书店，2008年版，第52页。

区分的界线。一方面，线条将物象的基本形态呈现出来，成为独立的个体；另一方面，先民将线条融入空间，与时空的某些元素形成不同的语义文本。这种语义文本的区分依靠的就是线，这种线不是传统的造型轮廓线，而是具体形象界定于其他形象的某种"边界"。如新疆阿勒腾尕松村的一幅《马与羊》岩画（图2-31），第一，岩面具有自然性，而画中马与羊的刻绘具有人工的痕迹，这样就将这些线条赋予一定的人工造物属

图2-31　新疆巴音布鲁克区八音乌鲁乡阿勒腾尕松岩画《马与羊》

来源：《中国美术分类全集》编委会，《中国岩画全集》（西部岩画2），沈阳：辽宁美术出版社，2006年版。

性，两种不同属性相互排斥，从而将物象的形状呈现出来。第二，岩面的颜色与轮廓的刻痕发生了相互对比的现象，原有岩面是平面的（二维），且较为规整，但是在二维空间上突然出现一些具有一维概念的线条，将平面的岩石和所要表现形象分割开了。

（六）先民在表现物象时以线写神

这里的"神"指的是岩画形象中内在的神韵或最本质的东西，它是主控物象的关键。也就是说，任何物象都具有内在的神韵，它是一个物象或者图像的生命精神体现。在中国史前的岩画形象创构中，先民们用线条的不同形态"随意"勾勒出岩画形象，将造型的细节忽略，而强调用线的物态化形式勾勒出物象的内在神韵。他们利用高超的处理手段，用线条的曲折和起伏表现出物象的微妙表情、思想感情和生命精神。不管线条是曲直还是其他变化，它所刻绘的任何一笔，都会彰显出物象的内在"神韵"。如中卫岩画点有一幅动物的岩画，作者用线条勾勒出一个坐骑的外在形态，将这个坐骑刻绘成弯形，下面的四条腿使劲向前或向后摆动，在动物身上有一个简略刻画的人，正在手舞足蹈呢！从这个画面中我们可以看出，作者忽略动物的基本面貌，把握了坐骑和人的内在心态，注重动物的跃动性、舞动性以及灵活性，岩画形象的造型和神韵丰富了岩画画面的生命特性。又如广西花山岩画中的《戴兽形饰的巫觋》（图2-32），画面上作者用粗线勾勒了比较僵直的巫师，整个身体呆板而没有动感。但是，我们从这种有形的造型之中，看到了史前氏族的巫术文化以及巫师对神性图像的尊崇和敬仰。

（七）先民非常注重刻绘物象的形似

岩画艺术家受到当时工具的影响或者岩面载体的限制，在刻绘的时候没有

图2-32　广西左江花山岩画
《戴兽形饰的巫觋》

来源：《中国美术分类全集》编委会，《中国岩画全集》（南部岩画1），沈阳：辽宁美术出版社，2006年版。

按照原有物象的外在形式和内在结构进行刻绘，而是遵循着物象基本形似的观念和形式美规律，所刻绘的造型既没有固守本来的形象（因为这里面有主体的体悟和审美情感的注入），又超越物象的原有面貌，由主体内心迸发出的线条来展现出一种基于造型、神韵以及视觉三者相互契合的同构关系。

首先，作者抓住物象背后的本质特征，以求达到外形的相似。史前先民在塑造物象的时候，通过观察和取舍物象表面的元素，用简略的线条对物象进行概括和提炼，将那些能彰显物象整体审美特征的局部结构和神韵保留下来。如用线条刻绘一个奔跑的弓弩手，先民要用两条线（类似于人字形）刻绘出弓弩手奔跑的姿势，只将躯干、大腿和小腿画出，而两臂则用一条线去表示。

其次，我们知道，任何线条在描绘物象的时候不是机械地复制或模仿，而是内蕴着先民对物象的观察、体悟、感受以及想象，并将作者的情感融入形象的创构活动之中。

最后，先民用近似于物象结构的线条对物象进行刻绘，在一定的层面上具有写实性的审美意味。先民刻绘物象外形的时候，一般依照物象的基本形态进行塑造，始终以生活形象为中心进行线性刻绘，处处要将线条置于法度之内，以粗疏的线条去体现物象的内在生命精神。不管作者如何忽略身体的细节，他们仍然按照物象的基本形态进行刻绘。如鹿的角被作者刻绘成树枝形，房屋也被完整地用线条刻绘出来。这些岩画形象在一定程度上具有写实性的意味，不过并不是真正的写实，而是基于现实又超越于现实物象而形成的抽象的图像。

（八）先民利用线条的属性将形象的内外结构、质感以及运动感表现出来

史前物象的丰富种类使得岩画作者产生一种表现欲望，他们根据物象形态和表达情感的不同使用不同属性的线条。他们用粗细不等的直线、曲线、弧线等来表现不同的物象形体内外结构、运动感和质感。

1. 先民利用线条去呈现物象的内在结构

（1）先民用线条去表现物象的内在结构。史前先民运用长短不齐的线条对物象的内在结构进行简约地表现，如画人，就用一条线代表从颈部到臀部的部位。如画动物，一条横的直线就代表物象的内在脊柱。在那个时代，先民用简约的线来代表物象的一个内在"骨架"，这类"骨架式的美术"不是以颜色进行图绘的，而是以线条的形式对物象内在结构进行刻绘。他们将主要特征呈现给受众，省略一些细节和物象的宽度，如颜色、毛发以及其他相关的部分。

先民使用单根线条去塑造物象的内在结构。在史前岩画中，先民为了塑造物象的内部结构，清晰地凸显外部形状，就用单线对物象的主要内部结构进行刻绘，如脊柱、翅膀、腿部和颈部等部位。一般来说，先民将物象结构由原来比较宽的身躯简化为一条直线，如在连云港将军崖人面岩画中，先民们用一条很长的竖线来代表身体。帽合山岩画中的人头像下面被先民绘制了五至六条竖线。阴山岩画中的踢球图像，四个踢球人的脊柱用一条单线所代替。特别是在北方，史前先民利用粗线条刻绘动物躯体的脊柱，利用细线来表现其他部位的结构。相对于动物来说，人物的主要结构就没有那样明显了。人物的线性结构均比较弱，人物的形态大部分呈现"正面律"，也有的呈现"侧面律"。原始先民直接用一条线从头到脚刻绘出一个"人"字。

如阴山岩画中的一幅《双人舞》，作者用单线将两个人物的内在结构浓缩成一条线。不管脊柱还是四肢，均使用一条线代表。左边的人物形象和右边的人物形象在脊柱和双臂平伸的艺术表现上均突显一致性：即用一条线将手臂的平伸视觉效果展现出来，用一条线从人物的头部一直延伸到臀部以下，形成了人物的内在脊柱。左右两边的舞蹈形象最大不同点就在于作者用单线去表现左边人物双腿内翻的姿势，而用双线去表现右边人物双腿叉开的姿势。这些由短直线构成的简略物象，直接展现了原始先民质朴、拙笨的性格特点以及崇尚自然的心态。

又如内蒙古乌兰察布的一幅岩画（图2-33），画面中有两只动物，一只是羊，另一只应该是猎狗类的动物。两只动物的内部结构均被先民用较粗的单线条刻绘出来。用较粗的线条来代表动物的脊柱，用较细的线来刻绘动物的四肢，用最细的线条来刻画山羊向后延伸的羊角。

而在南方的岩画点，人物的主要结构均使用方形的粗线，从头一直到脚均是等粗。相反地，动物们的结构线条就单薄不少。譬如广西花山岩画中的"蹲式"人物形象，作者用等粗线将氏族成员祭拜"蛙神"时庄严肃穆的氛围、崇

图2-33 内蒙古乌兰察布岩画

来源：文焱，《西域岩画图案全集》，乌鲁木齐：新疆美术摄影出版社，2014年版。

拜的神情表现得淋漓尽致，每一个人物形象的结构均使用较粗的线条呈现出来。从整体的图像来看，其外在的形式鲜明地呈现了原始艺术的生命精神。

（2）先民通过多线条对轮廓内的平面空间进行填涂。先民一般先将物象的轮廓刻绘完成，填涂的时候先民不依赖于外轮廓的走向，完全依靠轮廓所形成的宽与窄，然后利用长短线在轮廓内进行有序填涂，使原有的物象内部空间具有一定的体积感，并呈现面的审美属性。有的线条与线条之间的距离均等，呈现平行线，有的在动物的躯体内加入一些单线旋涡纹或"∽"纹饰，呈现出一种"活生生、流动的、富有生命暗示和表现力量的美[1]。这类纹饰近似于云纹或者马厂类型的原始陶器中的"同心圈纹、螺旋纹、水波纹等纹样"[2]。这样的图像主要分布在西藏日土县境内。如青海天峻县卢山的岩画《鹰》（图2-34），作者将鹰的外轮廓用富有动态的线条勾勒之后，在封闭的空间内用多条短斜线予以填涂，线条之间的宽度保持高度的一致。

图2-34 青海海西蒙古族藏族自治州
天峻县卢山岩画《鹰》

来源：《中国美术分类全集》编委会，《中国岩画全集》
（西部岩画1），沈阳：辽宁美术出版社，2006年版。

---

❶ 李泽厚，《美的历程》，北京：生活·读书·新知三联书店，2009年版，第45页。

❷ 户晓辉，《地母之歌：中国彩陶与岩画的生死母题》，上海：上海文化出版社，2001年版，第169页。

通过上面的阐述，我们可以清晰地得知，史前先民运用简约的线条去塑造物象的内在结构。这种塑造不是对物象的直接写实，也不是对物象的局部书写，而是依据先民自身的审美趣味和巫术仪轨对物象进行全局性的删减和塑造。原始先民将具有生命精神的主要内在结构浓缩成一条线，对物象倾注了主体所有的审美情感，以主要的线性结构去呈现他们对物象的生活激情和审美感受，去描绘他们对未来生活的憧憬和祈愿。

2. 先民用线条来塑造物象的外在结构

史前时代物种较为丰富，这些动物的外形结构具有差异性。他们一般重点画出物象的最凸显的结构，例如骆驼的双峰、鹿角、虎的纹理、牛角等外形结构，然后根据物象外形的起伏进行线绘。先民往往将物象外在结构用参差不齐的线条勾勒出来，有的岩画形象用双线勾勒凸显外在结构。大多数的动物形象轮廓均为空白，还有个别的形象用线条将头部结构、前肢、臀部等部分进行直线分割，犹如毕加索的立体主义画作，这样的例子在青海、青铜峡的岩画中较多。

（1）先民用曲折优美的线条刻绘物象的运动感。中国史前岩画不管是人物还是动物形象，大都是先民对动态化的物象进行写意刻绘。先民在描述对象的时候，用曲线去感悟对象的运动特性。他们在描摹动物跑动的时候，主动用线条去简约地表现动物的前肢向前迈、后肢向后蹬的体形状态。线条中体现了"骨力追风，有柔有刚，方圆适度"[1]的审美意蕴。刻画狩猎者多采用曲线勾勒，人物跑动的姿势可以缩写成一个"大"字。当然，也有少量的岩画动物形象采用相对静止的状态。如内蒙古达尔罕茂明安联合旗夏勒口的《追羊图》（图2-35），展示了人追逐羊的局部场景，画中的人物形象跑动姿态被有意夸张了，身体整体朝前倾，作者运用流畅的曲线将狩猎者的两腿连在一起，形成了一条优美的弧线，高度概括了先民在追逐动物的精彩场面。史前先民用这种生动、流畅、运动且富有生命韵律

图2-35　内蒙古达尔罕茂明安联合旗夏勒口岩画《追羊图》

来源：《中国美术分类全集》编委会，《中国岩画全集》（北部岩画），沈阳：辽宁美术出版社，2006年版。

---

[1]　李泽厚，《美的历程》，北京：生活·读书·新知三联书店，2009年版，第45页。

美的曲线来表现物象的运动感。整个岩画中的人物线条刻画遒劲有力、意味深长，人物各个部位比例适当，且将人物急切跑动追猎的身姿表现得生动逼真，展现了北方游牧民族旺盛的生命力和风姿体态。

（2）先民用线条来呈现物象的质感。这种质感是先民为了表现人物或者动物与某种场景仪式相契合的状态或者物象的内在精神实质而形成的某种视觉幻象。他们一般采用美术元素来呈现这种质感，如线条、色彩、点、空间等。在广西花山岩画，人物形象均呈现蹲式的蛙形，整面崖壁都填充着庄严而又古板的舞蹈动作。这个动作是先民将蛙神视为心中无比崇敬的物象体现。岩画人物图像的动作充满着神秘、恐惧、敬畏、祭拜和沉重的巫术风尚，如先民运用等粗线条构成的蹲式结构。这种等粗的线条给人的感觉较为呆板和僵直。祭拜神要有真诚的心，表现在视觉上就是要追求古板。在一些狩猎的岩画中，先民为了表现能够射中动物的情景，模拟再现了狩猎者悄悄地抓捕不被动物发现的情状，狩猎者的小腿和脚均采用折线的方式，腰部正直，不打弯，人物变小，动物形象一般会被狩猎者故意夸大。

通过上面的阐述，我们可以清晰地得知，史前先民运用极富有动感的线条去塑造物象的外在结构，他们通过这些曲折优美的线条去体现物象的运动感和质感。这些外部结构明显地将物象的身体面貌以及生命意识展露出来。这从一个侧面说明了史前先民对线条的属性拥有极高的理解能力和把控能力。

（九）史前先民在创作岩画形象的过程中，重视以线表意

线条作为一种工具或者媒介，它是一维性的，不存在什么意义。如果一条线被赋予某种情感和审美情趣，人们想借用线条去表现某种意义，那么，这条线就存在以线表意的功能了。

在中国史前岩画形象的创构过程中，先民利用线条对物象进行高度概括，凭着记忆对物象进行写生，但由于表现力欠佳，他们就用一些线条去表现某种意义，如生殖意义、狩猎巫术意义、祭拜意义以及祈祷意义等。在湖南乌龙尾岩画点上有大量用线表现的重圈纹和同心圆，这些抽象纹饰在连云港将军崖、具茨山、阴山以及贺兰山等地多有出现。这种图像所呈现出的意义是多样的，如星空崇拜、水纹、生殖崇拜以及日月崇拜等。

（十）中国史前岩画中的太阳神人面像体现出线条的塑造物象的功能

在史前岩画图像中，任何一个岩画作品都是以线的方式呈现在我们面前的。这些富有形式化和秩序化的曲直线条所勾勒出的形象，充分表现了原始先民内心的精神幻象和需求。南北方任何一个岩画点的太阳神人面像，均用不同形态的粗细、长短的线条将人和太阳相结合，运用"宽窄、刚柔、缓急"❶变化的线条去刻绘太阳的圆圈和外面的光芒射线，从而塑造出一个伟大的神灵——太阳神。在桌子山召烧沟岩画区，有的太阳神的圆圈内又套有两个粗细不同的圆圈；在贺兰山贺兰口的太阳人面像《头饰羽毛形象的太阳神》（图2-36），原始先民运用粗细不等的线条勾勒出放射的光芒、头型、瞪得圆圆的大眼睛、有饰品的鼻子和龇牙咧嘴的大口，在人脸外部用线条又勾勒

图2-36　宁夏贺兰县金山乡金山村贺兰口岩画
《头饰羽毛形象的太阳神》
来源：《中国美术分类全集》编委会，《中国岩画全集》
（西部岩画1），沈阳：辽宁美术出版社，2006年版。

了一个半圆圈，好似王冠。先民用波折线描绘人面像耳朵下面的装饰物，整个图像线条沉稳，具有高超的运笔秩序性。它所构成的形象体现出一种对生命精神的外部感知。在连云港将军崖的岩画中，原始先民使用麦穗造型刻绘太阳神纹饰，线条起始点较粗，落点较细，中间的五官一般使用短的曲线。也有的图像属于写实化的艺术风格，这些线条呈现给人一种稚拙、飘洒、随意、简练的视觉效果。

综上所述，史前岩画对物象的线性塑造功能是史前先民"有意识地"通过"观""取""意"等方式对原始自然情景进行再现性的创构过程。他们以线造型，以线表意，这其中就蕴含着以静制动、以静寓动的节奏和韵律。他们以线条来体认和观照世界，对自然物象进行触物感兴与情感体悟。史前先民把不同属性的线条按照自身的要求对物象进行有意味的审美刻绘，每一条线都能体现出某种功能。他们往往忽略了一些物象上的细节或者色彩，用不同粗细、长短的线条将物象的结构、质感以及运动性特征鲜明地呈现出来。线条能够清晰、简洁地表现形象，他们通过线条也将物象的内在品质表现出来。用有生命的线条去创构"有意味"的视觉图像，使得先民能够创构出令后世惊叹的美妙形象，使后人能够以凝重、古朴、雄壮的感性思维去思考那个时代原始人类的主观情状和内心境况。在这里，物象的造型和作者的情思契合贯通。原始先民不但使用线条去表现物象的造型和意象特征，而且以岩画的线条来彰显对象"形""神"之间的关系。

---

❶　张晓凌，《中国原始艺术精神》，重庆：重庆出版社，1992年版，第262页。

二、线条的装饰性

线条作为一种媒介形式，在原始岩画中，是创构审美意象、表现情感和抒发先民情怀的重要方式。史前先民通过线条的盘旋、往复、曲直、疏密、重叠、流畅来反映内在的审美个性和情思变化，是先民表达自己对于美好事物审美的重要切入点。先民用那些灵活多变的、流畅婉转的并富有形式美韵律的线条去抒发审美趣味，他们所刻绘的每一条线都蕴含着自身对物象的抽象装饰意味，他们把线条进行各种形式的穿插和演进，借用线条自身的装饰性，去表达对美好生活的精神诉求。

装饰具有形式美意味，装饰是通过线条对某物的内外形体进行合理的修饰和添饰，以便使物象符合某种审美特征。中国史前岩画中形形色色的形象均呈现出不同程度的装饰性。其中大部分岩画均使用夸张、变形、添加、美饰等方法对现实物象进行线性勾勒，因而会呈现出一定的规则化、几何化或者单纯化的形态。那些看似生动而又栩栩如生的岩画形象实际上形成于当时人们对"巫术"的信仰或者对现实物象的装饰需求。先民认为，这些主观"添加"的装饰元素有着特殊的象征意义，如某个氏族的图腾、生殖崇拜以及祭祀仪式等。因此，无论是在宁夏的贺兰山还是在台湾的万山岩画点，史前先民运用线条对现实物象进行装饰，都是经过先民加工并远离自然物象形态的。先民将线条作为个人审美视角的一个切入点，把先民内心深处的装饰基因充分调动出来，自由地对每一个物象进行别具特色的线性装饰。

（一）史前岩画中的线条本身具有独特的装饰性

先民对物象的装饰由来已久，这种装饰源于他们内心深处对物象在审美意义上的再造渴望。纵观南北方的岩画形象，大多数史前岩画图像由线条构成，并由线条组成各种各样的抽象图案，这些线条通过形式美的规律使其具有装饰性的语言。他们往往在形象的外轮廓之内进行装饰，这些装饰的线条既具有现实性，也是作者主观观念上的幻象，将似与不似的装饰线条书写在物象的身躯之上，便具有了审美化的视觉审美意味。先民用复杂的线条在不影响功用的情况下，在物象上雕刻图案和动物形象来装饰他们的工具。如西藏日土县任姆栋的《逐鹿》岩画，画面中的鹿和豹子的形状均采用双线勾勒，包括四肢、鹿角以及细部部分。每一条线均伴有夸张和变形，且以相互缠绕的曲线对两类动物躯体进行修饰。鹿角用曲曲折折有节奏和韵律的线，以写意的手法描绘出来，线条粗拙，但充满图案化。鹿的肩部和臀部以螺旋线进行装饰，螺旋线均向里弯曲，打破了鹿躯体脊背给整个造型带来的呆板，给人以美的享受。在鹿群中还有一只小鹿，它的躯体上刻绘了一个横向的"S"造型，灵动而又美丽，富有装饰感。

　　史前先民在动物躯体内进行线性装饰常常使用曲线和直线，其中曲线在躯体外，直线在躯体内。还有一部分图像以波折纹和曲线相结合，在动物躯体内进行等比例分割。如内蒙古乌拉特中旗呼鲁斯太尔苏木地里哈日的鹿岩画，画面中用精妙的笔触磨刻一只静静肃立的鹿，用直线对鹿的全身进行等比分割。鹿躯体内的装饰线是根据平面造型方式进行的，而不是将里面的装饰内容磨刻成弧线。鹿的腹部装饰线是垂直的，鹿的脖子则用横线装饰，显然这种画法倾向于表现平面化的视觉效果。

　　先民在动物躯体内直接使用直线对物象进行不等比例的分割装饰。在物象的轮廓内分割成面积不同的几小块，在每一块大小不同的面积范围内用线条勾勒出不同的形状，如直线、圆线、弧线以及自由线条等。每一个物象的躯体经过线条装饰后形成了疏密有致的特性。如青海大西沟岩画点的《群虎图》，作者用垂直线、斜线对躯体进行分割，分割的造型有方形、梯形等不同形态。

（二）中国史前岩画中的线条装饰主要基于先民对物象的细致观察和审美体悟

　　史前先民主动提炼物象的线条，他们把自己的情感带入岩画形象的审美建构中，将现实物象中的形状与自己的情感相结合，利用线条对这些形状进行情感装饰。在西藏的一些岩画中，先民往往在牛羊等动物的身体上装饰一些类似于"S"形纹饰，或者在动物身体的后部加一些漩涡纹饰。这种涡旋纹饰是经过双涡旋纹简化过来的，纹饰的线条由原来的拙笨演变为比较自由流畅的"〰"纹饰，鹿的躯体内只有这一种纹饰。老虎身上的纹饰略显复杂，有网格纹饰、竖线纹饰以及自由纹饰❶。如云南丘北县狮子山岩画点上有一幅岩画（图2-37），整个画面洋溢着弧线装饰的美感。画

图2-37　云南省丘县北狮子山岩画

来源：《中国美术分类全集》编委会，《中国岩画全集》（南部岩画2），沈阳：辽宁美术出版社，2006年版。

---

❶　张亚莎，《西藏的岩画》，西宁：青海人民出版社，2006年版，第189页。

中鸟和树的形态均采用大量的曲线勾勒，包括鸟的羽毛和树的叶片部分。树的叶片运用流畅的弧线，将叶片加以装饰化和图案化。每一条弧线均是半弧状形式，简约而又生动。鸟的头部和翅膀以及尾巴均采用弧线，弧线内蕴着节奏和韵律。每一条线均伴有粗细的装饰变化，使得线条之间形成宽窄不同的空间变化。树干均采用了波折线条，呈现"S"形，直线与曲线对比，在每一个局部区域内的线条均呈现双线对称，粗中有细，细中带粗，鲜明地反映出作者对于树和鸟的一种对比观照，整个画面充满着强烈的弧线运动感和装饰性。

（三）史前岩画作者凭借着对线条的高度概括来呈现线条的装饰性

中国史前岩画强调以线作为主要方法去塑造岩画形象，强调作者对现实物象的意象概括。南北方岩画中的任何一幅，都包含着概括与夸张这两个因素。史前先民对物象首先进行概括，省略那些细枝末叶，找到事物最本质的线，去粗存精，把每一个物象最精致的地方用线条进行装饰。这样，经过作者概括的线条包含着主观的审美情趣以及对物象的领悟。其实，再造的岩画图像已经超越了原有物象的形、色、貌，内蕴着作者主观夸张的因素。如大麦地岩画点中有一幅人骑动物的岩画，画面中的人与物都是被作者用弧线和直线加以高度概括，他们运用变形、节奏、对称、夸张等艺术手法，创造出以线为介质、形象生动、装饰语言强烈、手法简约的动物形象。动物身躯中的内弧线将动物的脊背高度概括出来，线条流畅而又规范化。四只脚被作者用折线高度概括。史前先民特别夸大了线条对腿的造型归纳。他们运用简练的线条勾勒出"心中"现实图景，将具有动感的弧线、波纹线寄于图像中，追求一种装饰性的意味。如西藏鲁日朗卡的岩画《马》，整个马的形象被富有装饰意味的线条包裹着，将马奔跑回望的动作以卷曲线的形式表现出来，很多马鬃毛飘逸的形状被作者用简约的几根卷曲线高度概括出来，一些长的鬃毛也被作者细致地归纳出来，马一边奔跑一边回望的动作被先民使用流畅的线条绘声绘色地描绘出来。

在概括的时候，先民主动对物象的某个特征进行局部的夸张，对线条的粗细以及动物纹饰的进行夸张。夸张后的局部被先民赋予某种情感意味。这种夸张是建构在对物象的概括之上的。如内蒙古阴山的一幅岩画《虎食驼图》，画面中遍布着具有夸张性的装饰波折线或者曲线。在画中，每一只老虎的形象与姿势都是作者对物象体悟的结果。作者将物象经过变形，夸张老虎的条纹，向我们呈现了装饰意味极其浓烈的生活气息，强化受众对原有老虎纹饰的视觉感受。

对史前艺术家来说，单线勾勒具有装饰风味的物象从来不是什么束缚。单线勾勒在史前岩画造型形象的创构过程中比较多，这些单线勾勒的物象促使我们基于功能的需求对其进行丰富的联想与想象。单线勾勒物象在一定程度上是先民对物象的形态进行删减，并提取具有本质的线条，将提取的线条进行装饰化的加工与处理。单线勾勒意味着线条的减少，并不是装饰的消失。相反，这种单线勾勒物象的形态是在固有的线条中加入了作者的审美情感和审美情趣，用华丽的装饰线条表现作者内心的意趣。简约线条的背后隐藏着单线重新抽象架构的问题。勾勒造型的同时，他们用单线在物象上进行抽象添加和装饰。每一个局部的线条应该添加多少，如何使单线得到更大的美化，都是先民要解决的问题。

如贺兰山归德沟岩画点上的一幅人面像，画面中有一个正面经过夸张和变形的抽象人面像，整个人面像运用单线勾勒而成，粗粗的线条将外轮廓显露出来，脸部的抽象五官则被细细的单线覆盖了。脸部五官的单线已经被先民作夸张变形处理，每一个局部的布置都凸显了先民按照形式美规律进行秩序化的排列。而且每一个局部都是先民根据整体的审美感受进行单线勾勒，抛开原有的物象进行自我主观化的线条组织。例如嘴巴下面的四个圆圈、腮部的两个半圆圈以及额头上的装饰线条等。

又如在西藏康巴热久岩画点中有一幅岩画《鹿》（图2-38），整个鹿的体长有三十五厘米，高三十厘米，呈奔跑状。鹿的全身使用婉转流畅、准确的单线勾勒。在鹿角上，先民运用单线将原有形状高度概括为有秩序的卷云纹图案，两个卷云纹一组，数个卷云纹横向排列，给我们呈现了一个头顶美丽花冠的动物形象。鹿的身躯也是使用单线勾勒，作者运用单线所勾勒的双涡纹将鹿奔跑时的美丽姿态呈现出来，简约而富有装饰性。

图2-38　西藏康巴热久岩画《鹿》
来源：西藏自治区文物管理委员会编，《西藏岩画艺术》，成都：四川人民出版社，1994年版。

装饰就意味着不同的形象利用空间的填充，将视觉范围限定在被装饰的形状之内。在贺兰山老虎岩画（图2-39）中，先民将参差不齐的线条进行各种各样的弯曲变化，将老虎的各个部位进行局部的设定和填充。这种填充只是对老虎的某个局部进行不同纹饰的外框设定，局部与局部之间的线条装饰存在着差异性。老虎的臀部以及肩胛骨处用圆圈纹饰进行装饰，而躯体则使用竖线或者几何线进行线性装饰。老虎身上"表面的图案不仅修饰形状，同时也重新界定

图2-39 宁夏贺兰山岩画
来源：李祥石，《世界岩画欣赏》，银川：宁夏人民出版社，2017年版。

形状的意义"❶。线条既填充了局部的空间，又覆盖了这个空间的视觉范围，这些被填充的形状也引起人们对这个局部的兴趣，正如奥莱格·格拉巴尔所说❷："装饰纹饰的本身可以是设计的主体……以某种装饰'填充'一个空间的概念与这种装饰覆盖物体表面各个部分而使之转化的概念不相同。在第一种情况里，作为填充物的装饰设计只是共享承载物体本身的意义；在第二种情况里，装饰可以改变载体最终的功能。"因此，线条不但塑造了某一个区域的造型形状，而且限定了视觉范围，拓展了线条本身的装饰功能和装饰语意，将原本的线条装饰性幻化为空间占据、视觉范围、载体功能等多种话语体系。

总之，中国史前岩画的线条装饰性是先民利用不同的技艺和塑造手法把线条的装饰概念呈现在岩石表面，它更是一种被先民抽象化、几何化和风格化了的图案形式。可以说，线条是体现岩画审美特征的重要媒介，更是岩画审美内涵的延伸，每一幅岩画作品均在物象的躯体之内，利用曲线、直线以及波折线进行有秩序的装饰。任何一条线都是先民情感的体现和主观赋予，任何一个被装饰的物象都由不同属性的线条作为主体，线条的长短、宽窄时时刻刻牵连着主体的审美感受。从一定意义上来说，它是先民集刻绘、情感、感悟以及巫术于一体的图像修饰。先民把自己的审美观念通过装饰意味的线条来呈现，主动提取和夸张形象的某种特征，拓展物象内在生命精神的表现，发挥作者的装饰想象力，推动心灵与物象之间沟通的桥梁，物我贯通，以像显饰，以饰带像，从而形成的一种带有审美情趣和

---

❶ 巫鸿，《中国古代艺术与建筑中的"纪念碑性"》，李清泉，郑岩等译，上海：上海人民出版社，2008年版，第39页。

❷ Grabar Oleg. *the mediations of ornament*. new jersey: princeton university Press, 1992: 41.

生命意识的视觉装饰图案。从另一个角度也可以说，先民是把自己对美的追求和对物的体悟淋漓尽致地体现了出来。与其说线条装饰了岩画图像，还不如说，线条呈现了原始人类的心理和精神生活的世界，先民凭借着"有意味"的线条对再造图像的内外结构进行形式化的装饰，同时，将人的思维贯穿于物象再造的始与终，从而向我们表现出物象的种种形体姿态和审美趣味。

三、本节小结

史前岩画中的线条已经成为先民塑造物象形态最重要的方式。先民在塑造物象过程中，借用线条的概括和速写能力，抓住物象的主要轮廓和结构，凭借写实、抽象以及几何化的表现方式，对物象进行情感化的塑造，以线状物，以线写神，从而形成可视化强、线条意义丰富的视觉图像。它彰显了先民对客观世界各种物象、造型、动作的模拟与仿生。这些图像着意表现了物象最主要的局部，显然具有高度的概括性和抽象性。原始先民凭借着线条对物象进行有意味的装饰，使得画面中的图像超越现实造型，而又隐匿着艺术家的艺术处理。线条自身的长短曲直、软硬粗细均彰显了先民塑造物象形态的装饰功能。夸张物象的形态，主观赋予线条以新的审美意义，它向我们呈现了一个有意蕴、有生命、有情感、有温度的造型形式。在塑造物象过程中，他们注重线条塑造物象的形似，把物象的内外结构、质感以及运动感以线的形式进行有意味的塑造和修饰，线条不仅塑造了物象的艺术美，而且内蕴了史前先民自身的情感元素和审美诉求。

第五节　本章小结

综上所述，线条是中国史前先民塑造物象和寄托情感的外在物质化延伸，更是一种被先民抽象化了的构图工具。先民在创构形象的过程中，使用流畅的线条对物象进行简约、具象、抽象的塑像，这种塑像是对物象的摹写或高度概括，或者说它是物象自我生命的外在表现，给我们呈现了传神、简约以及流畅的审美特点。"它们或粗犷有力，传达出英武刚劲的人物感觉以及极具震慑力；或单纯率性，让人感到不拘小节，显得大气干练。"❶史前岩画图像总体上给我们呈现了先民高超的线条概括能力和独特的造型观念。原始先民通过线条的虚

---

❶　朱志荣、张岚，《中国岩画的线性特征》，《艺术学界》，2009年第1期。

实关系去塑造其想要的空间性，将线的生命特性贯穿于整个画面中的形象，并凭借技术和媒介彰显出清秀拙朴的艺术风格。

中国史前先民们对物象进行高度概括，以直线和曲线基于审美视角对物象进行抽象写意，主观赋予线条以新的意义，以突显以线写形、以线写神、以线传神的功能特征。他们利用简化了的线条高度提取物象表面的某一个局部元素，对物象的结构和形式进行外观展示，并将内在的结构与整体造型有机结合，从而更深层次地探求物象的内在神韵和生命精神。显然，这是先民的生命物态化的表现。同时，把宗教巫术内嵌于被物态化的视像之中，充分体现出造型的简约性和概括性。图像之上的任何一条线都是先民主体生命精神的重要标志。先民们将线作为一种认知方式和一种象征符号，把大胆取舍之后的物象线条涵容在内心深处，以心体物，以线显像，从中体现出他们具有高度的概括能力和抽象能力，给我们呈现了一个贯通宇宙生命本体的、展示形象面貌的、生动表达作者观念的"有意味"的线。

第三章　史前岩画造型的审美特征

　　史前岩画创作者不仅将中国史前岩画造型的创构看作情感物态化和审美创构的体现，而且将其当作史前岩画形象展示自身审美物态化的重要契机。通过造型，我们才能认识到岩画中的不同表现母题，把握造型所体现的审美特征，从而更好地去领会先民所要表达的内容和审美意义。原始先民凭借着简约的点、线、面等元素，准确地去刻绘他们自身无法用语言表达的审美形象。严格地说，任何岩画造型都是原始宗教巫术意旨的外显，其中内蕴着丰富的原始神话思维和精神信仰，因此，作为创作者的先民不但通过造型去传达巫术带给自身的力量，更是用视觉的造型之"象"传播"意"，即通过那些被简化或抽象的造型图像阐释内心微妙的审美情感变化和某种精神诉求，这在很大程度上体现了原始先民朴素而稚拙的审美观。

第一节　造型形态

　　中国史前岩画中的各类母题形象拥有千姿百态的造型形态，这些造型形态均是先民对原始宇宙与灵魂的一种深刻体悟，先民凭借这些造型形态来呈现史前社会的各种物象。他们以某个造型形态为依托，凭借岩画符号主观生成对外物的神秘象征意义，这对我们深入了解史前社会的各类人文情状起到一定的指示作用。这些造型形态大多是日常所见到的，如人物形态、动物形态以及植物形态，这些形态都寄托着先民的某种生活诉求或精神需求，也蕴含着丰富的原始巫术信仰和思维。

一、人物形态

　　人物形态在中国史前岩画造型中占有很大的比例，从北到南的各大岩画点上，均呈现了不同地域特色的人物造型形态，只不过这些不同的部落人物造型形态内蕴着不同的构形和表现式样。这些人像造型大多由线条和块体正面刻绘而成，在表现形式上动静糅合，使每一个人像的造型都呈现出写意性的审美意象化艺术风格。同时，由于这些人物形态具有鲜明的抽象化审美特性，当这些内涵丰富、象征意义明显的人物造型形态与其他造型形态结合时，便导致了南北方岩画在人物造型观念方面的巨大差异。这些人物造型形态往往充当着人与植物、人与动物、人与自然现象以及人与天神等自然万物沟通的重要桥梁和媒介，图像上的每一条线都彰显着先民对宗教巫术的渴望与拜祭。无论在何种岩画母题之中，人物造型均被赋予宗教的、反映现实生活的审美内涵，它们凭借这些人物形态去呈现史前先民自身的美学观念和宗教理念，以及对自身社会地位的高度认可。

（一）史前岩画中的不同人物形态均呈现出不同的造型图式

在中国史前岩画的各类造型形象中，人物形态表现得十分丰富多彩。早期的这些人物造型大多通过极为简略、写意、夸张的形式展现出来，很少一部分则直接地、细致地、完全照搬现实形态去塑造人物形象。岩画中的人物形态一般可以分为几种：狩猎人、放牧人、骑马人、尾饰人以及舞蹈人等。创作者将自己主观的意志、情感以及绘画喜好添加到这些造型的塑造过程之中，使之形成具有几何化、符号化、抽象化、图案化的人物形态。

狩猎者大都集中在北方和西南部地区，人物造型大都采用单线勾勒的形式，造型简约，生动逼真，大部分的这类造型均呈现一触即发的瞬间姿态。在人物形态的刻画上，一般把两腿叉开，一前一后，一手持弓、一手射箭，从而使整个画面产生了极其强烈的审美特征和矛盾冲突。

放牧人的造型一般都经过夸张性和简约化的艺术处理，人物造型往往由几笔线条生动地呈现出来，创作者用一条直线将人物的双臂描绘出来，用一个"人"字将人物的躯干和双腿表现出来，使整个造型具有强烈的艺术感染力和视觉传播性，整体上给人一种动中有静、秀外慧中的感觉。

骑马人造型大多呈现为侧面像，由单线的形式将轮廓勾勒出来，写实和抽象技法均有。最重要的是，由于骑马人和马之间存在着遮挡和被遮挡的关系，先民们没有刻意回避这一问题，而是将被动物躯干遮挡的部分形同没有被遮挡，依然用线将被遮挡的部分刻绘出来，形成一种前后叠压关系。

尾饰人物造型与其他的人物造型一样，也具有简约的造型式样，但是，这类人物在使用线条勾勒外形轮廓时，在双腿之间会增加一个尾饰，这条线一般与小腿的长度相当。

舞蹈人物造型大多出现在广西花山、云南沧源、甘肃黑山四道鼓心沟（图3-1）、福建仙字潭等地区，这些人物造型大都呈现出几何化的造型审美式样，有的使用倒三角形来代表人物躯体，有的使用粗线代表人物躯体，并通过粗线的艺术形式将先民的舞蹈动作粗放地表现出来，他们的双腿均呈现外翻或弯曲，双臂则表现为上举或下垂的动作姿势，从而形成了一种对史前生殖巫术崇拜的造型表述。

（二）原始岩画中的人物整体造型姿势多取正面像[1]

因为正面像不但可以清晰地表现出人物的双肩、双腿的对称，而且可以将人物的服装、配饰以及典型的局部特征呈现出来。最重要的是，正面像可以将现实中的人物形象所做的各种姿态在岩画中予以正面的再现，它不仅能真实地呈现早期人类的活动现场，而且更能彰显史前人类对身体完整性的重视。在某种程度上，史前岩画中的人物正面造型是出于某种宗教虔诚的崇拜，他们将这种正面性的人物造型作为一种"仪式"

图3-1　甘肃省嘉峪关市四道鼓心沟
舞蹈岩画

来源：《中国美术分类全集》编委会，《中国岩画全集》（西部岩画1），沈阳：辽宁美术出版社，2006年版。

或者一种召唤神灵的"符号"，通过这种正面的造型去体现对神的恭敬和敬仰。宗白华说[2]："正面画多与观者相对，与观者发生关系，又含有做作状态；……正面画像的眼光，为观者眼光所阻，故其眼光极为近的。……正面像表现active之状态，眼光与观者相接触，能振动观者意志。"宗白华先生是从正面像与观者之间的视觉关系来论述，正面呈像可以使图像对观者形成震撼的视觉艺术效果。

著名的心理学家鲁道夫·阿恩海姆在《艺术与视知觉》一书中说[3]："人体

---

[1] 王仁湘在他的著作《凡世与神界：中国早期信仰的考古学观察》中说："中国古代存在两个方位系统，一是以正、面（中轴）定向，二是以维、隅（对角）定向，可分别称为第一和第二方位系统。"王仁湘，《凡世与神界：中国早期信仰的考古学观察》，上海：上海古籍出版社，2018年版，第115页。基于其分析，正面的造像模式自古就有，先民所塑造的正面人面像也有可能与太阳正面形体有关。他们崇拜太阳，就要以正面的形象来面对太阳神，以示尊敬。

[2] 宗白华，《宗白华全集》（第一卷），合肥：安徽教育出版社，1994年版，第569页。

[3] 鲁道夫·阿恩海姆，《艺术与视知觉》，滕守尧、朱疆源译，成都：四川人民出版社，1998年版。

的整体结构特征，大致上可由从正面看到的样相暗示出来……因为所有本质的东西都预先由正面形象揭示出来了。""多数物体的某些方面最为直接地表现出来。譬如，一个人的正面像，就能展现出这种特征。"盖山林先生在《中国岩画学》一书中认为❶：岩画艺术家极力促使自己的视线与被观察之物保持垂直性，所以，原始先民常常以侧面来表现动物，以正面去呈现人面或者人物的造型形态。由此可知，史前岩画中的人物给我们呈现了"艺术品呈正面形地朝向我们，它的身体僵直地向上，四肢固定在从头部伸展出来的平面上。这一形象通常不'做'什么，只是一味地凝视我们"❷。它既体现了原始先民对自然物象的一种直觉特征把握以及对画面形象的直观性表述。

在内蒙古曼德拉山、西藏其多山洞穴、大麦地以及云南沧源岩画点，原始先民用简约的线条和块体结构对人像的正面进行刻绘，每一个正面的人像都是先民对现实世界的体悟。这些被刻绘出来的人物正面形象均处于画面的居中位置。

正面人像一般为站姿，强调神具形简，规整划一。正面人像的躯体被创作者意化成为粗细不等的线条或者半抽象的几何造型，人物形象从头到脚均使用同一种色彩或者底纹，省略图像中的一切细节，将躯体刻绘成平面剪影，局部的特征用一条粗线来表示，形象的左右均呈现出一种对称性，人物的各种动作姿态依靠物象的外在轮廓来呈现。每一个正面人物形象均是艺术家发挥主观能动性对其进行宗教和审美意象化的塑造。它也体现了史前人类对特定形象完整性的审美诉求。如内蒙古阿拉善厢根达木苏木松鸡沟的《面具》岩画（图3-2），这幅作品是新石器时代雕刻的，全幅由五个正面面具构成，每个面具尽最大可能用椭圆形来表现正面性，在正面像的

图3-2　内蒙古阿拉善厢根达苏木松鸡沟岩画《面具》
来源：《中国美术分类全集》编委会，《中国岩画全集》（北部岩画），沈阳：辽宁美术出版社，2006年版。

---

❶　盖山林，《中国岩画学》，北京：书目文献出版社，1995年版，第247页。

❷　简·布洛克，《原始艺术哲学》，沈波、张安平译，朱立元校，上海：上海人民出版社，1991年版，第83页。

内部结构中，五官复杂多变，造型多呈现几何化式样，充分体现了史前先民的高度概括能力，也彰显了人类对于各种自然神的巫术崇拜。又如云南沧源岩画《捕猴》，画面中的人物形象呈现正面性，双臂平伸，好似在轰赶动物，两腿交叉，躯体被创作者演化成倒三角形，而与之形成对比的是两条比较纤细的腿，这些正面人像均使用单一的红色去刻绘，躯体内在的感性细节都被作者省略，形成一种剪影般的平面视觉效果。

（三）原始岩画中的人面像造型也取正面像

人面像岩画，顾名思义，就是以人的面部为主要刻绘对象，在结合不同物象特征的基础上，呈现出的不同母题崇拜造型，如太阳神人面像、生殖神人面像以及天神人面像等。王仁湘将这种史前艺术中的人面像称为"神面旋目"❶。在这里，不管何种母题的人面像造型大多集中于中国北部岩画点，如贺兰山、阴山以及阿勒泰山地区。这些地区的人面像均以正面的造型式样呈现，表达了先民对生命精神的深刻体悟和崇拜之情。正面性的脸部刻绘不但可以产生一定的视觉效果，使受众产生某种联想和想象，如神圣、庄严、神秘或恐惧，也可以通过这些正面人面像来达到"对自然的同类和支配作用"❷。

这些正面像的五官由创作者以自己的绘画方式清晰地刻绘出来，有的表现为具象，有的表现为抽象，五官大多被放置在一个类似于圆的造型之中，当然，也有的刻绘在方形、心形以及不规则的几何造型里面。他们严格地按照正面五官的位置进行写意刻绘，不求逼真，只求用流畅的线条将五官的正面造型意象地表现出来。一般来说，上面两只眼睛和下面的嘴巴形成倒三角形的几何形式。几乎所有的人面像都把两只眼睛以不同的几何形式呈现出来，很少进行单眼的刻绘。由于这些人面像的五官均放置在类似于圆圈或其他几何形内的中间位置，有的偏左，有的偏右，这高度体现了造型的规整性和对称性。总之，每一个五官的造型虽然保持了正面人面像的特征，但是，他们的五官完全被创作者拟人化了，每一个正面人面像均呈现出以形写神、似与不似的写意造型观念，他们不注重五官正面的细节，而是从人面像比较有特色的情感视角进行描述，将五官给创作者的审美感受自由地、随意地书写出来，整体上呈现出正面人面像的喜怒哀乐就可以。

纵观南北方太阳神人面像岩画的面部五官，先民力图将物象最具有特征

---

❶ 王仁湘，《凡世与神界：中国早期信仰的考古学观察》，上海：上海古籍出版社，2018年版，第62页。

❷ 曹院生，《正面人面像之起源研究：以原始时期至先秦时期美术图像为分析时段》，《艺术百家》，2008年第2期。

的正面形象与结构作为主要的视觉部分呈现给受众。原始先民在岩石上刻绘太阳神人面像的时候，由于受到岩壁、工具以及造型方法的束缚和制约，只能抓取人物的正面视角来刻画。况且，侧面的造型不利于人们对于太阳神图像的自我诠释或者图像崇拜，于是，他们"极力使自己的视线与视察对象最富于特征的面保持垂直，因此，表现动物悉作侧面形，而对人面和人物悉取正面像"❶。

原始太阳神人面像面部大多数呈现为正面视角，脸部的外轮廓呈现正圆、方形、椭圆的造型，射线长短一致。他们始终将眼睛的双圈、鼻子和嘴巴放置在脸部的中心，眼睛有的运用双圆圈、拱形、点表示，也有的使用抽象的线条在额头的下方画一下，鼻子使用正圆、竖线或点来代替，造型宽博而又厚重。也有的太阳神人面像就只画出太阳的形象，这种呈现方式是对各种五官表情的摄取和描绘。例如连云港将军崖的太阳神人面岩画，不管写实的还是抽象的太阳神人面像，总体都是朝向前方，因为只有正面才能显示出崇拜物的某些关键特征。正像"昊"作"杲"，正面人形站在太阳下一样❷。贺吉德在《贺兰山岩画研究》中指出❷："从其面部形象来看，均作正面形，刻画有眼睛、鼻子、嘴巴，与人面相类，但一般没有表情。"乌海市桌子山的太阳神人面像符号（图3-3），脸部为椭圆形，眼睛和嘴巴均被原始先民有意正面化。连云港将军崖的人面像，在一个个圆圈之中，由先民利用直线将五官的正面形象刻绘出来。

不管原始先民将正面的五官造型如何抽象，它们始终都保持着太阳神人面像的正面呈现。如桌子山召烧沟太阳神人面像岩画，画面的脸部为正面呈现，在脸部中央有被面具遮住的眼睛和鼻子，在鼻子下面有"皿"字形的嘴巴，在脸部的外轮廓有长短一致的辐射线，头顶上有一个装饰物。在这个图像中，原始先民尽最大的努力将他们自身

图3-3　内蒙古乌海市桌子山岩画
来源：《中国美术分类全集》编委会，《中国岩画全集》（北部岩画），沈阳：辽宁美术出版社，2006年版。

---

❶　盖山林，《中国岩画学》，北京：书目文献出版社，1995年版，第247页。

❷　贺吉德，《贺兰山岩画研究》，银川：宁夏人民出版社，2012年版，第163页，第162页。

认为的最具特色的正面人物特征通过点、线、面等元素表现出来，以通过这种正面性的视觉效果来展示和讴歌先民的生活场景和精神情感世界。

正面性的图像给先民提供了一种具有图腾崇拜的功利表现。法国学者列维-斯特劳斯在《图腾制度》一书中指出❶，原始图腾所呈现的图像具有正面的功利利益，"或者相反，像'鳄鱼'或'苍蝇'这样的图腾，也许代表着某些危险的和讨厌的对象，具有负面的社会利益。"例如，在巴蜀地区的原始象征符号中，先民将甲鱼、青蛙、蝉、螳螂等正面图像简化为符号，把这些符号当作对物象的崇拜或者氏族图腾信仰，目的就是让先民凭借着正面图像来领会某个图像的积极功利意义。这些正面形象所呈现出的不同风格意蕴都具有正面的功利性，即祈福纳祥。

在岩画世界中，有的人面像是为了展示部落首领或者巫师沟通天地的通神能力，而这些人物在氏族中威望极高。"当人们对头领的卓越才能做不出合理解释的时候，便很容易把幻想中的图腾的无限神力和头领的伟大功绩联系起来。"❷ 红山文化中的女神雕塑，正面呈像，先民将神秘性和权威性融入其中。而在连云港将军崖中的老祖奶形象，整个雕刻形象高90厘米，宽110厘米❸。有的学者认为这一形象是女娲❸，还有的学者认为它是天神（太阳神）❹。我们认为这个正面人物形象就是体现氏族部落最年长的"老祖奶"的形象。这个形象可能是老祖奶正在率领众成员进行祭拜活动，为了展示老祖奶在大家心目中德高望重的形象，将老祖奶的形象作为整个氏族部落一种吉祥喻义的化身，将对神灵的崇拜和祈祷赋予这个具有神秘意义的正面图像之上，凭借这个形象来护佑整个氏族成员，从而展示出史前先民对图腾形象的顶礼膜拜之意。

史前先民为什么将人面像刻绘为正面呈现呢？一方面，史前先民想要把一个物象的视觉结构原原本本地呈现出来，就必须从对象的正面视角来考虑，忠实地模仿和再现原有物象的真实形状，只有这样才能呈现出外部物象的原本面貌，也更能表现人类的双肩、双腿等局部对称性。另一方面，史前先民有意识地对正面人物的刻画是基于人类的自尊，岩画中的正面神灵图像表示人对神灵的虔诚崇拜❺。

---

❶　列维-斯特劳斯，《图腾制度》，渠东译，上海：上海人民出版社，2002年版，第80页。

❷　管维良，《巴蜀符号》，重庆：重庆出版社，2011年版，第264页。

❸　《中国美术分类全集》编委会，《中国岩画全集》（南部岩画1），沈阳：辽宁美术出版社，2006年版，第91页，第94页。

❹　盖山林，《中国岩画学》，北京：书目文献出版社，1995年版，第76页。

❺　斑斓、冯军胜，《阴山岩画文化艺术论》，呼和浩特：远方出版社，2000年版，第268页。

（四）原始岩画中的人物正面形态具有审美直观性

中国史前岩画中的正面人物形态大多数保持正面性，这种正面性给我们直观地展现了人物的身姿、习俗、民族、社会地位以及此人物在整个部落中所承担的职责。他们要通过这些正面的人物像直观地呈现人物的风貌，例如佩戴的饰品、武器以及姿态所隐含的某种象征意义。如云南沧源岩画中的人物正面形态（图3-4），受众能以审美的眼光从这些正面的形象中直观地体悟到人物的形态、装束以及动作的激烈程度等。尽管他们均为正面性，但他们所穿着的衣服、发饰以及装束有着较大的不同。可见，这些形象各自体现的文化传统、民俗习惯可能存在着很大的差异性，这也反映了史前先民对于美好生活的向往和追求。

图3-4　云南沧源岩画
来源：盖山林，《中国岩画学》，北京：书目文献出版社，1995年版。

总之，人物形态是中国史前岩画形象中必不可少的一个形态元素，它在史前岩画的视觉世界中呈现为若干个多姿多彩的造型式样，这些造型式样大多正面呈现。每一个人物形态式样都与其母题有着关联，这也从侧面反映了在新旧石器时代，人类对于自身的社会角色认知明显提升。当然，也进一步也表明了人类在社会关系中占据着重要地位，并且，在不同的社会领域，人类的角色不断地被人类自身强化。这些正面的造型形态均体现了动态的人体特性和程式化的造型特点，人物造型呈现为平面化和正面化，创作者只勾勒人物外轮廓，凭借人物形态的大小、装束来表现其社会与身份地位，每一个人物形态都渗透着超现实的神性巫术观念。创作者把正面的人物造型幻化为记录某事的记事符号，或者用这类人物造型来寄托对神圣宗教仪式的遵从。

二、动物形态

动物是史前先民表现审美情趣的重要对象之一，动物形态在史前岩画中所占的比例也比较大，而且这些动物形态遍布在史前社会的不同地域，尤其以内蒙古乌兰察布和阴山、甘肃的祁连山和黑山、青海舍布齐沟以及宁夏贺兰山地区为多。南方以人为主要形象，动物形象相辅。如广西、贵州以及云南等地区，动物主要有马、鹿、牛、羊、骆驼、老虎、鹰、鱼等，其中前几种出现较为频繁。这些动物形象可以分为两大类：一是先民准确记录原始自然世界中的动物形状及其体貌特征；二是通过有关动物的意象形态来阐述动物自身所具有的象征意义。它们在每个岩画中都呈现为不同的姿态，体现着相异的内涵，并基于这些形态来凸显动物旺盛的生命力和生生不息的生命精神。这些动物造型给我们呈现出了一个丰富多彩、异彩纷呈的视觉画面。

（一）史前岩画中的动物形态均呈现出不同的造型式样

中国史前岩画中的动物造型图式一般可以分为以下四类：第一类是先民用一条线将现实中的动物主要结构提炼出来，用单线条来替代动物身躯的宽度，呈现出一种高度简约美和形式美。第二类就是用线条勾勒动物外在的形状，即沿着动物外在的形体刻画一圈，而躯体内的细节均被作者省略。第三类是用线条勾勒动物的外在轮廓，只不过躯体内的细节被岩画作者幻化为几何形。第四类是运用敲凿法对动物造型进行刻绘，图像的外在轮廓没有那么整齐，且经过敲凿之后的图像和未敲凿的岩石表面所呈现的质地不同。

（二）各个动物所呈现的形态具有写实、写意的艺术创作手法

写实是先民创构动物形态的重要手法，先民采用摹写、模仿等方式对动物所呈现的各具特色的形态进行描摹，使其尽量逼肖于自然。当然，这种写实的图像也是要刻绘在平面上的，只不过图像内外形体变化不大，可依据物象的基本原型和结构进行塑写。如内蒙古达里诺尔北砣子山的《骑马人》（图3-5），先民将客观现实中马的形态用写实的方法刻绘在岩石表面

图3-5　内蒙古达里诺尔北砣子山岩画《骑马人》
来源：《中国美术分类全集》编委会，《中国岩画全集》（北部岩画），沈阳：辽宁美术出版社，2006年版。

上，马的造型十分逼真，尤其是作者准确刻绘了马的整体形状、结构以及肌肉走向，那肥硕的臀部、胖乎乎的身躯和正在跑动的细腿给我们呈现了视觉上的对比。

写意也是中国史前岩画创作的重要手段和方式。南北方岩画中的各类动物的形态均使用了流畅和简略的线条去写意，将其刻绘成平面性的，动物的轮廓线既具有概括性又具有象形性。并且，这些动物形态的线条既不抽象也不具象，既基于现实物象，又对物象基于宗教层面的夸张和变形。因此，每个造型形态都没有逼肖自然，而是呈现出似与不似的造型意象美，利用高度写意的线条将动物的基本姿态和对象的某些主要特征"传神"地描绘出来。创作者强调动物形态给受众的第一审美印象，不注重细节，只是用自由、洒脱的线条把动物的主要结构和瞬间形态意象性地书写出来，从而使得动物形象"具有强烈的艺术感染力"[1]。这种书写造型不但渗透着作者对动物形态的审美情趣和生活体悟，以线塑形，充分展示了世界万物生生不息的生命精神，而且这种写意性的造型表现也成为中国传统绘画、音乐、雕塑、书法以及戏曲等各类中华艺术的重要表现特征。

（三）原始狩猎岩画中的动物形态大多取侧面形

美国艺术批评家克莱门特·格林伯格认为[2]："关注为三维视觉的每一个侧面都找到一个明确的两维对等物，而不管在这个过程中似真性将会受到怎样的伤害……它是平面这一物理事实，尽管与此同时它还得克服这种公开的平面性，因为……还要继续描绘自然。"史前岩画中的任何一个物象都拥有一个区别于其他物象的特征。如牧鹿，要想表现它的特征必须从侧面着手，因为侧面像本身有着自身独特的结构和特征：向后弯曲的角和矫健的身姿，更能给人呈现出动物区别于其他物象的本质特点。

E. H. 贡布里希认为[3]："画动物的侧面图比画它的正面图容易。"他又说[4]："原始的艺术家……从正面再现人体，从侧面再现马匹。"当然，中国原始

[1] 宁克平，《中国岩画艺术图式》，包青林绘图，长沙：湖南美术出版社，1990年版，第15页。

[2] 克莱门特·格林伯格，《艺术与文化》，沈语冰译，桂林：广西师范大学出版社，2009年版，第86页。

[3] E. H. 贡布里希，《秩序感》，范景中、杨思梁、徐一维译，长沙：湖南科学技术出版社，1999年版，第269页。

[4] E. H. 贡布里希，《艺术与错觉：图画再现的心理学研究》，林夕、李本正、范景中译，长沙：湖南科学技术出版社，2000年版，第13页。

先民不是太喜欢从侧面勾画动物，更不理解从侧面观看形象，他们认为[1]："一只角会挡住另一只角的某些部分，一只脚也会挡掉另一只脚的某些部分，他要求'完整'，结果恰恰失去了艺术上的完整。"因此，原始先民绝不会放弃任何一个能表现物象主要特征的面，同时利用这个面去呈现他们自身的情感祈愿。在内蒙古巴丹吉林、新疆博斯坦牧场以及甘肃霍勒扎德盖等岩画点，各种动物形象均以侧面呈现。

图3-6　内蒙古阿拉善右旗曼德拉山岩画
来源：范荣南、范永龙，《大漠遗珍：巴丹吉林岩画精粹》，北京：文物出版社，2014年版。

不管动物在跑动还是处于静止状态，原始先民大多只能刻绘出动物一边的形象，但也有的动物被刻绘出四条腿和两个角，他们主动省略动物侧面躯体内的一切感性物象，用侧面的一半形象来代替另外一半。这样，动物的双腿和双角就产生了彼此的重合现象。如在内蒙古曼德拉山岩画点中的一幅岩画（图3-6），创作者运用磨刻的技法形象地刻绘了十一只动物的形象，画面中的动物造型均为侧面，剪影式样，从动物的头部到尾巴都能清晰分辨出动物的种类和长度。这种刻绘强调简洁和明朗，因此羊的四肢由于空间透视问题只能看到前后两条腿，整个动物造型呈现出简练、生动有趣的视觉效果。先民通过动物的侧面造型来诱发主体对于现实物象的情感和想象，它以一种物我交融、体悟外物的二维感性活动充分彰显原始先民对于生命精神的崇敬和超越。

动物的侧面形态具有简约化的审美特征。在整个中国史前岩画的动物题材中，有一部分是运用简略化的轮廓将其形体快速勾勒出来，线条均呈现出洒脱和自由化的审美意象性。这种较为简约化的线条大多是先民使用划刻或磨刻的技法来实现的。还有一部分的动物侧面形态是先民直接用敲凿的技法在岩石上雕凿而成（图3-7），动物身躯要区分于周围岩石的色泽或质地，比如动物的

---

[1]　朱狄，《原始文化研究：对审美发生问题的思考》，北京：生活·读书·新知三联书店，1988年版，第272页。

图3-7　内蒙古阿拉善右旗曼德拉山岩画
来源：范荣南、范永龙，《大漠遗珍：巴丹吉林岩画精粹》，北京：文物出版社，2014年版。

宽度和高度都使用面的形式展示出来，先民就在动物身躯内进行簪刻或者磨刻。不管是用线条呈现动物的轮廓还是用面直接呈现动物的侧面形态，两种侧面形态均显示了较为简约化的审美特性，省略了动物身躯内的各个细节，只保留一个边缘粗糙不规整、似与不似的动物造型形态。

总之，动物形态的岩画是中国史前岩画最重要的部分，它体量之大，造型之多，姿态各异，题材广泛，令人称奇！史前先民把现实的动物形态意象化地书写成具有简略化和侧面化的造型形式，既抽象又栩栩如生地展示了动物具有生命意蕴化的视觉形象。图像中的每一条线都包含着原始先民对动物形态的审美观照和情感诉求，每一笔都内蕴着先民对动物造型的深层体悟。先民们通过对动物形态的塑造，将创作者所共有的一种动物情结强烈地反映在岩石之上，他们所刻绘的每一个动物不但是先民对现实生活的真实写照，而且蕴含了先民对动物自身所具有的象征意义的物态化表达。

三、植物形态

在中国史前的岩画中，植物形态的岩画主要分布在连云港将军崖、云南丘北以及宁夏贺兰山北段等地，有麦穗、禾苗、稻子、树、花卉以及其他种类的植物。这些植物形态均用简笔线条正面或侧面刻绘，以极为流畅的线条将植物形态旺盛的生机与活力表现出来。它既是岩画中的一个分类，又充当着社会生物链的一个部分。岩画中所出现的植物形态，标志着游牧文化和农耕文化的和谐交融，原始先民与自然世界的和谐共处，并形成了一种关爱个体生命成长的象征性意义。他们想运用这种具有地域性的植物形态，从某个方面提取生活内涵和象征意义，在植物形态基础上建构一种对新生活的美好希冀和叙事话语权，强调植物形态所具有的图腾崇拜意义，特别是"每个族属借以图腾物作为自己的祖先、保护神、徽号、标志和象征"❶。同时，这类岩画图像，既能把当地的风情风貌形象地展现出来，又能借用这种植物形态，对个体生命与灵魂给予深切的外在形式的关注和赞美，并寄情于先民对史前自然生活的深层次探讨。

（一）植物形态呈现不同的造型图式

在史前岩画形象里，任何植物形态均使用写意的方式进行表现。树木一般表现为一个主干，有直的，有弯曲的，在主干的两边开始分叉，在分叉的树枝上有叶子或花卉，有的叶子被刻绘成数条弧线相互包裹，而整个树是以线来描绘的，形成装饰性的视觉语言。有的植物形态是以单个图像而存在的，也有的与动物或人物搭配形成一个图像。在连云港将军崖的岩画点上，先民刻绘农作物的时候强调形态的直线几何性，将农作物中的曲线主观取直，因此多数农作物形态呈现为几何形。先民在刻绘枝叶的时候，重视对象两边的对称与均衡的视觉力量，他们往往在植物的中间刻绘一条粗线，在粗线的两边刻绘向外放射的脉络，这一点可以在贺兰山的石炭井岩画点中找到例证。

（二）植物形态呈现了鲜明的造型方式

首先，从连云港将军崖以及云南丘北狮子山的植物岩画形态来看，史前先民借用线条对植物轮廓进行简约式的塑造。先民将叶子和树茎概括为一维的线条，用线条直接描绘树茎和叶子的外部轮廓，把植物形态中生机盎然的向上生长姿态呈现出来。如云南丘北狮子山的植物形态岩画《树与人》，创作者运用线条中的弧线形式，以一个点向外延伸，树叶的摇曳和树干的造型都运用似与不似的线条概括出来，创作者没有考虑叶子上的脉络，更没有考虑树干的粗细变化，而是自由绘制，从而使其形神兼备，似与不似，动静合一。

其次，植物形态岩画采用几何化的造型方式。几何造型有利于植物形态呈像更加快捷，更加容易辨认。如连云港将军崖岩画，图中凹刻的是老祖母或者氏族部落首领，他们的身体与农作物紧密相连，创作者也将植物人格化了。"那些瞪大双目的小人头像，围拢在那幅最大的人面像四周，俨然一个大家庭的子子孙孙们团聚在老祖母的身边。在原始人看来，植物也像人一样，有生命、有思想、有父母、有子女，代代相传，繁衍不息。"❷画面中明显地洋溢着先民对植物图腾的崇拜。创作者将一些农作物作为画面的一部分，说明史前人类重视农业经济，并依赖农业作物作为他们的生活保障，而画面中被几何化的

---

❶　李祥石，《解读岩画》，银川：宁夏人民出版社，2012年版，第146页。
❷　陈兆复，《中国岩画发现史》，上海：上海人民出版社，1991年版，第210页。

禾苗就是对现实物象的主观取像。

最后，岩画中的植物形态均呈现站立状态。植物具有旺盛生命力，要用直线或直立的物象形态来表示，直立的形态象征着物象的苗壮成长和生生不息的内在生命精神。连云港将军崖和云南丘北狮子山上的禾苗和树岩画形态，画中的植物形态均为正面直立，而直立的植物形态很容易刻绘出对象的具体特点，同时利用线条将叶子的成长形态准确地予以装饰。岩画中的不同植物造型都是史前先民们取材于现实场景中的植物，尤其是网格纹饰、稻穗纹饰以及禾叶纹饰等，这些植物造型均被先民赋予了神圣的宗教象征内涵。岩画中的各种植物造型是艺术的物态化和物态的艺术化的结晶，他们用这种被主观审美化了的植物纹饰去表达先民们对大自然万事万物的礼赞。

总之，植物形态被史前岩画创作者认为是一种具有生命崇拜的符号，它是生命力的象征，更是彰显作者内心中对植物神的崇拜，以及把这类植物作为实现愿望的重要寄托。在原始先民看来，这种象征性是依靠植物的叶子和果实图像来呈现的，他们用笔直或曲折的线条将不同视角的植物形态刻绘在岩石表面上，并借用这种形态，将其拟人化、情趣化以及人格化，用形象的思维来表达先民对植物形态的某种精神寄托。在一定程度上来说，原始岩画中的各种植物造型是先民对大自然长期观察的结果，体现了原始先民对生命精神的高度赞美和颖悟，它丰富了岩画整体的审美意象内涵，更承载着先民对植物物象的热爱和对生命生殖巫术的精神寄托。

四、本节小结

总而言之，中国史前岩画中的造型形态具有丰富的品类和繁杂的形式，人物形态、动物形态以及植物形态均分布于中国南北方的各个岩画点上。三种造型形态均有着不同的图式和表现形式，重要的是，创作者用这些平面图腾物象去实现对宗教巫术的精神寄托。当然，这些造型形态给我们呈现了正面性、侧面性以及抽象性的审美特征，创作者运用最质朴的艺术语言，将人物、动物、植物形态以不同的技法和表现形式栩栩如生地刻绘在岩石上，来表达先民自身的精神祈愿。先民将不同形态的造型刻绘于岩画之上，一方面，利用不同的造型形态呈现对物象的生命崇拜性。另一方面，基于这些被创构的岩画形态去再现原始社会的经济生活和审美意识。显然，这些不同的岩画造型已经被先民拟人化和情趣化了，它们在先民的眼里具有某种功利目的性和宗教巫术性。

第二节　造型手法

纵观世界各个岩画点上的岩画造型，可谓丰富多彩，它们生动逼真，惟妙惟肖，给人以神性、真实、唯美、强烈动感的审美感受。这些造型均是先民采用简约、夸张以及几何化的手法创构而成的。他们所创构的造型都是基于观察的视角对物象进行"用心"的刻绘，也就是通过联想和想象，将物象拟人成他们想要的造型式样，以便通过这个造型来实现他们自身的巫术功利目的。这些造型在一定意义上来说，寄托了先民对美好生活的向往和对生命物质化的诉求。这些造型作为先民心灵的"代言人"，以图显意，图意结合。先民希望用这些造型传达"神的力量"。至此，先民们留在岩石上的那些稚拙而又生动的造型以及随心所欲的各类抽象造型组合，虽说时间已逝，但至今依然保留着史前时代的形态和神韵，它们均以不同的承载形式"放射着古朴而又智慧的光芒"❶。

一、简约

中国史前岩画中的大多数造型均呈现出简约的造型特征，先民们选取物象的局部，用局部代替整体，用轮廓取象，用寥寥数笔就将物象的基本造型形象生动地刻绘出来。每一个岩画造型均是先民提炼重要表现部位的结果，他们摒弃了物象中一些不影响全局性的细节，舍掉琐碎和繁杂的东西，只留下能形成整体物象骨架的"线"，再对物象中比较有特色的部分进行夸张、变形。每一个造型的外在特征清晰而明显。这些被简约化的岩画造型，是先民们对物象细致观察和物我融合的结果，是简略物象内外结构和提炼形象内在神韵的复合体。这些被简约了的造型均蕴含着先民对物象内在神韵的准确把握和深刻颖悟。因此，简约造像成为史前先民塑造岩画造型的一个重要方法，当然，这种方法也对其他艺术造型的创构起到了重要影响。

一方面，"简约"从字面的意思上可以理解为创作者抛弃物象的具象外形，把握物象之中的"技道"，即所谓"一超直入如来境"。在中国史前岩画中，创作者将外在形象进行率性地"浏览"，这个"浏览"不是普通的一瞥，而是创作者已经掌握了外物的造型以及运动规律，将物象的外形与主体的想法相互契合，在契合过程中把物象的一波三折的笔画深深扎根于心中，用作者的情

---

❶　张哲，《宁夏岩画》，银川：宁夏人民出版社，2012年版，第117页。

感去描绘对象的起伏与变化，是创作者将物象的形态"当求之于形象之外"❶。另一方面，"简约"是从"粗细"和"繁简"的视角，在不影响整体艺术意象的创构下进行的造型简化式的塑造，将简约视为"妙悟"状态和样式，运用简洁的"一画"❷结构去描摹事物的内外结构线，用这种单纯的一维线去体现宇宙和艺术生命精神的和谐之律。中国史前先民在观看物象和记录物象的时候，不可能像当下写生一样，他们要依靠记忆和主观体悟去实现对物象造型瞬间的塑造。为了抓取物象的基本造型，他们首先要用最简略的线条将物象的基本形勾勒出来，就是用"流畅的线条，以最少的笔法勾勒物象的轮廓"❸与结构，去掉轮廓和躯体内的烦琐细节，以平面的方式突出物象的整体特征，从而呈现一种几何化强、少笔画、突出特征、易识别性、鲜明生动的岩画造型。如画人物，先民使用一个"人"字，中间加上一道横线就构成了一个奔跑的猎人形象。画一只北山羊，中间一道横线，头上方有两根向上的弯线，横线下面有四条竖线，整个造型简约化程度较高，充分体现了先民高度的概括能力和观察能力。

在中国史前岩画中，先民对物象造型的简约手法一般可以分为两种：一种是直接对现实物象观察之后获得的启发和影响，这一部分依据现实的物象进行概括和归纳；另一种是对现实物象进行抽象和符号化，如简化成直线、十字、圆形、几何形等，这一部分的纹饰大多呈现某种精神或者宗教的观念，如生殖崇拜、天体崇拜或者太阳崇拜等。任何布置于画中的形象都呈现出高度的简约性，这种简约性使得主体突出，形象鲜明，带给受众一种清晰的、直观的视觉审美画面。如宁夏贺兰山岩画中的一头野牛形象，这头野牛正在头朝下，作攻击的姿势。前腿微微向前曲，后腿呈现出大跨度的向前挪步姿势，动物的脊柱与野牛的尾巴被简约成一条线，后腿被一条曲线所代替，创作者用了六条线就将一头野牛进行攻击的姿势生动地呈现出来，简约而又生动。如在新疆富蕴布拉特的岩面上刻绘着一头野牛，整个牛的造型就是创作者将一些不必要的细节省略，去掉多余的视觉量，凸显牛的特征，线条简括，勇壮简易。创作者极力渲染野牛形体伟岸、性格凶猛的特点。这个造像虽然简单粗糙，但是既没有失去牛的生活特点，又体现了原始先民对牛的肥硕、笨重以及内在生命力的外在

---

❶ （清）董棨，《素养居画学钩深》，俞剑华：《中国古代画论精读》，北京：人民美术出版社，2011年版，第106页。

❷ 清朝朱若极（石涛）语。

❸ 高居翰，《山外山：晚明绘画（1570—1644）》，上海：上海书画出版社，2003年版，第128页。

表现，更彰显了史前先民们简约、稚拙而又整齐划一的审美风尚。

原始先民基于简约造像的视觉层面上，更加注重对形的再创造❶。原始先民在对物象进行略形的时候，强调物象的瞬间意象性和对象的姿势，力图把握事物的内在特征和本质。物象的外形塑造在原始先民看来是高度概括和精简的过程，是从物象中积极提取能代表其本质的美术元素，是心与物的高度融合，经过先民的再造，其形象"由表现'时代的公有现实'转为表达'个人独特的情感'。这种转变的结果使艺术作品由承载超越个人的普遍意义的表达转而成为个人的独自私语，画面中具体的形象可以被无情地肢解、随意地重组"❷。一些物象的再造趋向于抽象意象表现，抛弃写实形状，有意强化物象动作或姿势而呈现出来的内在神韵，不注重外形的细节，而更加注重使用线条把物象所带给受众的主观情感用视觉语言呈现出来。

岩画形象中的每一根线条都仿佛是创作者将自己对现实物象的体悟精神发挥到极致，通过外在复杂的形式去创构简洁、清晰且人物形象生动的事象再造，将"意到笔不到"作为原始先民物象再造的艺术语言并予以强化。如内蒙古韩乌拉沟的太阳神人面像，采用在一个圆圈之外刻绘长度不一的太阳光芒，而在圆圈内用两个圆圈代替眼睛，两个点充当鼻孔，一个横向的椭圆形象征着嘴巴，在这里，原始先民没有过多重视造型所带给受众的简略意味，而是重点突出这个人面像带给人类的一种瞪大双眼、鼻孔朝天、嘴巴大张的狰狞、怪诞冷酷之状，明显透露出政治权利色彩。"突出对生命的热爱和渴望，具体表现了对人生、对氏族、对温饱饥渴的关心。"❸

史前先民利用简约的方法对物象造型进行有选择、有审美意味的"取""舍"。所谓的"取"，就是观取物象中最富有特征的部分，凭借着思维概括之后，将观取出来的主要部分进行夸张、简化、抽象以及变形，从而演化出笔简意厚的造型与纹饰。"取"内蕴着主观对物象造型的积极审美评价。"舍"则是舍弃那些影响全局的细节和次要部分，舍弃物象自身存在的三维空间形态，它是基于先民对物象整体评价之后而形成的对细节的剥离。

在岩画造型的创构过程中，根据原始先民本人的内在意愿和情感需求，"有选择取舍地从某个角度、某一局部、某些对象甚或某个对象的某一部分出发的

---

❶ 再造更加提倡的是基于外形而超越现实外形，对原有形体进行分解和重组。这里面融入了作者的心、脑、手的相互配合，更浓缩了先民对物象的审美观照和审美情趣。

❷ 查律，《象与笔墨：中国画物象呈现方式研究》，北京：荣宝斋出版社，2010年版，第57–58页。

❸ 李祥石，《解读岩画》，银川：宁夏人民出版社，2012年版，第110页。

着意经营。"❶ 特别是不受时空和对象的限制对物象进行艺术处理，并运用简洁化的线条去概括物象、归纳物象，消除一些影响创作者创构整体造型的繁杂、非本质、次要以及不美的部分，以主观化的构形观念去观取物象中有价值和意义的局部。经过反复观察和体悟之后，创作者将物象中的主要结构、形状以及能突出史前先民某种宗教需求的部分进行有意味的"取舍"，从而形成具有象征意味的图案或纹饰。清代画家郑板桥曰❷："江馆清秋，晨起看竹，烟光日影露气皆浮动于琉枝叶之间，胸中勃勃，遂有画意。其实胸中之竹，亦不是眼中之竹。"

例如，在大麦地岩画中有一位岩画人物形象，作者将她丰满的胸部和肥硕的臀部进行了耐人寻味的夸张性选取，而对整个人物的头和腿脚都做粗略的刻绘，这可能是由于这幅画面是史前先民为了展现他们对于生殖的强烈崇拜与渴求而创作的。又如在青海舍布齐的岩画《猎野牛》，画面是原始先民对狩猎场景的一种再现或者记录，创作者选取了野牛的庞大、人射箭的瞬间动作以及马的嘶叫等突出形象进行刻画，牛的庞大和人物的渺小便形成了鲜明的虚实对比，利用视觉形象对野牛庞大的躯体进行观取，舍弃了周围的一些小动物。创作者们都选择张弓搭箭，甚至在一箭即发的那一瞬间进行刻画，使画面中的人物造型与被猎射动物之间形成矛盾冲突，给人一种强烈的审美冲动❸。这充分表现了原始人类的简朴、率真以及明朗的审美风韵。

以直观的方式去再现现实物象，每一个造型却都带有强烈的主观取舍性。纵观中国广西花山岩画、福建仙字潭岩画、云南沧源岩画以及新疆呼图壁岩画，我们看到的舞蹈人像造型都是作者用高度简约化的方法对现实物象进行主观取舍的结果，他们往往强调以"形"为基础，这个"形"是轮廓而不是内在的一些造型细节，通过作者"笔笔取神而溢乎笔之外，笔笔用意发乎笔之先"❹的思想去对物象进行形态勾勒和神韵选取。显然，这种取舍的主观性则带有强烈的情感性和趣味性。如内蒙古阿拉善曼德拉山的《双人猎羊》岩画（图3-8），在这幅作品中，先民再现了狩猎的场景，岩画中的人和山羊造型经过先民主观取舍，与现实物象差别很大，现实的图像具有三维状态，而岩画中的

---

❶ 李泽厚，《美的历程》，北京：生活·读书·新知三联书店，2009年版，第181页。

❷ 吴振标，《中国古代名篇分类精赏》（第一卷），上海：文汇出版社，2000年版，第975页。

❸ 宁克平，《中国岩画艺术图式》，包青林绘图，长沙：湖南美术出版社，1990年版，第14页。

❹ （清）布颜图，《画学心法问答》，俞剑华，《中国古代画论精读》，北京：人民美术出版社，2011年版，第86页。

形象则呈现为二维剪影模式，即艺术家把现实场景中的羊压缩成平面式样，原来具有厚度的羊躯体，被流畅的线条勾勒出来的剪影形象取而代之，而这些线条均呈一维性。又如青海海西蒙古族藏族自治州野牛沟的岩画《驾车与牦牛》（图3-9），创作者运用极为简练的线条，高度概括三个物象的轮廓，刻绘出马车、马以及牦牛的主要结构。创作者通过规整物象的边缘线来体现物象的最精华部分，抓住了物象最易于描写的角度，选取了一些最具特征的点，这充分体现了原始人类娴熟的造型表现手法和朴拙的审美意识。

图3-8　内蒙古阿拉善右旗孟根布拉格苏木曼德拉山岩画《双人猎羊》
来源：《中国美术分类全集》编委会，《中国岩画全集》（北部岩画），沈阳：辽宁美术出版社，2006年版。

图3-9　青海海西蒙古族藏族自治州野牛沟岩画《驾车与牦牛》
来源：《中国美术分类全集》编委会，《中国岩画全集》（西部岩画1），沈阳：辽宁美术出版社，2006年版。

中国史前岩画的造型多取几何形，舍弃具象形态中的一些琐碎细节。先民在塑造物象造型的时候，注重对物象的概括和提取，对大自然中的几何纹饰进行理性的处理和审美再创造，将物象中的弧线形态取直，尽最大可能将物象的外在形态和内在结构幻化为几何形，就像通过几何形可以透视物象形态的内部结构一样。他们舍弃现实物象中所呈现出来的曲线形态，特别是一些物象中的凸凹处或转折处，这些均体现创作者对物象的审美情趣。如在贺兰山贺兰口有一幅站立的人像，创作者将这个直立的人主观提取为几何形，将整个身体雕凿成长方形，两条腿也被刻绘成长条形，腰部的弧线则被舍弃。从整体上来看，这个站立的人具有易辨识性。有的创作者在物象的内在结构中添加一些横竖的线条，把具象形态中的曲线变为直线，将其变为规整的几何形，再增加一些物象躯体内的细节，着重强调对事物内部进行分解，这"既表现出它们的外轮廓，也画出它们的内脏器官和骨骼构造"[1]。如贺兰山黑石峁岩画中的双羊图像，

---

❶　陈兆复、邢琏，《外国岩画发现史》，上海：上海人民出版社，1993年版，第360页。

画面中双羊造型的内结构皆用横竖线分割成几何形，这就舍弃了现实物象中的三维形态，忽略了物象的肚子在形态中的大小和凸凹问题，全部将肚子的细节融汇于几块几何平面之中。

原始岩画中的蹄、手印岩画符号呈现出鲜明的简约性。原始岩画中的蹄印一般呈现为简约式的"U"字形，并且在"U"上面有凹陷，外轮廓则比较随意，整个蹄印形象不完整，类似马蹄子造型，有大的，有小的，还有的大小混合排列成一排或数排，凹陷处的角度朝不同方向，另外，原始先民往往夸大蹄印的凹陷处，而这一凹陷正是象征着女性的阴部。在新疆塔什库尔干塔吉克自治县的手印岩刻，画面上有八只手，有左手也有右手，有大手也有小手，每一只手都将手指的宽度简化为一条粗线，手心、手背、手指以及手掌的连接处均使用单线勾勒，线条笨拙，且较为粗犷。显然，原始人只是用极其简化的线条将具有意象化的手刻绘出来，他们抛弃了具象手的细节，如关节纹路和突出的骨骼等，这充分体现了原始人类运用简洁线条的艺术智慧和能力，类似这样的例子还有皮山县桑株镇手印符号等。

坑穴岩画的造型依靠简化的形式来塑形。在宁夏贺兰口、内蒙古夏勒口、河南具茨山、江苏连云港将军崖以及甘肃玉树通天河流域的坑穴岩画符号中，创作者均是将图像简化成一个个深浅各异的圆圈或者方形造型，有的单列，有的集群出现，这些造型一般是先民对于生殖或星空意愿的美好祈福，是先民将现实物象审美意象化的结果。这些造型之中，有的深，有的浅。在大小各异的圆圈周围，先民还会刻绘一个剖面呈现倒三角形的沟槽，以连接不同形状的坑穴，还"有的同心圆四周绘以芒线以表示太阳，然后一条沟槽线从同心圆的外面穿入中心，与中心的凹穴相连。这条由外及内并且直达中心凹穴的沟槽线，可以说是非常有力地传达出'通天'的意图"❶。这种简化式样的造型好似原始人在表达人与天相互沟通的"渠道"。先民们用这种粗犷的沟槽代表对天神的敬仰。还有的在坑穴岩画符号的周围刻绘两个同心圆圈，在同心圆圈下面有一个类似简洁梯子的造型，这也呈现出原始先民试图沟通天地的愿望和希冀。

南北方岩画造型呈现着不同的简约性。北方的大多数岩画简约造型均使用粗犷的线性艺术语言，去有意呈现现实造型中的各个部分，如刻绘物象的躯体，用粗犷的线条自由地表现物象在创作者心中的印象。物象躯体内的局部尽最大可能使用较为写意性的线条简略概之，所塑造的物象也呈现了强烈的感性主义精神，这充分体现了北方草原人们的稚拙、朴实以及自由洒脱的生活

---

❶ 汤惠生，《玦、阙、凹穴以及蹄印岩画》，《民族艺术》，2011年第3期。

气息。如夏勒口的一幅双马岩画（图3–10），画面上用较为粗犷的线条构成了双马的造型，两马相对，好似小马在向大马"倾诉"。原始先民运用粗线条将现实物象内容积淀为简约性的、纯形式的几何线条，两匹马一左一右，呈现"八"字形，这种"真实的想象"原为现实中的马形象，但又不是"那现实的东西"，两匹马的造型都在突显现实动物的纹饰与造型，恰到好处地体现了一种无限原始还不能用语言来表达的宗教情感。

图3–10　内蒙古达尔罕茂明安联合旗夏勒口岩画
来源：《中国美术分类全集》编委会，《中国岩画全集》
（北部岩画），沈阳：辽宁美术出版社，2006年版。

而南方的岩画作品多用抽象元素和象征性的表现形式，使用红色、白色或黑色线条来塑造物象，且一律使用大面积平涂剪影方式，整体呈现为比较规整的几何化造型，其中，使用直线塑造造型比较多，用简约的几何造型构成的图像去表现丰富的物象意涵性，呈现了一种理性几何化的审美思维。如福建仙字潭岩画形象、广西花山岩画的蛙形人物、云南沧源岩画中的三角形人物形象。

中国史前岩画造型多数采用简约化的轮廓和结构来呈现岩画"意"与"象"相融合的造型内涵。这里的简约造型呈像是对造型创构环节的超越，创作者提取主要形态，简化物象造型中的复杂细节，重视形态中"意"的外显，即将物象造型中繁杂的"意"，简化为一种更加直接的、稚拙的图像表述行为，让"意"能够迅速地从简约的外形中传达出来。这样，当简约的物象造型外显的时候，"意"也就跟随着"象"呈现出来。在全世界780个岩画地区中，超过2000个岩画点中的岩画形象里❶，大多是将形象里面的细枝末节省略掉。这些

---

❶ 伊曼纽尔·阿纳蒂著，陈兆复主编，《阿纳蒂论岩画》，陈兆复译，北京：文物出版社，2019年版，第19页，第18页。

岩画形象都是先民在领略物象的外在轮廓之后，身心受到物象的感发创作而成，物象的造型自然就不再拘束于拘谨的现实造型，而是形成既能"通神明之德"❶，又能"类万物之情"❷的意象形态。如云南沧源曼坎岩画中的人物造型，其躯体均被高度概括成三角形，将人物的内在结构简化，双臂和双腿用细线勾勒，这种造型已经超越了现实的造型形态，他们想用这些简约的造型来呈现原始先民的日常生活和风俗人情。创作者从现实人物造型中提取一种意象化的形状，通过最原始和最拘谨的技术手段，以严谨的侧影轮廓线条去表达物象的体形，从而形成一种体悟得形、有感而发、形式紧凑的意象构形。如内蒙古苦菜沟的岩画《鹿》（图3-11），鹿保持站姿，先民通过简略的方式，把鹿简化成平面剪影式样，以突出鹿的主要特征，以此来呈现先民对于动物形象的高度赞美。

　　原始先民凭借着直观体悟和想象，以简约化的视觉元素呈现物象内在的意象造型美。如男性的生殖器、鹿的角、首领头上戴着的崇拜物和背着的腰刀、老虎的虎纹、原始人双手合十祭拜的姿势以及野牛肥胖的身躯等造型，创作者对这些物象中的特征进行高度概括和归纳，超越客观物象和情景，再将之与自身的心理和生理相契合。他们将那些能够体现主体对物象的情意和印象的线条抽离出来，将这些形象中的曲线变成直线，物象中的宽窄造型都概括成一条线，勾勒出大体的轮廓，保持剪影的平面视觉效果，近距离的简约性较弱，远处的简约性较强，每一个视觉元素都是主体对物象主客观高度融合后汇聚于岩石表面的，都体现了原始先民理智与情感的复杂经验在

图3-11　内蒙古乌海市桌子山苦菜沟岩画《鹿》
来源：《中国美术分类全集》编委会，《中国岩画全集》（北部岩画），沈阳：辽宁美术出版社，2006年版。

---

❶　黄寿祺、张善文，《周易译注》，上海：上海古籍出版社，2012年版，第343页，第344页。

岩石上的瞬间呈现❶。如左江流域宁明山崖壁画中首领带领百姓起舞的场景，原始先民通过粗细均匀的线条将舞者的意象造型高度概括，既能够凭借简约的形象将祭祀的场景表现出来，又能将舞者的瞬间形体和姿势微妙地展示出来。

图3-12　新疆哈密地区巴里坤哈萨克自治县
八墙子岩画《鹿羊图》
来源：《中国美术分类全集》编委会，《中国岩画全集》
（西部岩画2），沈阳：辽宁美术出版社，2006年版。

岩画的简约造型还通过局部代替整体的方法来表现以少总多的审美智慧。岩画中的人面像大多被单独刻绘出来，很少连着身躯，或者没有将整个身体画出来，只是用简约化的头部来表达象征含义。不管人面像具有何种文化意义，总之，它承担着史前人类对自身丰富文化含义的吉祥化寄予。如新疆八墙子村的《鹿羊图》岩画（图3-12），画中创作者刻绘了几只鹿和羊，有的在奔跑，有的在机警地看着周围，在整个画面的右下方有一个很短的类似于栅栏的图像，表明先民想用栅栏来猎捕鹿和羊，然而，这么短小的栅栏去猎捕动物几乎是不可能的。因此，这是作者以点带面，用局部的栅栏来代表更长且比较完整的猎捕工具，这种局部代替整体、以少总多的思想后来被郭熙❷进一步继承与拓展。

总之，简约是中国史前岩画造型塑造的一个重要方法，它将史前岩画的图像主观地带入一个高度简约、整体性强、主要特征明显、辨识性极高的艺术趣味世界中，它糅合了原始先民对现实物象的审美再创造思维，它由"取"主要部分和"舍"弃细节两部分构成。可以说，它是先民对所观察到的物象或景致进行情感再造，略形取意，以推崇物象内在的、崇高的精神品格和拙朴的神韵主旨，忽略物象外在形体面貌的现实观念。原始岩画中的简约是建构在对物象内外造型的灵活观察基础之上的，以主观的审美情感对客观化的物象进行物态化和简约化的审美观照，使得这类形象更能体现出原始先民的某种精神追求，

---

❶　韦勒克、沃伦，《文学理论》，刘象愚等译，南京：江苏教育出版社，2005年版，第212页。

❷　宋朝的郭熙和郭思在《林泉高致》这本书中说："山欲高，尽出之则不高，烟云锁其腰，则高矣，水欲远，尽出之则不远，掩映断其派，则远矣。"（宋）郭熙、（宋）郭思著，周远斌点校纂注，《林泉高致》，济南：山东画报出版社，2010年版，第56页。

同时，也彰显出原始社会独特的艺术魅力和生命精神。

二、夸张

夸张是中国史前岩画造型塑造的一个重要手法。不管在宁夏的贺兰山还是在台湾的万山，遍及全国的岩画点中的岩画图像或多或少均呈现了夸张的造型方法。创作者旨在夸张物象的整体比例、局部特征、大小以及位置，并以此来凸显整个造型在画面中的审美趣味，凭借着这种夸张的造型方法去展示物象在他们心目中的地位。史前先民的这种夸张造型表现了他们的原始审美情趣和宗教意识。在一定程度上来说，岩画的夸张已经远远超越了原始视觉图像的表象特征，突破了当时的制作手段，把巫术化的宗教思维融入造型方法之中。运用夸张的方法，使物象的造型特征更加清晰、明显和直接，更能凸显史前先民对物象的某种巫术寄予和审美情感。

如宁夏大麦地有一幅女神形象，高26.5厘米，宽17厘米，被刻绘在一块红砂岩石上面，作者有意夸张了硕大丰满的乳房，整个乳房占身体的四分之一，其长宽占整个女神躯体的二分之一，腹部极为臃肿。他们之所以夸张女性的生育部位，是为了凸显先民对于生殖繁衍后代的强烈渴望。

（一）史前岩画作者大多夸张物象的整体比例

在宁夏岩画中，有的弓箭岩画比人还高，这凸显了先民们对男性生殖和繁衍后代的图像化寄托，并以这个被夸大的形象去呈现原始物象形态之美。在内蒙古阿拉善的帐篷与鞍马的岩画中，马的整体造型比例被夸张。云南沧源岩画中羽人头上的装饰已经超过人的身高。青海舍布齐沟肥硕的野牛，其整个身体比例被"有意"地夸张，身体的肥硕程度远远超过在它后面的猎人和牧马，这显然是先民有意而为之。在这里，从单个造型的比例到整个画面的大小都被有序地夸张，夸张了物象的肥硕、高低、大小、粗细以及表面纹饰的多少等。经过夸张，单体造型的整体外貌比例比它在实际场景中所占的视觉面积更大，特征更突显，更加强烈地表现了作者的主观愿望。单体的物象形态也从现实场景中幻化为更具有鲜明宗教意味特征的人或物，表明先民对物象的细致观察，也反映出先民对动物的生活习性了如指掌。从另一个角度也反映了先民对物象的占有欲和对丰收、狩猎以及放牧的希冀。在内蒙古乌拉特中旗的一幅岩画《北山羊与马群》（图3-13），作者将北山羊作为主体形象，把其刻绘得既高大又纤细，整个比例被夸大了，一只北山羊所占面积是七八匹马的面积总和，然后将其放在画面的中心位置。

（二）史前岩画往往把原有的有机物象夸张成直线或几何形

几何夸张是"将自然客观物象和主观意识相结合，既保留住客观自然形态的基本特征，又根据主观精神与意志对物象做了大胆的几何夸张变形，在客观自然界根本不可能产生这种变形物体，但能够通过几何变形形象，辨认出自然客观的母形特征"[1]。几何形的夸张展现了先民们超越现实物象的智力活动，这种几何性质的创造活动是一种直觉性的创造。几何线条被史前先人熟练地从物象中抽离出来，把原来物象中的曲线幻化成直线或者三角形、菱形、方形等。这样的几何夸张方法主要体现在云南麻栗坡岩画中的长方形、内蒙古呼伦贝尔岩画中的自由几何形、新疆阿勒泰地区的三角形和菱形、呼图壁康家石门子的倒三角形和菱形等。当然，有的岩画的几何夸张性形成了具有装饰意味的符号。如新疆昌吉回族自治州

图3-13　内蒙古乌拉特岩画《北山羊与马群》
来源：《中国美术分类全集》编委会，《中国岩画全集》（北部岩画），沈阳：辽宁美术出版社，2006年版。

图3-14　西藏日土县日姆栋老虎岩画
来源：《中国美术分类全集》编委会，《中国岩画全集》（西部岩画2），沈阳：辽宁美术出版社，2006年版。

呼图壁县生殖岩画，画面中的物象全部被夸张成倒三角形和其他几何结构，简略而又直率，清晰而具有自然美。女子身材修长，上身呈倒三角形，重心稳定，双臂上下翻转，而男子的双腿做不同的运动，充分体现了原始人类对于繁殖后代的强烈渴望。又如西藏日土县日姆栋的老虎岩画（图3-14），岩面上錾刻着一只静态的老虎形象，先民将老虎形象分成不同类型的几何形，如长方形、三角形、方形，甚至圆形，用这种比较严肃的造型方式来体现老虎的威严和凶猛。

（三）先民对物象典型的局部特征进行夸张

先民为了强调和突出主要局部特征，对其进行夸张性地描摹，将物象有

---

[1]　王菊生，《造型艺术原理》，哈尔滨：黑龙江美术出版社，2000年版，第221-222页。

特色的、美好的、容易辨识的特征提取出来，将其夸大、拉长或装饰，再直接表现在岩石表面上。例如，有的羊角不完全是弧线，先民夸张其向后延展的弧线，使得物象局部更加具有识别性，凸显其整体的身份特征和地域特性，从而表现出宏大而又豪迈的艺术审美风格。吉木乃县沙吾尔山卡尔麦斯干的狩猎岩画中，山羊的角被夸张成水波饰。内蒙古乌海苦菜沟、乌鲁木齐哈姆斯特沟的鹿角，被极度夸张并刻绘成树的造型，远远看上去，平面化的鹿角与鹿的体形在视觉上相当。新疆巴里坤、哈密折腰沟以及吉木乃的骆驼岩画，夸张驼峰以彰显原始先民对物象造型的重视。云南沧源崖画中的"太阳羽人"，作者有意夸张直立于羽人双肩的类似翅膀的形象。在内蒙古乌海市苦菜沟岩画中有一幅岩画《大角鹿》，画面上刻绘了一只处于静止状态的大角鹿。在一些岩画形象中，鹿和太阳神是联系在一起的。画中比较明显的造型特征就是具有大树状型的鹿角，整个鹿角被高度地夸张了，夸张后的鹿角是鹿身躯的两倍，给我们呈现了一个视觉性极佳、特征明显、符合先民宗教观念的视觉图像。内蒙古阴山地区的岩刻长尾舞，画面中作者夸张了氏族男女臀部后面的长尾，一条长尾甚至高于人的身长，这种夸张是岩画创作者试图通过对特征的夸张使其明显地区别于其他的物象，而且，夸张的长尾给我们呈现了史前先民的生活习俗和宗教仪式。被夸张的长尾承载的不仅仅是一个先民的舞蹈叙述事件，更是凸显了先民与自然界之间达成的生存默契。

就拿史前生殖岩画中的形象来说，在世界的各个原始氏族中，生殖信仰是一种普遍存在的原始崇拜现象，被认为是东方文化的重要特征。岩画中夸张并强化了男女的生殖部位，起到凝固和强化生殖观念的作用。如苦菜沟有一幅采用敲击法刻制的裸体妇人像，这幅作品以写实的艺术风格呈现出一位乳房上翘的裸体女性。不管史前先民如何夸张生殖器官，都是想表达他们对繁衍子孙、增殖动物的最终希冀。

（四）先民对画面中的视觉焦点进行夸张

视觉焦点就是在一幅画面中，受众的注意力在第一时间看到的最突出醒目的特定区域，受众能够从这个视觉焦点的区域了解到整个画面的含义。史前先民在进行岩画造型创构时，非常注重画面中的视觉焦点，他们往往运用夸张的手法对视觉焦点进行刻画，用线条或面将作为视觉焦点的局部进行重点描绘。例如，一个人站在圆圈里或一个人身上所带的物品远远要多于其他人，这样就使得大的物象或者比较集中的形象成为画面的视角焦点，以着力突出某种氛围，从而给人一种强烈的视觉审美冲动。在青海舍布齐的猎牦牛岩画里，视觉焦点就是体态硕大的牦牛和正在追猎的体态渺小的人和马，创作者其实将这种紧张关系夸大了，大幅拉大物象之间的比例，很容易使画面产生激烈的叙事矛盾。又如，在一幅《狩猎图》的岩画中，人物和动物都集中在一个很小的区域内，为了突出众人狩猎活动的危险处境和紧张状态，史前艺术家将人物骑马狩猎的图像放大并置于视觉的中心点上，将其周围的物象和骑手隔开一段距离。为了表现史前人类自身的占有欲，画面下方和上方均出现被夸张化了的人手或脚印，人手和脚印之大远远超过了除中心骑手之外的其他形象。为了凸显时空距离感和空间性，创作者将远处的手持三角盾头戴装饰品的人物形象绘制得很小，这样就将虚实、大小之间的关系一目了然地展现在我们面前。再如，云南沧源崖画第二地点的村落形象，不管人物、动物还是建筑都被放置在由先民主观设定的线条（地平线）之上，为了突出画面的视觉焦点——村落，岩画创作者将村落包裹在一个圆圈之内，相比其他站立在线条之上的物象，被线条包裹着的村落就成为画面上的一种视觉引领点。

（五）先民运用夸张的手法强调他们心目中最重要的物象

在原始社会里，建构或创造岩画形象没有严格的标准，不像今天的绘画与雕塑艺术那样，有着严格的比例与尺度。在那个时代，先民只是从自己的情感、思维以及宗教巫术观念出发，对物象进行艺术性的夸张，不仅夸张物象的某个局部部位，而且夸张这个物象在作者心目中的地位❶。

首先，在表现放牧岩画的题材时，人物形象一般被创作者缩小，动物的形象放大，人物形象的结构和外形比较模糊，而动物形象则十分清晰。例如，青海舍布齐、内蒙古曼德拉山以及甘肃肃北马鬃山洛多呼图克等岩画点上的岩画形象，都被刻绘得十分简洁，人物相比动物来说较小，动物的比例则被夸大了，特别是动物的肚腹，他们将动物按照一定的秩序进行排列，前面的大，后面则小，人物形象比例被缩小，放置在一个边缘区域，人物的简约化衬托了动物形象的完整性。

其次，基于原始巫术对物象的需求。原始人类认为万事万物都是由原始巫术（相似律、接触律、触染律）和神灵支配的。詹·乔·弗雷泽提出❷：不管是顺势巫术、模拟巫术还是接触巫术，都归于"交感巫术"这个总的名称之下……原始先民为了获得某个物象，除了进行相关的巫术仪式（如舞蹈、祭拜仪式以及模拟狩猎等活动）之外，还积极运用交感巫术（相似律和接触律）对

❶　木青，《中国古代岩画艺术美》，乌鲁木齐：新疆美术摄影出版社，2015年版，第73页。
❷　J．G．弗雷泽，《金枝：巫术与宗教之研究》，汪培基、徐育新、张泽石译，汪培基校，北京：商务印书馆，2013年版，第13页。

物象施加影响（对动物整体造型夸大），把人自身的巫术情感投射到遥远的物象上面，夸大物象原有的体形或比例，把这个被夸大的物象放在人的前面，使被夸张化的形体和人对物象的诱发产生关联，从而在心目中产生一种对物象的控制意识。在岩画上主要表现为对这一物象进行夸张性的处理，将原来较小的造型夸张为较大或较长，这在国外和国内的南北方各类岩画题材中均有所呈现。史前先民对最重要的物象进行夸大的行为背后隐藏着某种原始巫术的意义，即祈求野兽兴旺繁殖，狩猎丰收。

最后，在狩猎题材岩画中，原始先民经常将射猎物的形象夸张表现，因为猎物是他们心中最想要的物象。原始先民在狩猎的时候，对狩猎的物象是有选择的，他们将自己的主观意愿掺入对物象的大小或肥瘦的期望之中。他们一般对物象施加夸张手法，在原来形态的基础上再夸张一倍，使得物象的整体比例远远超过现实中对此形象的视觉审视。如在玛纳斯县塔西河乡苏鲁萨依的岩画点上，岩画中刻绘了狩猎者正在狩猎的场景，画面的最右边有两只比例很大的动物在奔跑，而在羊的下面有一个人，比例很小，有羊的四分之一大，正在持弓准备射箭。这幅岩画中两只羊的比例显然被夸大了，这是因为这两只羊在狩猎者的心目中占有着举足轻重的地位：它的肉是整个族群或家庭的近期食物来源。

岩画形象还利用夸张的手法凸显在社会中拥有权力地位的人。例如，在广西左江花山岩画中，有一位身躯高大、头顶崇拜物象、膝盖下弯成半蹲式、身背腰刀、脚踩一只动物的正面人像处于画面的中心位置，周围则由一些正面的或侧身的矮小人物形象簇拥，矮小的人物形象在这里只用于陪衬这个"大人物"。这类被夸大的、有权利地位的大人物形象一般被放置在中间，比例高大，且身上有着多种装饰性元素，他们在原始先民心目中是高大的，且具有宗教化崇拜意味，在一定程度上反映了原始先民在祭祀过程中的恭敬虔诚心理和强烈的主观功利因素。笔者认为，他应该是一个氏族部落的巫觋或者氏族的祖先神，氏族成员认为他能通天地神灵，并集整个权利于一身。又如，云南麻栗坡岩画点上的两个巨大的祖先神的图像。整个人物的头部被作者夸张到约占整个身体的三分之一，两个人像身高280厘米，宽75厘米，目视前方，双臂微曲，双腿微微分开，呈舞蹈状，整齐列为一排，以凸显这两个人在整个氏族部落中的社会地位。在其周围有一些小的物象，远远看去，中间的两个"大人物"非常醒目，显然这是经夸大而成。两个巨大的人物图像均是被先民所崇拜的男女祖先神，两个祖先神的图像中还内蕴了女娲等一些宗教神话的象征意义。正像古埃及或者古代贝宁文化中的塑像那样，他们更多的是将深奥的敬神内容赋予这类被夸大的人物之上，他们认为这些被夸大的祖先神图像可以保佑世间万事万物的平安。

（六）先民在狩猎岩画中运用夸张以突出主体形象

在中国南北方岩画中，特别是一些北方的狩猎岩画中，夸张并突出主体形象成为每一幅作品首当其冲的造型方法，"凡是他们认为重要的物象都被放大、夸张，使其在岩画的画面上占据突出和醒目的位置。"❶ 他们故意夸张画面中狩猎主体的面积或者整个体形，这种造像方法能最大限度地凸显原始猎人想要索取的东西。如将受孕的母鹿的形体进行夸张，使得母鹿的形象所占有的画面面积远远大于狩猎者总占有的面积，且母鹿被雕刻者刻绘得非常肥大。夸张野牛，就将野牛的基本特征保留，对整个野牛的体态、身姿进行夸张，使得野牛造型在整个画面上比较凸显。利用物象所在的位置和自身呈现的姿势对猛虎进行夸张，以强化猛虎凶猛威仪的动态姿势。相反地，狩猎者往往被创作者缩小到极致。一幅青海省海北藏族自治州刚察县舍布齐沟岩画《猎野牛》，画中描绘了一个人骑着动物并手持弓箭对准一头野牛蓄势待发的场景，岩画中较肥大的野牛形象就是先民想要突出的形象，牛的形象被创作者"有意识"地夸张以突出牛的肥胖和敦实的视觉效果，进而夸大野牛自身的力量❷。

在中国南北方狩猎岩画中，夸张动物的造型就是寄托原始人类对物象的崇拜和感激之情。在原始社会里，"人们在各种动物的包围之中，靠猎获野兽生活，又时刻受到野兽的威胁，人们对野兽的祈求、占有、敬畏等矛盾心理交织在一起，野兽的形象充满人们的头脑"❸，一些创作者突出他们认为是重要的动物或其局部，在这种无意识、不自觉的思维下所进行的艺术创作都会形成对某个动物形象的夸张，这种夸张带有某种情感与图腾崇拜的色彩，毕竟动物在原始社会是人类的重要生活资料，或是他们整个氏族所崇拜的图腾，在他们心目中，夸张动物就是尊崇或感激动物。这种夸张"其实是人的力量被夸张，人们将所欲控制的动物在岩画中夸张，借此可以将它从一般动物形象中突出出来，由此达到对它的控制"❹。如在新疆阿勒泰地区的《孕牛图》岩画

---

❶ 户晓辉，《中国人审美心理的发生学研究》，北京：中国社会科学出版社，2003年版，第101页。

❷ 安杰伊·罗兹瓦多夫斯基，《穿越时光的符号：中亚岩画解读》，肖小勇译，北京：商务印书馆，2019年版，第52页。

❸ 《中国美术分类全集》编委会，《中国岩画全集》（西部岩画1），沈阳：辽宁美术出版社2006年版，第14页。

❹ 熊真，《中国岩画的审美特征与原始思维》（硕士学位论文），武汉：华中师范大学，2008年5月，第21页。

图3-15　新疆阿勒泰岩画《孕牛图》
来源:《中国美术分类全集》编委会,《中国岩画全集》
（西部岩画2），沈阳：辽宁美术出版社，2006年版。

（图3-15），岩石上面刻划了一头被创作者夸大了的受孕待产的牛，在其边上有几头被缩小的小牛。大牛和小牛在比例上明显差别很大，从前面到后面的动物造型不得不说有一种空间意味。笔者认为，这可能象征着母牛将要产下的小牛犊的形象，创作者运用夸张的方法去歌颂、祈祷受孕的牛能够生出更多的牛，同时，也反映了史前人类对于生殖繁衍后代的强烈渴望。在贺兰山大西峰沟的群虎图，对老虎整体比例进行夸张，特别是夸张老虎身上的纹饰、老虎肥硕的身材以及张口獠牙，以至于老虎的整体比例远远大于狩猎者，充分反映出北方游牧民族对老虎的崇拜性。

（七）先民将这类被夸大或缩小的物象安置在画面上并形成一种主次或宾主关系

随着社会的不断发展，人类与自然界之间的斗争也在不断增强，人类将拟人化的人格神作为自我物质需求实现的媒介，通过岩画物象的主与次的秩序来达到对于原始物象形态的崇拜。在阴山岩画中，"阴山先民对生活的美好愿望与自然界不能给予满足的矛盾是原始宗教产生的前提。各种崇拜是围绕着这一基本矛盾来进行的，至于崇拜对象的主次，则以被崇拜对象在人们生活中的大小为转移。"❶ 史前先民往往将比较显著的物象造型绘制在主要的视觉中心位置上，例如巫师、某个动物以及首领等形象，其余形象则处于从属地位。这些被夸大和缩小的形体大多是经过艺术简化处理，也受到当时社会中的原始思维、艺术审美、岩画功能的制约。这样的岩画塑造不但在中国大量存在，在国外也频繁出现。观看这样的主次关系图像时，观众的视线将随着图像被夸张程度的强弱而进行由点到面的移动，也就是以一个物象为主要引领点，后面的次要部分均是以面呈现，但在观看较小图像的时候，受众的视线又被中心体形较大的图像所吸引。如甘肃肃北蒙古族自治县别盖乡大黑沟的一幅岩画《梅花鹿与树木》（图3-16），史前先民在表现树木的时候经常使用三角形或圆弧线形状，这幅画面中有一棵用圆弧线绘制的树，在树的旁边有一只较小体积的鹿在吃草，

---

❶　盖山林，《阴山岩画》，北京：文物出版社，1986年版，第372页。

树的形象被夸大，而鹿的形象被缩小。又如青海省海北藏族自治州刚察县舍布齐沟的一幅岩画《猎野牛》，画面将肥硕的野牛放置在画面的视觉中心位置，这种将主要形象放置在显要位置的做法，是要凸显肥硕的野牛作为原始狩猎者射猎成功的引爆点，也就是说，被夸张的野牛作为主要的物象予以呈现，而其周围的形象都处于次要的位置。在画面中，作为陪衬的人物被缩小了，野牛的形象被创作者夸张了。

图3-16　甘肃大黑沟岩画《梅花鹿与树木》
来源：《中国美术分类全集》编委会，《中国岩画全集》（西部岩画1），沈阳：辽宁美术出版社，2006年版。

（八）原始先民在岩画中夸张了物象的行为姿势

夸张物象的行为与姿势有利于展示物象内在旺盛的生命力，更有利于体现原始社会的人文生活状态。这种夸张已经远远超过这个物象自身的生理结构所承受的限度，他们夸张这些物象的行为与姿势是要体现物象自身的生活习性。如夸张马的奔跑姿势，使马的后腿与地面几乎平行，就像马用后腿坐在草原上一样，这是为了凸显骏马的飞快和先民在草原上无拘无束的生活方式。又如在描述舞球的时候，将人物的双臂向一边弯曲，手里还有一个很大的球体，双臂的弯曲度已经超越了自身生理所具有的限度。在内蒙古夏勒口的一幅岩画《追羊图》（图3-17），画面描述了一个奔跑的人正在追逐羊的刹那间。图中有意夸张了人的奔跑姿势，整个人物双腿迈开的步伐呈现为拱形结构，跨度甚大，而且整个上身使劲前倾，似乎这个人物就要歪倒了一样。

图3-17　内蒙古达尔罕茂明安联合
旗夏勒口岩画《追羊图》
来源：《中国美术分类全集》编委会，《中国岩画全集》（北部岩画），沈阳：辽宁美术出版社，2006年版。

（九）中国史前狩猎岩画中对形象的夸大处理凸显了先民对于"大"的思想的审美观照

在原始社会里，原始先民经常受到来自不同种类的

121

野兽的袭扰与威胁，他们对野兽的占有、畏惧和祈求的矛盾心理时常交织在一起，这就使野兽的形象在人脑中占据着重要的位置。史前先民认为重要的物象就应该是视觉显眼的、高大的和突出的。这种夸大的目的就在于凸显原始先民对此物的精神寄托。这个被夸大的物象，有时是整个的人或者人的局部，如生殖器、头饰或物象崇拜，更多的则是动物。这一般表示神秘而又强大的力量根植于此物，以反映原始先民对高大形象的崇拜和敬畏之心，他们"以大的形象象征了与之相对应的力量，并表现出人们对此力量的倾慕"❶。这体现了"以大为美"的重要美学原则。"大"代表着力量，"大"更象征着权威。如在宁夏中卫北山、新疆新源县则克台镇洪沙尔沟、新疆巴尔鲁克山冬牧场哈因沟以及非洲地区大野牛时期的狩猎岩画，原始先民均是凸显动物形象之"大"，以反映创作者对于动物情感的倾诉和崇拜之情。这种"大"彰显了原始先民在心中对现实物象的物理比例进行加工考量，并营造出一种更富有强烈视觉效果的审美意象，使宗教巫术的神秘性和审美的趣味性融为一体。例如，先民在岩石上刻绘牛时，往往夸大牛头或牛角以及突出其笨重的身体,动物的身体大于狩猎者的身体多倍，明显超出了原始动物原有的正常身体比例。在刻绘鹿的时候，将鹿的角进行夸大处理，并在一定程度上运用纤细和轻盈的曲线去勾勒鹿的矫健身躯。在阴山岩画中，先民故意夸大男性生殖器和动物形象，凸显对于繁衍后代和食物需求的强烈渴望。

又如青海省海北藏族自治州刚察县舍布齐沟的一幅岩画《猎野牛》（图3-18），画面中野牛的形象被放大以凸显出一种巨大的视觉冲击力，清晰地反映了作者对现实野牛体型敦实的深刻体悟和精神慰藉。

图3-18 青海舍布齐岩画《猎野牛》
来源：《中国美术分类全集》编委会，《中国岩画全集》（西部岩画1），沈阳：辽宁美术出版社，2006年版。

总之，夸张物象的外形和特征是中国史前先民在主观符合客观的基础上而自行建构的一种岩画艺术造型语言。他们不但将岩画的形象生动地展现给受众，而且运用夸张的艺术

---

❶ 朱志荣、朱媛，《中国审美意识通史》（史前卷），北京：人民出版社，2017年版，第203页。

特征将自身质朴、拙笨、鲜活的生命精神酣畅淋漓地塑写在岩石表面上，把宗教的巫术内涵和原始的审美情感较好地糅合在一起，通过自己的联想和想象并对事物外形进行超现实归纳，使得这种造型符合创作者的内在视像。因此，每一个物象都是先民自身情感生命的闪光点，每一幅岩画都凝聚着先民对现实物象功能性的体悟和宗教性的精神诉求。每一个经过先民夸大、缩小的物象都是其主体以心映物、以心写物的瞬间体悟活动，他们从现实物象中提取其特征，以对比、虚实、造像视角等形式，凭借着对物象的感悟动情和联想，升华自我的审美价值判断，通过遥感巫术将这种渴求幻化为"现实"，从而建构出一整套体现先民自我意志、抒发情感活动、凌驾于客观物象之上的物态化造型。这种夸张在很大程度上是对物象精神世界的宗教探知和重构，是对原始社会自身所隐匿的主次秩序的一种外在体现和试探，它超越了一切既有的感性物质形象，将现实中的物象主观地夸大或者缩小，并创造性地生成了表现自我的某种宗教愿景，从而给我们呈现了一个惊心动魄、内涵丰富、笔简意丰的原始宗教巫术情境。

三、几何化

几何化的造型手法是原始先民对物象的高度归纳和概括，体现了高超的绘画技能和概括能力，它也是先民将大自然中的物象经过大脑的理性处理和审美再创造之后的结果。这种几何化的造型方法又称为"X光线风格"❶。它是对物象进行有序地组织和整理之后而形成的简略几何图像，更是史前先民对整体物象外形和内在结构的概略性纵览。其表现特征为：先民将每一个物象的外形轮廓刻画成直角形或者尖角，身躯的每一个部位都由不同的几何形来构成。动物的臀部使用一条直线表征，双腿底端不封闭，整个身躯使用一个比较完整的几何形态呈现。它们有的是"有规则的，也有不规则的。规则的几何纹样有圆形纹、旋涡纹、方格纹、菱形纹、波折纹、卍字形、三角形、倒三角形等，同青海马家窑文化彩陶上的纹饰和符号有相同和相似之处"❷。这类几何形态在日土县的任姆栋、阴山、昆仑山、蒙古高原以及西伯利亚等岩画点比较常见。从某种程度上来说，先民们将现实物象几何图形化了。这

---

❶ 陈兆复、邢琏，《外国岩画发现史》，上海：上海人民出版社，1993年版，第357页。这种风格主要发现在南美印第安人和澳大利亚阿纳姆高地的奥恩庇里。先民用细密的直线对物象的内在结构进行分割，对物象的内在结构重新解构和组合，尽量用这种带有几何性的艺术方法将物象的内脏和骨骼一一描绘出来，形成一种透视的视觉效果。

❷ 盖山林，《中国岩画学》，北京：书目文献出版社，1995年版，第261页。

些几何形态以少象多，以象写意，以几何抽象化的形式去概括不同的现实物象，以各种几何化的造型来彰显原始世界中丰富的物象与情感世界。创作者挣脱了现实时空、历史事实的羁绊，驰骋想象，虚实相生、上天入地，从而创造了一个又一个造型简洁、刚健柔和、生动活泼、笔简意厚并与受众产生共鸣的经典视觉符号，这种几何造型在某种意义上来说，是物象的灵魂通过简约的几何造型形式的直接呈现。这些几何符号对我们研究人类早期的审美意识有着重要的现实意义。我们通过这种几何化的塑形方法可以把特定的岩画风格与某一个文化直接联系起来，在研究中努力还原史前社会的真实面貌，这在另一个视角上反映了原始先民朴素的精神追求和富有内蕴色彩的生命意识。

（一）中国史前岩画造像中的几种几何抽象形态

中国史前岩画造像中的几何抽象形态可以分为圆形、半圆、三角形、梯形、椭圆形、开角符号、长方形及其他[1]。大多数的几何抽象形态均来自先民对现实物象的高度归纳和总结。一类是自然的形态，它是在原始的写实绘画基础上进一步幻化而成的。先民们所描绘的这些形态大多数来源于现实物象，他们对这些形态拥有一定的认知和审美价值。这些自然形态都是人们所崇拜、所幻想的内容。这种对自然形态的图腾描绘，是原始先民遵循着从模拟到超模拟、从写实到写意的演化路径刻绘而成。另一类则是基于现实物象而进行的数学比例化，"但它却不等于现实中某一具体事物，正如马的概念来自现实中的马，却不是现实中某一匹马。"[2] 以上的两类几何形态遍布在史前岩画的不同母题之中。同时，这些岩画形象也通过这些意味化的几何形态去呈现自身所具有的审美和象征意义。

圆形几何形态多取自太阳、月亮以及水波。原始先民看到从圆心到圆周所构成的最为均匀和最有秩序感的审美运动特性时，联想到了生命精神的永恒，便用这种几何形态去表现宇宙的无限和对神灵的敬仰。古人认为[3]："颉首四目，通于神明，仰观奎星圆曲之势,俯察龟文鸟迹之象，博采众美，合而为字。"钱

---

[1] 这些几何符号形态中的三角形、圆形被早期岩画研究者、法国考古学家亨利·步日耶界定为女阴符号，认为是原始人祈求繁衍后代的一种象征符号。后来勒鲁瓦·古朗将这些不同的几何造型都界定为女阴符号。

[2] 陈望衡，《文明前的"文明"：中华史前审美意识研究》（上），北京：人民出版社，2017年版，第34页。

[3] （唐）张彦远著，范祥雍点校：《法书要录》（卷七），北京：人民美术出版社，1984年版，第225页。

钟书也曾经说过❶："希腊哲人言形体，以圆为贵。毕达哥拉斯谓立体中最美者为球。平面中最美者为圈。窃尝谓形之浑简完备者，无过于圆。吾国先哲言道体道妙，亦以圆为象。《易经》曰：'蓍之德，圆而神。'"圆圈在古人眼里最具有概括性，也是最美的，他们将一些物象的外形和内在结构归纳为圆形，并利用圆形去塑造他们心中意象的造型，凸显了史前人类对于自身生活观念的哲学诠释，用圆形去呈现中国古人的"天圆地方"宇宙观。如在云南沧

图3-19　云南省沧源佤族自治县洋德海
Ⅰ号岩画《五人圈舞》

来源：《中国美术分类全集》编委会，《中国岩画全集》（南部岩画2），沈阳：辽宁美术出版社，2006年版。

源洋德海一号崖画点的《五人圈舞》(图3-19)，五个人围绕一个圆圈，这五人的动作具有相似性，均站立并摇摆身姿，但尽量避免图像的单调，圆圈有虚有实，虚实结合，高低起伏，形成了统一的排列和变化。

三角形的几何形态在史前岩画中经常出现，如连云港将军崖岩画、云南沧源岩画以及北方的人面像岩画。先民一般运用直线对物象进行概括和围合，很少使用曲线，这类形态一般呈现出较细长的造型形式。如沧源岩画中的人物躯体从肩部到臀部，整体地概括成细长的三角形，上宽下尖，呈现了一种不稳定性。而为了获得图像的稳定性，人物的双腿往往是叉开的，这叉开的腿又形成了上尖下宽的三角结构骨架。值得一提的是，头部也以一个三角形垂直插入下面的大三角形呈现，"整个画面大三角形是动的，人物的小三角形是静的，在动中有静，因而我们感到动荡中人物显得端庄而有分量，构图突破了一般而有特色。"❷

长方形在史前岩画形象的塑形过程中也比较常见。在贵州牛角井白岩脚的人物图中，此人双手上举，正在试图与上天沟通。作者用短而粗的横线将躯体分成几个小长方形，造型简洁而又明快。史前先民往往使用直线或曲线在物象

---

❶　钱钟书著，舒展选编，《钱钟书论学文选》（第一卷），广州：花城出版社，1990年版，第45页。

❷　姜今，《画境：中国画构图研究》，长沙：湖南美术出版社，1982年版，第7页。

形体内与外构筑长方形，面积一般较小，用以表现物象的内部结构。如西藏任姆栋的老虎造型（图3-20），整个老虎形象为站姿，老虎的外在造型和内在结构均使用相对较直的线条勾勒，老虎的外面轮廓和内在结构均呈现为大小不一的长方形，整体造型明快而理性化。

原始先民热衷于对岩画形象进行几何化的抽象造像，彰显了古人对几何形的偏爱。德国心理学家W.沃林格在《抽象与移情：对艺术风格的心理学研究》一书中认为[1]："原始艺术本能是把纯粹的抽象作为在迷惘和不确定的世界万物中获得慰藉的唯一可能去追求的，而且原始艺术本能用直觉的必然性从自身出发创造了那种几何抽象，这种几何抽象是人类唯一可及的对从世界万物的偶然性和时间性中所得解放的完满表达。"从沃林格的言语中可知，几何在史前社会的形象塑形过程中占有重要地位，几何化可以诠释为先民的眼睛在内视情况下对所看到现实物象的外在形状所做的总概括。在连云港将军崖的几何人面像和云南沧源岩画中的人物形象都将人物的脸和躯体进行几何化，刻绘成由三角形、菱形、网格纹、圆圈等几何形组成的形象，每一个几何形象都形成了比较严肃、有秩序性的视觉图像。这些几何纹大多由"动物形象的写实而逐渐变为抽象化、符号化的"[2]。如西藏班戈县的《猎牦牛》岩画（图3-21），画中的牦牛造

图3-20　西藏日土县任姆栋岩画
来源：《中国美术分类全集》编委会，《中国岩画全集》
（西部岩画2），沈阳：辽宁美术出版社，2006年版。

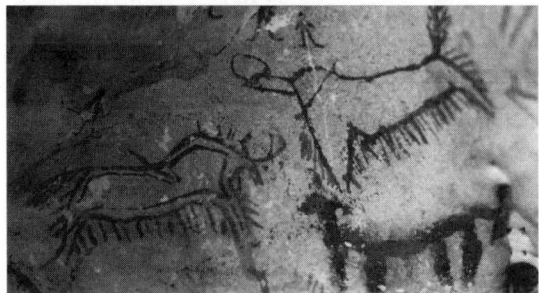

图3-21　西藏班戈县其多山洞穴岩画《猎牦牛》
来源：《中国美术分类全集》编委会，《中国岩画全集》
（西部岩画2），沈阳：辽宁美术出版社，2006年版。

❶　W．沃林格，《抽象与移情：对对艺术风格的心理学研究》，王才勇译，沈阳：辽宁人民出版社，1987年版，第42页。

❷　李泽厚，《美的历程》，北京：生活·读书·新知三联书店，2009年版，第17页。

型被先民几何抽象化了，在最右侧的牦牛，整个身躯由直线构成，直线又演化成一个三角形和一个梯形，也就是说，一个牦牛由两个线性的几何体创构而成；而最左边的牦牛，整个身躯用直线刻绘为几何化的实体，直线遍布在整个动物躯体之上，躯体整体上呈现为线性几何形。从这个例子中，我们清晰地发现，先民用线条在塑造物象的外形和结构时，不仅积极利用曲线对物象进行描摹，而且使用线条构成各种各样的几何形态来表现物象，他们利用线条将主体对物象的感受勾勒成几何形，既彰显了线条勾勒物象外形所带来的审美感受，又表达了先民在内视处理物象之后所进行的抽象几何形塑造时的颖悟。

史前先民利用几何图形对人面进行审美重构与再造，并传递出一种巫术崇拜观念。这些被重构了的几何化符号不直接代表着物像自身，而是史前先民运用较强的抽象思维在物像和几何符号之间建构了一种间接巫术信仰。它摆脱了外在世界的现实化关联，形成了基于现实物象，而高于现实物象的意象几何造型，以几何形态来彰显先民对宗教巫术的高度崇拜。

先民凭借简化的方法将物象高度概括成几何造型。史前岩画创作者倡导要对现实物象中的基本结构进行提取并形成简约化的几何造型，通过这些被高度简化了的图像来表达自己所观察之物的外在形态和内在审美情趣，从而使这些几何形态被创构成带有人工审美意味的符号。在北方，如阴山、贺兰山等地的岩画中，原始先民把动物的轮廓简化成几何形，"动物的背部线条是一条直线，臀部是齐的，腿也刻成垂直的……背部、前腿和后腿用一根线表示，结果使形体变成了彼此同心、互相重叠的两个'Π'形。"❶ 在南方，如云南沧源岩画中高度简约的几何舞蹈造型，人物躯体均被简化成三角形或者梯形，躯体平涂，两腿双线勾勒。如元江它克岩画群中的一个单元岩画《蛙人》（图3-22），整个蛙人在

图3-22　云南省元江哈尼族彝族傣族
自治县它克岩画《蛙人》
来源：《中国美术分类全集》编委会，《中国岩画全集》
（南部岩画2），沈阳：辽宁美术出版社，2006年版。

---

❶　盖山林，《中国岩画学》，北京：书目文献出版社，1995年版，第241页。

造型上呈现几何形，整个造型被简约成七个平面虚实空间，省略了躯体的大量翔实细节。人物主体运用线条勾勒，并将大腿和肩部连接起来，构成躯干的线条有三条，中间的稍粗，富有变化，两边稍细，三条线上部稍宽，下面向内靠拢，整体接近三角形。人物的肩部用一根直线绘制而成，忽略了肩部的细节部分，手臂和肩部呈90度，两手向上举呈平行状。头部由一圆形建构而成，头部和两手在一条线上，肩部、头、手被概括成长方形。两腿呈现方形，大腿和小腿之间形成的夹角是90度，两个小腿向内靠拢。新疆昆仑山的岩画几乎都具有几何化的造型形态，如"圆圈、旋涡纹、方格纹、菱形纹、波折纹、卍字纹、三角形等"[1]。在新疆呼图壁康家石门子沟的岩画上，大多数的女性被处理成三角形和椭圆形。正面的女性胯骨和腿部被简化抽象成菱形，侧面的女性躯干被处理成三角形，腿部以线勾勒，显然，这些女性被创作者赋予人口繁衍和发展氏族的重任。在内蒙古孟根布拉格苏木苏海塞岩画点上，有一幅图案化的女性人物，图中的人物被创作者高度简化抽象成大大小小的三角形和矩形，人物头部浓缩抽象为一个圆圈，五官省略，整个造型经过三角形的高度概括和抽象处理，赋予这种几何造型性别层面的生殖意涵，给我们呈现了女性在舞蹈时的柔美和象征意义，画面充满着节奏和律动意象美，也反映了上古先民已经开始"追求意念和情感形态自我实现的意象心理"[2]。

　　人面像岩画的外部轮廓大多由规整的几何形式构成。史前人面像的外部轮廓是基于原始先民对物象的详细观察后，运用几何图形高度概括创造出来的，呈现出异彩纷呈的视觉效果，并被赋予了极其特殊的宗教精神内涵。这种几何图形，如规则或者不规则的方形、圆形、椭圆、三角形、心形、菱形等，其中圆形使用较多。这些几何形均是先民对现实中的男女生殖器官、首领、英雄、天神、动物、植物、宇宙星辰等物象进行审美体悟之后高度概括出来的。如赤峰地区的白岔河、孤山子、半支箭村以及贺兰山的人面像岩画的外轮廓多为圆形或椭圆形，有的外轮廓呈现为似圆非圆的形制，还有的人面像为了突破圆形，在其人面像外轮廓上添加一些其他的物象。除了圆形之外，还有一些正方形的轮廓，但是大多非四方四角，而是在每一个角上都有一个倒角，方中带圆，圆中见方，它承载了先民对目标事物产生的联想和想象（图3-23）。比较有趣的是，在内蒙古阿拉善左旗双鹤山发现的一张脸部呈现倒三角形并呈现猴子面孔的人面像，在其周围布满了一簇簇的小凹穴，这充分显示了原始先民对

---

❶　盖山林，《中国岩画学》，北京：书目文献出版社，1995年版，第261页。

❷　鲁西，《艺术意象论》，南宁：广西教育出版社，1995年版，第29页。

于各种神灵的崇拜之情，也体现了原始先民以几何图像为主要形式，以实现保佑平安、降福镇邪、衣食无忧的功利目的。如贺兰山贺兰口的一幅人面像（图3-24），采用了线条的塑造形式，将面部及周围装饰物塑造成比较规整化的正方形或长方形，面部的五官呈现出规整化的半圆和长方形，整个画面给我们呈现出一种理性化的几何造像意识。

图3-23　内蒙古阴山地区人面岩画
来源：王晓琨、张文静，《岩石上的信仰：中国北方人面岩画》，北京：社会科学文献出版社，2018年版。

图3-24　贺兰山贺兰口人面岩画
来源：宋耀良，《中国史前神格人面岩画》，上海：上海人民出版社，2015年版。

史前先民还使用其他非规整的几何形来塑造人面像的外在轮廓。在阴山、贺兰山以及辽河等岩画区域存在一些其他几何化的外轮廓造型，如盾牌形、核桃形、骷髅形、猫头鹰、麦穗形、猴子形、玉米形等。这些非规整的几何化轮廓都是原始先民基于现实观察而总结形成的，它们大多是原始人类对女性生殖器官、动物以及死亡的象征性表现。正如宋耀良在《中国史前神格人面岩画》中所说[1]："早期的类圆形比较标准，人面神情也慈祥和蔼；中期变化比较大，心形、猴面形、骷髅形都出现；晚期该类岩画幻形更大，显出怪诞……狰狞之状态。"如在中国的阴山、阿拉善以及桌子山地区分布比较广的骷髅外形人面像符号（图3-25），里面的眼睛用两个大圆圈来代替，异常的狰狞恐怖，鼻子用三角形来呈现，嘴巴则用"皿"字形或者圆圈来表现。这类骷髅外形的人面像在原始社会被认为是死亡灵魂的栖居所。德国学者利普斯（Julius E. Llips）在论述人生

---

[1]　宋耀良，《中国史前神格人面岩画》，上海：上海人民出版社，2015年版，第75页。

图3-25　狼山中部岩画

来源：王晓琨、张文静，《岩石上的信仰：中国北方人面岩画》，

北京：社会科学文献出版社，2018年版。

旅途的终结时认为[1]：逝者的灵魂主要存在于头部，先民们也相信头部拥有着神秘的力量。因此，人类的头部就是成为原始巫觋对其施展巫术的重要指向目标。因此，具有骷髅外形的几何人面像符号被他们赋予神圣而具有超自然的力量，常常成为原始先民敬畏的对象[2]。总之，任何不规则化的人面像都是用来再现那些事物的外在却不为人知的事象，有的属于图腾崇拜，有的属于描摹物象的外貌，还有的则是利用图形与天神建立一种沟通的渠道。但正如我们所看到或感知到的，这些符号所呈现的宗教巫术意义要大于对物象外形的精心描绘。

岩画创作者运用线将平面图形内的结构进行几何划分，并分成大小不等的块。如内蒙古乌拉特中旗呼鲁斯太苏木地里哈日岩画点中的《猎野马》（图3-26），每一个形象均由先民利用直线将轮廓内的结构几何分割而成，分割成菱形、长方形、三角形和矩形，每一块的大小都不同，整个躯体内的分割呈现了扁平化的视觉效果，没有过多地考虑动物形象的结构，只是将躯体进行网状切分。利用直线分割物象内部结构的方式，还有内蒙古阴山、桌子山和宁夏贺兰山的老虎形象。南非学者刘易斯·威廉姆斯和道森将这种分割方法称为"内幻视"影像[3]。这种对躯体内的分割，无疑是对图像中的"实"空间进行再创造、再布局、再构合，以形成比较直观和理性的空间透视视觉效果。图形内被分割成大小不等的块体，大大增强了图像的几何风格性，"并赋予画面一种特别的戏剧性的色彩：这只动物似乎充满了不可遏制的内在力量和拼命向前

---

[1]　Julius E. Llips，《事物的起源》，汪宁生译，成都：四川民族出版社，2000年版，第396页。

[2]　朱利峰，《环太平洋视域下的中国北方人面岩画》，北京：中国社会科学出版社，2017年版，第158页。

[3]　J. D. Lewis-Williams and T. A. Dowson. *The Sign of All Times: Entoptic Phenomena in Upper Palaeolithic Art.* Current Anthropology, 1988, 29: 201–245。

的愿望。"❶ 这种利用线条对物象内的结构进行几何分割的方式，体现了先民对物象造型疏密和繁简的考虑，更体现了先民对物象的几何分析和几何再造意识。

先民使用几何手法来透视物象的内部结构。先民在观察物象的时候，只能看到外在造型和姿态，他们很渴望知道其内部结构，于是就采用了几何化的手法对物象的内部结构进行抽象变化，忽略物象内部的具体结构，将其变幻为不同的几何形状，以满足其对于内部结构的

图3-26　内蒙古乌拉特中旗呼鲁斯
太苏木地里哈日岩画《猎野马》
来源：《中国美术分类全集》编委会，《中国岩画全集》
（北部岩画），沈阳：辽宁美术出版社，2006年版。

视觉渴望。当然，这种几何性的分割是基于物象的基本结构，如以鱼的脊柱、尾鳍以及鱼的整体形状来重构，用几何形把物象内部解剖的细节表现出来，尤其是表现物象的肝脏和骨骼等。

史前先民大多将形象的局部塑造成尖角。在西藏扎西岛的洞穴岩画、呼图壁生殖崇拜岩画、连云港将军崖岩画、广西花山岩画以及云南沧源岩画，都有局部被创作者刻绘成尖角的案例，明显地呈现出几何性的审美感受。在史前先民的造型创构过程中，先民注重整体形象的表现，而基本上省略局部，他们在对物象进行几何变化时，一般多使用直线，塑造成直角，将外在局部的圆形进行大幅度的直线刻绘，形成尖角，每一个尖角所呈现的式样是不一样的，有的是直角，有的是钝角，还有的则是尖中带圆，被刻绘尖角的地方呈现出一种结构明确的形象特征。如广西花山岩画中的蛙形人物造型，在结构与结构相连的地方出现了尖角的痕迹，每一个尖角出现的地方均将舞蹈人的服饰、宗教习俗以及生活秩序表现出来。这种尖角在花山岩画的人物形象中所占视觉比例极高。

手、足、蹄印岩画符号使用了几何造型法。事实上，原始先民的手、足、蹄印符号是根据岩画所表现的象征性之需要，凭借着几何造型方法去塑造的经典符号。"最初几何形的出现不过是客观事物的一种简化或硬化了的摹写。"❷或者作为容易辨识物象的某种方式，它们只是简略化地基于某个整体造型，概

---

❶ 内蒙古自治区文物工作队编印，《文物考古参考资料》，1980年第2期，第16页。

❷ 朱狄，《艺术的起源》，北京：中国社会科学出版社，1982年版，第213页。

括性地将这个造型归于某种几何形态。原始先民使用这种方法去塑造造型就是为了追求简化的视觉审美效果，更为了呈现某种象征意味。它们可能只是用来说明某个特定的人在某个地方（比如"我在这里"）；或者，一个手印可能代表一个人或一群人；又或者，这甚至可能是一些早期的手语❶。如内蒙古达尔罕茂明安联合旗夏勒口、阴山、宁夏贺兰口、福建华安石门坑以及漳浦海月岩等地的蹄印岩画符号，蹄印均用两个半圆或者一个圆来塑造，有的圆形是实点，有的则是空心圆圈，在圆形的底端有一个向里插入的一个或者两个相互叠压的直角三角形，从而形成一个凹陷处，整个造型中的线条既有粗又有细，这种处理，使得蹄印岩画符号产生一种截然不同的审美情趣。人类足印也同样如此，在福建漳浦海月岩、内蒙古四子王旗卫境苏木查干哈沙图，脚印运用粗细不均的线条刻绘，从大脚趾到小脚趾依次变小，说明原始先民对生活观察得很细致。整个造型呈现为长方形，上部呈现为梯形，下部把不规则长方形牢牢衔接在梯形上，各个脚趾又呈现出椭圆形或者粗细不均的短线。凡此种种，均体现了原始先民对物象的感性追求，这种追求既包含了对自身图像的宗教诉求，又体现了原始先民无拘无束的悠闲生活。正如陈望衡所说❷：几何化的造型符号高度体现了原始先民"已经具有发达的理性思维。正是这种思维才让人远远超出地球上的其他生物而成为'万物之灵长'。"

总之，几何符号是原始先民内视化的一种视觉图像，他们用这种符号去传递不同的信息，而这些信息又超越了时空和原始的生命精神。它是基于原始社会现实的某种图像，经过主观简化和高度概括，使其成为更符合创作者与神灵进行沟通交流和审美要求的二维平面图像。在此基础上，运用线条对图像进行直接几何创构，这种创构是对物象的高度抽象和再造过程。如果说，写实是对现实物象的直接摹写，那么，几何塑形就是对现实物象内外形式与结构的浓缩，与现实具象艺术既有区别又有联系。先民把物象的形式抽象成几何形，将先民的精神、情感以及意愿加以抽象并物化成直接可辨的几何图像，通过这些凝聚着精神礼仪和功能化❸的几何造型将创作者对物象的审美和精神感悟镌刻

❶ 吉纳维芙·冯·佩金格尔，《符号侦探：解密人类最古老的象征符号》，北京：北京联合出版公司，2019年版，第151页。

❷ 陈望衡，《文明前的"文明"：中华史前审美意识研究》，北京：人民出版社，2018年版，第147页。

❸ 有的学者认为几何造型是原始先民用来记录季节的重要标志符号，如昆仑山的螺旋纹和菱形纹饰均刻绘在岩石的顶端，方向是对着宇宙深空。胡邦铸，《昆仑山的岩画》，《新疆艺术》，1985年第2期。

在岩石表面上，它们有的对称、重叠，还有的几何造型被创作者赋予"大量的社会历史的原始内容和丰富含义"❶。人面像中的几何造型受到原始社会的审美意识和宗教巫术思维的深刻影响，它是将现实化的人物形象演变为一种适合氏族部落崇拜的虚构人物造型。原始先民将大量的几何学造型观念穿插到人面像的外部和内部结构中，几何造型的大小、宽窄以及疏密都全方位地象征着先民内心的精神渴望和物质诉求。手、足、蹄印岩画符号的几何造型是基于原始人类自身的功能和审美、对立与互补、几何与自由、技艺与思想造型原则进行创构的，每一个造型或者每一个转折面都蕴含着原始先民凭借神秘符号去体现原始巫术的内涵意旨，它们无不揭示了古代先民的理性造像话语，更凸显了自身对于形式美规律的熟练掌握和把控。

四、本节小结

史前岩画的造像是先民基于物象而不滞于物象的结果，是主客观融合、体悟得神的意象造型形式，是先民凭借简约、夸张以及几何化的手法对现实或臆想物象进行创构的活动。他们通过对客体的观察和体悟，总结和概括出一种符合主体诉求的简约符号形态，并就各式各样、分门别类的形态的局部进行夸张，使得这些图像产生有别于其他造型的视觉效果。他们用简约化的线条和明晰的体与面的关系去塑造一个个鲜明生动的"活的生物体"。这种形态的创构不但满足了史前人类对大自然的高度赞美，而且，这种造像彰显了先民自身对物象的整体提炼能力和造型刻绘能力，它极大地提升了先民绘画的宗教性，拓宽了先民的认知范围。可以说，简约、夸张以及几何造像不仅仅是先民将自己对物象的审美瞬间幻化为物态化的方法，更重要的是，它内蕴了先民自身对物象的情感和诉求。他们用最简练的线条和块体去创构他们内心中属于自己的精神之象，用这些造型方法去表达他们在早期宗教巫术影响下的生存观念。

第三节　造型特征

史前先民在造像活动中使用了不同的方法进行造型，产生了大量的各式各样的造型形式，也必然带来了异彩纷呈的造型特征。这些纷繁复杂的造型均是原始

---

❶ 李泽厚，《美的历程》，北京：生活·读书·新知三联书店，2009年版，第29页。

先民"近取诸身，远取诸物"❶的结果，他们把自己日常的所见、所感、所闻、所悟的事物，共同融汇于各类简约的造型之中，使得史前岩画造型刚柔相济、动静相成、别具一格。史前岩画造型形式基本上趋于人格化、程式化，所有的造型都呈现出平面剪影化的特征，体现出宗教巫术和审美的融合。显然，这些平面造型均突破了图像自身的三维性，他们用丰富多彩的造型去呈现远古时代的人文内涵和绘画艺术，从而共同凝铸了一个"鲜活的"生命体。同时，也有一些原始岩画造型逐渐摆脱了宗教巫术的束缚，转向了记录物象的实用性，向着功利化的方向发展。因此，史前岩画的造型自身具有鲜明的造型特征，主要表现在以下几个方面。

一、人格化

"人格化"的造型特征是主体把人的情感、装束等赋予对象之上，是人类思想的物态化和物的人格生命化的产物，是人类思想的外延和实践活动的表象化。他们用人格化的方式去同化自然物象，被同化的造型之上有了人的痕迹，向我们呈现了人与物在生命层面的契合统一，物我交融。它体现了先民想运用这种方法对现实物象施加宗教巫术影响，大大增强了人类对物象的感知功能和心理功能，并在社会实践中架起了一座人与动物对话的"桥梁"。在一定程度上，它突破了人自我叙事的范畴，将人类的思想以刻绘的方式强加于某个具有象征意义的图像之上，它拓展了人的实践范围，延伸了人的自我情感，更体现了原始先民对宗教巫术的渴望和崇拜，唤起人内心对于神灵崇拜的情感和信仰观念，给每一个人格化的物象打上了深深的宗教巫术烙印，让这些物象成为人类精神的寄托物和生活栖息地。

"人格化"又称为"拟人化"（anthropomorph），顾名思义，就是在写物的时候运用写人的话语去写。也就是先民以某个图像为载体，通过人的思想、意识和行为的有效传播，将人的智慧、灵巧以及人的七情六欲主观赋予对象之上，使物象呈现出人所具有的情感和生命色彩。我们以太阳神人面像为例来阐述这个问题。太阳神人面像是原始先民在对人物面部体悟的基础上，直接或间接地模拟他们所崇拜的人或物（如部族长老、巫觋、英雄人物等）的脸部和太阳的光芒射线来组成太阳神人面像，结合太阳图形并抽取人面和太阳内在生命精神而建构起来的，它是太阳和人面互相结合而成就的造型形式。太阳神人面像"头部呈各种各样的圆形，最普遍的是同心圆，有时边上环绕一组小圆点或

---

❶ 黄寿祺、张善文，《周易译注》，上海：上海古籍出版社，2012年版，第343页。

短线，表示太阳光"❶。圆圈之内有眼睛、鼻子和嘴巴，它被赋予人的模样。这种创造既是将太阳"人格化"，又是将人予以"对象化"，先民们相信太阳神也具有人类的喜怒哀乐的表情。有的太阳神为了突出其人格化，特意在射线的外面加一道或者半道圆圈，乍看上去，就像皇冠一样❷。"严格的意义上，人格化意味着人把自然现象看成具体表现出来的模拟人的较高的存在，人赋予众神以他自己的形式"❸。如桌子山召烧沟的太阳神人面像、阴山磴口县太阳神人面像、连云港将军崖太阳神人面像以及巴丹吉林太阳神人面像都是被先民人格化的典型代表。

因此，原始先民将所崇拜的神灵刻画成人的形状，它一方面渗透了某种现实化的政治权利，并向我们呈现了史前岩画的人面像是由人格形象向神格阶段逐渐演化的过程。另一方面给我们展现了一种狰狞恐怖的人面表情。如贺兰山的一幅太阳神人面像刻绘作品，画面上用线条的形式刻绘了一个充满人文内涵的太阳神人面像，作者将太阳和人类的五官相结合，瞪大的双眼、鼻孔佩戴饰品以及惊恐万分的表情，在圆圈之外有辐射线就像头戴了一个发光体，耳朵两边有双线，表示饰品。这件作品的作者是将巫师作法时，巫师身体上佩戴的细节赋予太阳神图像之上。这些被打上人格化烙印的太阳神岩画均是史前巫术或宗教仪式的产物，它"是史前巫术思维将动物、植物以及人'等量齐观'的自然结果"❹。艺术家凭借这些经过人格化的造型去传"象外之象"，从这些象外之象中我们可以认真地观察和体悟到史前岩画艺术家如何通过画面形象的创造去传递史前的审美意识的。

第一，原始岩画形象具有物的人化造像特点。物的人化是原始先民塑造物象时常用的方式，特别是在原始宗教巫术盛行的时代。这种物的人化往往表现为将人的思想情感转嫁给对象，把人的意志施加于某个物象，将人的喜怒哀乐以点、线、面的形式刻绘在对象上，原有对象不具有这种表情，但是通过先民对有关造型进行"有意味"的刻绘，在对象上施加了人的影响，并灌注了人的思想情感，这个物象也会与受众"交谈"，展示出不同的表情。更有的先民将

---

❶ 安杰伊·罗兹瓦多夫斯基，《穿越时光的符号：中亚岩画解读》，肖小勇译，北京：商务印书馆，2019年版，第62页。

❷ 盖山林，《再谈贺兰山、阴山地带人面形岩画的年代和性质》，《学习与探索》，1983年第5期。

❸ 米夏埃尔·兰德曼，《哲学人类学》，张乐天译，上海：上海译文出版社，1988年版，第14页。

❹ 户晓辉，《地母之歌：中国彩陶与岩画的生死母题》，上海：上海文化出版社，2001年版，第180页。

对象进行装饰，模仿人头戴的饰品和身上穿的装束，如太阳神。如桌子山的太阳神岩画（图3-27）。是一位头戴光冠、五官呈现半抽象状态的神性人面像，射线围绕着脸部轮廓，长度一致，眼睛还戴着面罩，龇牙，在圆圈的下面有两根竖线，表示两条大腿，一条大腿向外撇，两条大腿呈叉开造型。

第二，物的人化还表现在原始先民对牛的崇拜，以"牛"的视觉图像来凸显吉祥与崇拜话语。甘肃、青海、西藏等地，主要是以狩猎牛为生，对牛的崇拜要高于其他的动物，先民常常赋予"牛"人间与仙界的思想，使得"牛"的视觉图像成为"首领""保护神""宇宙"和"地神"的形象象征物，清晰地反映了西部地区社会存在的二元对立思维模式。牛的形象遍及南北方的岩画图像之中，如甘肃、青海、西藏、云南等地。

图3-27　内蒙古乌海市桌子山召烧沟岩画
来源：《中国美术分类全集》编委会，《中国岩画全集》（北部岩画），沈阳：辽宁美术出版社，2006年版。

图3-28　乌苏里江萨卡奇-阿梁岩画
来源：盖山林、盖志浩，《内蒙古岩画的文化解读》，北京：北京图书馆出版社，2002年版。

第三，中国史前岩画在塑造物象造型的时候，还表现为人的物化。"人的物化"指的是史前先民利用凿刻、磨刻以及绘制技术，针对客观物象进行卓有成效的模拟与仿生，凭借着夸张、变形、象征的手法，生成一个能够浓缩与凝聚人类意识的虚拟视觉图像。如乌苏里江萨卡奇-阿梁的太阳神人面像（图3-28），画面上整体呈现出一幅惊恐的人物表情，眼睛用双圈纹饰勾勒，鼻孔用两个圆圈表现，嘴巴则刻绘出一个扁的椭圆形，在圆圈的外面还刻有耳朵，头顶上有九根太阳光芒射线。这个画面既突出了太阳神的人格魅力，又表现了原始先民较高的写实艺术功底。

第四，整个太阳神人面像高度体

现了"人的物化和物的人化的综合体"❶。因此，原始先民就运用"人格化的方法，创造了许多形形色色的神灵偶像来'同化'自然力……巫师通过制作神像，并通过祭祀它，以达到'同化自然力'的目的"❶。在连云港将军崖的太阳神岩画中，一个圆圈内加一实心的圆点，外圈布满太阳的射线，还有的和农作物的叶子相关联，三角形内下半部分画五官，上半部分是太阳射线。贺兰山的太阳神岩画有的是光芒四射的太阳形象，也有的是一个圆圈内加一个圆点，还有的则在中间加一个抽象的图形并在其周围画一些射线。桌子山的太阳神岩画是一种头戴光冠、五官呈现半抽象状态，射线长度较一致，有的除了头戴光冠之外，还有长鼓包类或三角形、菱形的人面像。如云南沧源太阳神岩画，在一个圆圈内站立着一个持弓射箭的人，圆圈外有太阳射线；还有的一个站立的人左手持武器（盾牌），右手持一根棍，头顶有光芒。在广西左江太阳神岩画则是一个站立的人，左手高举太阳形象或头顶上有太阳形象。这类造型高度浓缩了先民对于人化和物化思想的熟练运用，他们想通过视觉图像将自己的意志传达出来，并成为一种被氏族部落长期遵守的仪式仪轨。同时，这些视觉图像已经被先民赋予一种神灵般的崇拜思维，他们认为这个视觉图像就是他们的祖先或者某个受崇拜的神灵实体。

　　总之，人格化的岩画造型特征是先民用主观情感赋予对象之上，是由人的物化和物的人化共同构成的。先民把动物的形象与人的形象相结合，将这些物象幻化成灵物，并自愿使对象成为自己崇拜的对象，视为图腾或者保护神。这些被崇拜的物象大多蕴含着原始先民对萨满教中各种神灵人格化的物态表现，也蕴含着人性在神性图像创构过程中的觉醒。太阳神人面像的造型既要突出人面与太阳形象，并将两者与先民情趣相互交融，形成同体共生、感同身受、借像抒情的感性话语；又要将"人格化"以不同的希冀赋予其各种各样的人的情感与生命精神，使其成为沟通天地、人神以及主客自我的重要桥梁和纽带。他们渴望通过这个经过人格化、对象化了的并具有神性视觉效果的太阳图像，去唤醒他们自身对抗大自然和弘扬自身的主体力量，生动地表现了"人神合一"的生命精神价值，使之从自然化的物质世界中解脱出来，遨游于超自然的时空环境中。

二、程式化

　　"程式化"是岩画从写实发展到一定阶段后的重要造型特征，是先民对物

---

❶　盖山林，《中国岩画学》，北京：书目文献出版社，1995年版，第138页，第185页。

象的外在造型进行全面整合和归纳之后的结果，是物我契合统一的外在造型显现。这类岩画图像不再以现实物象作为形成图像的主要架构方式，而是将现实中的物象经过主体的情感化、知觉化、理性化进行去伪存真的艺术处理，形成具有高度概括性、简洁性、统一性以及标准性的图像模式。在一定意义上来说，它是对物象基本造型的高度概括基础上的一种重复行为，从而形成有节奏、有韵律的岩画造型特征。

所谓的"程式化"，又称"模式化"，盖山林将其称为"类型化"[1]，指的是史前先民将某类物象的内外形态概括和抽象成为比较固定的几何样式[2]，它"往往不求形似，但求神似，图像显得简练、扼要"[1]。它频繁出现在史前岩画的各类母题的造像之中，它是将客观物象进行图案化、相似化、类型化的处理，每一个造型都拥有着相同或相似的外在形式和结构，他们"把无规律的变为有规律的，不定型的变为有定型的，从而创造出自己特有的程式来"[1]。它强调模式化和标准化，不再照搬自然或者模仿自然，而是对原型物象的一种图案化的深化和拓展。它摆脱现实物象外在形象与结构对艺术家思想、技术的束缚，从原始物象的烦琐细节中找到一个既能体现物象的外在形式，又能展现物象内心风韵的一个方面，将这个方面经过原始艺术家高度概括、简约并以艺术化的语言展现出来。它是作者运用"均衡、重叠、对比、连续、变化、错综、反复、间隔、节奏、交叉、对称、疏密、变态、夸张、缩小"[1]等手法创构出来的规制图像。对于先民来说，这类造型非常容易表达他们内心的精神信仰和现实需求，在一定程度上真实地再现了先民对现实物象造型的审美体悟。

中国史前岩画中的形象非常注重程式化的造型特点。我们发现，在中国南北方的狩猎、舞蹈以及宇宙崇拜等母题的岩画之中，均具有相同或相似的造型特点，例如，舞蹈造型多数呈现双腿叉开、双臂上举或下垂或掐腰，狩猎者多数均呈现正面且处于拉弓待射的状态，等等，从远处看这些造型甚为壮观。内蒙古乌兰察布岩刻以及阴山岩画中，人物与动物的基本造型都是用一条简洁化的躯干线构成的，四肢在躯干四周向外伸展。在云南沧源、元江它克、花山崖壁以及呼图壁等多处岩画点上，岩画中的人物躯干均呈现倒三角形。他们双腿交叉，双臂有的上举，有的下垂，而且每一个造型均呈现正面，躯体内省略一

---

[1] 盖山林，《中国岩画学》，北京：书目文献出版社，1995年版，第213页，第206页，第202页，第234页。

[2] 李福顺，《中国岩画创作中的审美追求》，《文艺研究》，1991年第3期。

切较为感性的细节，只用几何形态的线来刻绘外在的轮廓，从而把这种特定的表现技法逐渐演变成秩序化的造型语言。西藏岩画中鹰的形象大多表现为双翅展开、头上尾下的正面造型。在云南沧源岩画中具有生殖崇拜的图像，人物形象都是运用五笔勾勒完成，均呈现站姿，而且所呈现的夸张和装饰的风格基本一致。这些富有程式化的表现特征在很大程度上表现了当时的人类对这些造型具有某种特殊的巫术和情感需求。

第一，狩猎人物体形的程式化。在狩猎岩画中的人物形象均呈现静态站姿，少部分是骑在马上射猎。站姿的猎人一般呈现正面，人物双腿向前屈膝，肩部为正面，双腿前后叉开，叉开的角度从15度到50度不等。大多数陆地上的狩猎者手持弓箭处于待射状态，有的左手持弓，右手射箭。有的右手持弓，左手拉箭。骑在马上的狩猎者一般只刻绘上身身躯，双臂均呈现动作。但是，有个别的人物形象处于跑动状态，并身穿衣物，如在大黑沟岩画中的射箭女性就有宽松袍子之类的服饰。

第二，狩猎场景的程式化。纵观南北方的狩猎岩画，特别是北方地区的岩画点，每一个狩猎场景都经过艺术家的精心构思，均呈现一种大气氛的紧张场景。"即在人群与被围猎对象的相互冲突的关系中揭示事件的发展结果。"❶ 也就是说，每一幅狩猎场景都突出了一种惊心动魄的围猎情景，有的箭已经射进猎物的腹部，有的射箭引起猎物的四散逃跑，还有的猎物已经躺下，等等。每一幅狩猎岩画均由很多的动物围合而成，有的地方疏，有的地方较密。狩猎者一般在画面的边缘区域，动物则位居于画面的核心区域。如阿尔巴斯山的一幅《猎虎》岩画，画面上描述了猎虎的紧张过程：画面上处于中间的是被先民夸张和射中了的一只躺下的大老虎形象，张口獠牙，体积庞大。右边一个较小的狩猎者，拿着箭对准老虎的嘴巴待射。人物向后仰，两腿叉开，箭放低，双腿屈膝，呈现攻击状态。在狩猎者下面有一只猎狗作站姿警戒。整个画面突出了狩猎过程中的危险和紧张的气氛，从而给我们呈现了一种强烈的视觉审美冲动。

第三，人物和动物形象的刻绘呈现了写意化的程式效果。史前狩猎岩画的作者均重视物象外形的"神韵"，对于外在具体的、细致的造型不太重视，几笔"随意"勾勒，似像非像。重点描述狩猎动物的特征以及侧面所呈现的轮廓，有动物呈现出奔跑样式，创作者将图像统一进行类型化的设计，动物的

---

❶ 宁克平，《中国岩画艺术图式》，包青林绘图，长沙：湖南美术出版社，1990年版，第14页。

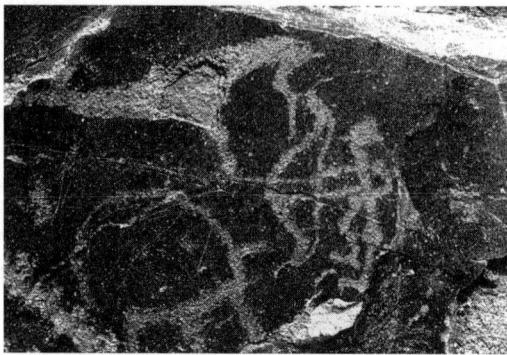

图3-29　新疆塔城和布克赛尔蒙古自治县
岩画《狩猎》

来源：《中国美术分类全集》编委会，《中国岩画全集》
（西部岩画2），沈阳：辽宁美术出版社，2006年版。

两条前腿向前伸展，后面的两条后腿也向前推进，这样就能够将动物奔跑的视觉效果表现出来。有的则静止仰望远处，好似在警觉着什么！广西花山岩画、福建仙字潭岩画在人物造型方面具有相似之处，都是运用写意化的程式进行人物塑造。如新疆塔城的《狩猎》岩画（图3-29），画面上不管人物还是动物均被作者作写意化处理，人物和动物均使用简略的线条显现其内在精神，形简但意不简。

第四，舞者动作的程式化。史前岩画的创作者将现实物象中人形演变成几何形居多，如三角形、梯形、圆形或者"×"形等，这些具有程式化的人形一般组成横排，创作者将这种个性化的体现现实的想象手法赋予对现实物象的真情实感之中。在广西花山岩画中，骆越先民对每一个人物形象进行几何概括，人物双腿向外弯曲90度，双臂上举，正面，整体上呈现蛙形，把一个场面宏大、人物层次分明、动作程式化的祭祀场面呈现出来，这是何等的壮观呀！又如在甘肃黑山的岩画，其中舞者动作均表现为程式性：人都是站立的，能明显地能看到双腿，身躯由两个三角形构成，人物的头部用点元素刻绘而成，只画出舞者的轮廓、剪影、正面像，舞者的臂相互连接。原始先民利用这种舞蹈来表达一种早期的团结观念或者一种宗教祭祀仪式仪轨，整体上体现浓厚的巫术氛围。通过这种舞蹈可以有效地对史前宗教仪礼状态下的抽象"公共"观念进行舞蹈上的表达。同时，这种连臂舞更是对氏族部落中的"共同性""公共性"以及"社会性"进行艺术性的象征表述❶。

第五，人物形态勾勒的程式化。人物形象尽量用最少的笔画勾勒出来，通常寥寥数笔：一笔是从头部向下与一腿相衔接，另外一笔是直接刻绘另外一条叉开的腿，还有一笔则勾勒左右手臂持弓箭的姿势。还有的先民使用两笔将狩猎人物勾勒出来，如云南西畴狮子山岩画点的狩猎人物，在画面中，人物狩猎

<hr>

❶　汤惠生、张文华，《青海岩画：史前艺术中二元对立思维及其观念的研究》，北京：科学出版社2001年，第148页。

的姿势被概括成一个"十字形"，上下左右方向各有标志人像部位和手持物件的点或线，人物形象的躯干被浓缩成一条细细的线条，这不得不让我们感叹史前人类的图像概括的能力！又如云南沧源勐省岩画点的人物形象（图3-30），每一个形象都是呈现双手上举，有的平伸，有的做其他的上举动作，大部分人物双腿交叉，也有的是外翻。所有人物均使用几何化的形态勾勒，躯体使用三角形，上宽下尖，四肢使用僵直的细线，形态明

图3-30　云南省沧源佤族自治县沧源勐省
岩画点部分岩画

来源：《中国美术分类全集》编委会，《中国岩画全集》（南部岩画2），沈阳：辽宁美术出版社，2006年版。

确，简洁。因此，原始岩画中的人物形象其动作简单且具有程式化特点，千篇一律，人物造像简练，表现出古代先民具有某种严格的造像秩序和浓郁的宗教色彩。

第六，人面像岩画也呈现程式化的造型特征。这个问题主要包括两个方面的内容。

一方面，人面图像呈现一定的规律性。在北方乌海市桌子山召烧沟、阴山以及贺兰口的岩画点里，太阳神人面像的图像均呈现一定的规律性：一个圆圈或者几何形态（三角形、骷髅形、玉米形、桃形、女阴形、椭圆形、方形等）作为太阳神人面像内外的主要作画区域，面部多以圆弧线对五官及其他部位进行描述。有的一片岩壁上同时凿刻几十个造型完全相同的人面图像。在此基础上，在这些圆圈或者几何形态的外面加入长短不一的太阳光芒射线，数量较多，射线均呈现辐射状，且自始至终粗细变化相互交替。圆圈和几何形的内部均使用线条簪刻近似于五官的形状，而这些五官的刻绘都是超越于现实，采用高度的概括化的方法，如鼻子概括成三角形，嘴巴概括成"皿"字形，眼睛概括为两个圆圈，鼻子下面的八字胡须概括为两条向外撇的线条，等等，额头均有折线状的装饰纹饰。整体的面部均呈现惊讶、恐怖、大笑、害怕、窃喜以及严肃等表情，很少有写实的。整个太阳神人面像图像所刻绘的范围均为头部，用头部展现古代先民对太阳神或火神的崇拜，大多数的太阳神人面像没有身躯，形成了以头部为核心的主要表现对象。

另一方面，岩画图像与作画技法或作画地点相统一。不管是贺兰山还是四

川珙县的太阳神人面像，均刻绘于岩石表面，"它是某种崇高神灵感召力和凝聚力的一种体现。"❶ 他们希望通过岩石表面或者崖壁表面的空间来传递先民对神灵的祭拜之情。由于北方地区的一些石料硬度较大，北方的太阳神人面像均凿刻于巍峨且绵延起伏的深山中的巨大岩石、石盘的表面，他们用凿刻的技法将线条深深地刻画在岩面上，就像神灵位于整个祭拜仪式的最前方并且朝向大家，显示出一种威严和神秘的宗教意味。这些被深深凿刻的线条整体上呈现厚重、稚拙的特征，写实性较强，富有一定的体积感，散发着浓郁的生活气息。而南方的一些岩画点，如四川珙县、广西花山以及云南沧源等地，由于当地发现了大量的矿物颜料，如铁矿、氧化锰、磁土等，先民们就借用这些矿物颜料与动物骨髓或血液搅拌，对现实或臆想图像进行绘制，并且将这种红褐色与悬崖峭壁相结合，使得岩画图像呈现出一种神圣的场域性。

第七，坑穴岩画符号具有程式化的造型特点。

首先，坑穴岩画符号整体上表现出近似圆形的程式化造型。"圆"具有非常单纯的视觉形式，体现了原始先民朴素的审美形式和造型观。"圆周上的终点也是起点，生死轮回、周而复始。"❷ 在宁夏贺兰山的贺兰口，河南具茨山以及辽宁鞍山的千山镇、大孤山镇和唐家房镇等一些岩画区，大多采用近似圆形的形式，呈现半球形，上面没有盖，有深有浅，所有的坑穴造型全部朝天，圆圈边上的凿刻较粗，有的上宽下窄，也有的上下同宽，呈现"U"字形剖面。这种近似圆形的造型彰显了原始先民的哲学观念和审美情趣，原始先民将生命形态的轮回以一定的外在形式包容在近似于圆形的空间之中，充分体现了原始先民对圆形的哲学体悟和自身心灵的历史变迁。

其次，坑穴岩画符号的排列也有一定的程式化倾向。史前坑穴岩画有的散落在岩石表面上，也有的是成排排列或者组成一定的形式，构建一种崇拜样式，有二排十二坑穴、二排二十四坑穴、三排十八坑穴或六排三十六坑穴等。这些横排结构，呈现了古代先民对于数学思维的物象化抽象表达。坑穴岩画符号排列还注重大小之间的相互穿插，强调疏密、动静关系，在小坑穴边上，必然要排列一个稍微大或比较小的坑穴符号。还有的排列数具有一定的奇偶性。在内蒙古海勃湾岩画点上，有坑穴岩画符号排列成一排，有人说它象征着宇宙或者星星。还有的坑穴岩画符号无序地散落在岩石上，但有大小的区分，很像是星辰散落在夜空中。

---

❶ 覃圣敏，《骆越画魂：花山崖壁画之谜》，南宁：广西人民出版社，2009年版，第118页。
❷ 朱志荣，《夏商周美学思想研究》，北京：人民出版社，2009年版，第130页。

总之，岩画的程式化造型是在对原有物象的总结和概括基础上形成的，具有简洁化的特征。它以一种模式化的标准反复出现在画面上，程式化的造型突破了现有物象外在造型的束缚与制约，在一定程度上体现了审美与实用的完美结合。原始先民利用这些具有程式化的造型加强与受崇拜之物的联系，以这种僵硬而又呆板的图像去召唤神灵的庇佑。他们呈现的姿势是那么的相似，为我们研究不同地区的原始文化提供了一定的参考价值。它也体现了先民对形式绘画语言的娴熟运用，更彰显了先民将富有程式化的造型特点以哲学化的话语有秩序地呈现在岩石上。它不但揭示了程式化造型的象征意义，而且将这些相似性的造型形式形成具有一定意味化的视觉语言。我们既要看到这种程式化的造型隐含着宗教性的象征语义，使得画面产生一种整齐划一的审美视觉感受，又要注意："岩画的程式化造型强调了事物的共性，削弱了它们的个性，这个过程暗示出先民们的概括和抽象能力的进一步提高，它表明写实开始向符号形式演变。"❶

三、平面化

平面化的视觉语言是史前岩画重要的造型特征，这种艺术特征不但将三维视觉图像以简约化的二维形式进行空间呈现，而且，这种平面化的艺术特征承载着先民辨识物象的功利性考虑。这种表现为后来的中国山水画以及其他类的平面绘画增添了艺术处理之法，给人一种造型明确、直观性强的视觉特点，也对不同种类的绘画凸显作者的审美情感起到了重要的联想和想象的作用。

先民将三维形体用线面结合的方式转移到二维平面上，突出物象的主要特征，省略某些细节。正如内韦逊说的那样，二维空间的画面呈现出虚实、有无的神秘境界，吸收了形象中的所有细节，以轮廓将物象表现出来。在原始岩画里，史前先民在进行平面塑造形象时，详细观察现实生活中的物象，重在强调平面中的上下和左右的二维空间关系。即它在图案上安排空间的样式基本上是两维空间，它没有深度感，没有或只有很少相互重叠的形状，都是从最典型的、图解式的角度来表现对象，所有的对象都具有明确的轮廓线，色彩也是单纯的❷。岩画家更加注重角度表现和取舍物象最关键的局部特征。他们将三维立体形象经过主观处理，把原来物象的厚度"压缩"成一张纸那么薄，只塑造观

---

❶　户晓辉，《中国人审美心理的发生学研究》，北京：中国社会科学出版社，2003年版，第102页。

❷　谢崇安，《中国史前艺术》，海口：三环出版社，1990年版，第125页。

者一侧的形状，而另外一侧不予理睬。轮廓内的细节省略，用单一色来填涂。他们将每一个物象最有特征的轮廓以正面或侧面的形式平面地布置在岩石之上。由此可见，中国史前岩画中的人物和动物，就是用线条或者块面将对象的外轮廓勾勒出来，强调物象的特征，不追求任何的透视角度，而只追求在二维化的空间中将物象的轮廓呈现出来。轮廓之内的细节完全被岩石的面给取代，从而使岩石上有限的物象造型达到无限的意境美。

原始先民将太阳神人面像塑造成平面性的形象。一般来说，先民重视太阳神人面像的五官和射线的二维空间关系，不管这个形象是基于哪一个面部特征发展而来的，现实的三维特征在岩画中全部演化为二维平面空间。而太阳神人面像里面的所有轮廓和结构均使用一维的线条经过围合、交叠、交叉等形式构建成平面视觉图像。向我们呈现了一个基于平面而不滞于平面的三维立体想象空间，它仿佛把我们带回到了"文明前的文明"的时代。这充分显示了原始先民借用岩画造型的平面特征进行虚实有序、动静结合的创作，构成了一幅彰显宇宙生命精神的微缩艺术画卷。

史前岩画的人物和动物造型都凸显了平面化的造型特征。史前岩画中的人物和动物都用线条或者块面对物象进行平面塑造，虽说用"墨"较少，造型简约，但是每个物象都生动传神，充分体现了物象的姿态、特征以及精神风貌。如广西花山崖画中的舞者首领（图3-31），作者用较粗的几何线条将舞者的动作勾勒出来，不管是人和动物的躯体还是各自的局部部位上，平面性的图像让我们快速分清物象的外轮廓，并且将表意的图像理性地显示出来，不至于让我们从三维空间去区分物象。这样也容易突显物象，即使省略了一些细节也不影响事物本质的外显，物象平面部分大气、豪爽，充满了先民的某种想象和愿望。

图3-31　广西左江花山岩画（局画）
来源:《中国美术分类全集》编委会,《中国岩画全集》
（南部岩画1），沈阳：辽宁美术出版社，2006年版。

史前岩画的平面造像有两种方式。一种是物象中线的左右两边以对称或平衡的视角进行塑造。这种左右平衡对称的平面构像是"以等距对称为原则，规整之中又体现出和谐的韵律感"❶。造型明确，能鲜明地呈现出史前先民对物象的直观感受。如广西花山与福建仙字潭中的蛙形人物、云南沧源岩画中的人物、云南麻栗坡岩画中的大王、宁夏贺兰山中的舞者以及青海东北部与甘肃西部交界的祁连山岩画中的放牧人等，这些造型均是先民以正平面的外部形式将物象的形状塑造出来。每一个人物的造型都呈现了左右对称或者左右平衡姿态，左右两边的视觉量具有相对均衡性。另一种是剪影般的正侧面塑形。如一些岩画点的动物形象。这种塑像好像一张纸贴在岩石之上似的，作者只是刻绘了一个轮廓，里面都被省略掉了，没有任何一点透视和视觉角度，就是将三维的物象压缩成平面，让受众看到一只眼或一个耳朵的同时，促使受众基于对真实动物的视觉观照去展开联想和想象。

总之，平面化是史前岩画的重要造型特征。把物象浓缩成二维画面，省略一切细节，将所有的物象无一例外地如剪影般地浮现在岩面之上。尽最大努力去避免重叠和覆盖，将宗教思维与生活审美共同融入这个虚空之中，共同支撑起每一个物象自身的生命体。先民用"这种概念式的表现可能是将征兆视觉化以便作为图像'索引'之用的最佳方式"❷，使得每一个物象既能生动地展示其行为和姿势，又能准确地表达先民们的审美情趣和审美意味。

四、本节小结

总而言之，史前岩画造型是超越于原有物象，将富有审美意味的图像用简约、夸张以及几何的表现手法清晰地刻绘在平面岩石上。每一个造型都是先民用心感悟、用心实践去拓宽对于不同物象的认知的结果。他们将自己的情感以线条的形式注入这些富有变化的平面造型之中，虽然造型在整体上看着较为程式化，但是，在这种静态的背后蕴藏着物象生生不息的生命精神，并散发出独特的历史气息和韵味。这些平面化的形状是中国绘画造型重要的起点，是在中国文字产生之前先民之间重要的沟通形式。它线条精妙细腻，富有自由流畅之感，使我们从任何一个造型中都能洞察到当时的历史、文化、宗教思想等各个方面的历史风貌。史前造型尽管受到原始宗教思维的深刻影响，可是，岩画的造型与当地的原始风俗、仪轨密切结合，在造型中凝聚了艺术家对现实物象的观察和体悟。一方面先民用不同的造型去表达对宗教巫术的强烈顺从性，另一

---

❶ 朱志荣、朱媛，《中国审美意识通史》（史前卷），北京：人民出版社，2017年版，第73页。

❷ 巫鸿，《武梁祠：中国古代画像艺术的思想性》，柳杨、岑河译，北京：生活·读书·新知三联书店，2006年版，第102页。

方面他们用岩画造型去揭示人自身的社会地位，并内蕴着阶级产生的因子，也显示出岩画造型具有不同民族和地域的审美品位。

第四节　本章小结

综上所述，造型是史前岩画图像呈现在世人面前的重要视觉形式。它是建立在史前人类"观物取象"思维观念的基础之上的，均是原始先民基于点、线、面等视觉元素对物象外在轮廓与内在结构的一种意象再造过程，每一个造型均受到原始萨满宗教、二元对立思维的深刻影响，蕴含了主体对客观对象的颖悟，并通过物态化的形象给我们呈现了原始先民的巫术崇拜和巫术预演。在一定程度上，岩画的造型体现了原始先民的主观意愿、审美要求和世俗化的生存信仰，他们运用凿刻或者刻绘的技法对物象的造型进行高度概括和书写，将先民内心的生命精神物化为不同的平面视觉造型，每一条线都是先民对于世界万物的体悟、判断，从而创造出汇合体。每一条线或形象都受到原始宗教巫术观念的统摄与影响。

一方面，从技术上来说，史前先民的造型创构之法开辟了人类观察物象和再造现实物象的道路，它引导人类以高度简约的造型去创构二维平面视觉图像。另一方面，从视觉表现上来说，先民运用不同的造型将不同的母题清晰地表现出来。每一个母题上都包含着形形色色的造型，它们主动让受众抓住物象的突出特征，以点带面，凸显图像的认知性和审美趣味性。这大大提升了人类观看视觉图像的效率。每一个图像都是先民对物象的高度抽象，他们将简约、夸张以及几何造型手法与自己的生命精神共同融合到这些小小的画面造型之中，以形写神、几何再造，并赋予图像以人格化、程式化、平面化的特征，从而创构出符合原始先民内心宗教思维、描述自我、展现周围环境、彰显审美意蕴的视觉优美的画面，给我们呈现了无比自由洒脱的审美意象。

第四章　史前岩画构图的审美特征

第四章图片

　　史前岩画构图是先民为了展现不同的母题而进行的一种视觉创构活动。先民利用不同的构图方法把造型形象有序地布置在画面的某个位置上，使这些被聚拢的图像呈现出作者所要表达的事象或者巫术寄托，形成了具有一定"意味"的视觉画面。史前岩画的构图特征不仅承载着先民的审美意识和审美体验，而且为中国后来的传统绘画提供了某些可以借鉴的方法与规则。

第一节　构图形式

　　中国史前岩画的构图是传统绘画构图的源头，更是我们继承先民绘画精神来发展自身绘画艺术的重要视觉经验。先民把岩画母题通过适合的构图形式转化为可视的视觉画面或形象，在岩石表面上形成了重叠、秩序、动静等多种构图形式，这些别具特色的构图形式为我们诠释那个时代的社会内容和民俗民风提供了重要的参考资料。

一、重叠

　　原始先民利用重叠构图去呈现作者所要表达的空间意图，以一种重叠式的视角重新构建人类的生存秩序和有空间性的世界图像之美。这种崭新的语言叙事法则和表达方式，体现了浓烈的主体思维意识。先民试图通过形象的叠加，去凸显原始物象的本来面目，去阐释他们内心中具有生命之气的"第二自我"。

　　重叠是史前岩画构图中一个重要的形式。重叠构图是运用一种经济、方便、快捷的构图形式来表现宏大气势的群众场面❶。中国岩画构图多采用并置的方式将图像有序地排列在岩石表面上，而西方的岩画采用重叠构图的现象较多。在云南沧源岩画中"图形有重叠现象，一块崖壁往往画过许多次"❷，西藏

---

❶　朱狄，《雕刻出来的祈祷：原始艺术研究》，武汉：武汉大学出版社，2008年版，第450页。

❷　汪宁生，《云南沧源崖画的发现与研究》，北京：文物出版社，1985年版，第19页。

任姆栋岩画区域"可以看到各期岩刻的重叠现象，诸如中期的狗覆盖在早期的图像上，晚期的豹重刻在中期的羚羊身上，或是晚期的鹿叠压在中期的鹿上"❶，内蒙古乌兰察布岩画区有一部分岩画图像呈现上下交叠状态。这些重叠构图有的是制作者主观将图像形成关联性，有的就是一种游戏心态，有的可能是祈求丰产的巫术，还有的表现宗教巫术或者带有记录和回忆的功能。不管是何种重叠都是实现先民内心图式（空间与祈求丰产的巫术行为）的重要路径。重叠不会使前后两个物象的完整性受到损失，这有利于我们深入探索史前先民的审美意趣。如新疆呼图壁的生殖岩画局部，整个画面采用了舞蹈者之间相互重叠的构图形式，有的男性叠压在女性的下方，有的女性叠压在男性的下方，

图4-1　新疆吐鲁番地区托克逊县柯尔碱村征战岩画
来源：《中国美术分类全集》编委会，《中国岩画全集》
（西部岩画2），沈阳：辽宁美术出版社，2006年版。

双方都在前者的造型边缘露出来其局部造型，如大腿或生殖器等，图像之间的相互遮挡足以引发欣赏者丰富多彩的联想和想象。又如新疆柯尔碱村的征战岩画（图4-1），这幅岩画錾刻了正在战争的场面，先民骑着马或者站在马旁边，持弓箭对射。在人物和战马之间，作者采用了重叠的构图，将两个物象相互结合在一起，形成一个视觉中心，展现征战场面的宏大。

先民利用重叠构图来表现空间关系。史前岩画是刻绘在岩石之上的，岩石是平面，所以史前艺术家要在平面上凭借着"重叠的方法来解决透视问题"❷，即利用形象之间的叠加去表现空间结构。艺术家一般将简化的物象以轮廓化的方式呈现在岩石表面上，岩画中往往几个物象相互遮挡，这就造成了物象之间的前后排列。前面的物象在造型繁密、比例以及强烈动势上区别于后者，并用寥寥数笔将物象的前后空间层次清晰地表现出来。他们通过自己对空间的颖悟，把"掩盖与被掩盖所具有的那种特有的"空间前后性质呈现出三度空间。美国心理学家、艺术理论家鲁道

❶　陈兆复，《中国岩画发现史》，上海：上海人民出版社，1991年版，第172页。
❷　陈兆复、邢琏，《原始艺术史》，上海：上海人民出版社，1998年版，第114页。

夫·阿恩海姆（Rudolf Arnheim）认为❶："我们之所以能够在一幅平板画上看到深度层次，是因为我们在观看这种画时无意识地联想到了我们平时观看物理空间时的经验。当我们在画中看到重叠式样的时候，可以根据自己以往的经验，认识到这两件互相重叠的物体之间的空间关系。""重叠在决定各物体在第三度中的顺序方面，就有着特殊的价值。对于某些画家来说，创造空间的最好的办法，就是通过互相重叠着的事物组成连续性系列。"从阿恩海姆的话语中我们发现，重叠就是保持着物象一前一后的叠压关系，使物象与物象之间存在着有秩序化的、有数字关系的排列，如一、二、三等。每一个物象都是相互重叠，而不是相互独立的，它是通过物象的两个相互交叉点来确定空间关系的存在。例如大西峰沟岩画点上有一幅老虎岩画，画面的最前面是一只体形饱满、身躯内装饰花纹并张牙咧嘴的老虎，占整个画面的一半以上，在其脚下与后面的一只山羊相互重叠，山羊比例小，就呈现向后移动，而老虎的造型都呈现出向前进的空间意味。再如黄羊湾岩画中的一幅作品，从近处到远处有三个物象，近处的一只动物叠压在第二只动物之上，形成了平面上的空间远近关系。这种关系不是现实化，而是一种虚幻性的三维呈像。而第二只动物又叠压在第三个人物的脚上，这就构成了一个连续性的平面空间。"这种前后关系无须有真实的光线、明暗变化，人的视觉会自然而然地以重叠方式加以阻止，成为实际空间中所对应的逻辑关系。"❷ 所以说，先民们凭借着叠加的构图方式将画面中的形象由远及近地呈现出来，营造了一个三维立体化的虚拟空间。

重叠构图在中国史前岩画中具有较强的宗教巫术性质。在新疆阿勒泰的岩画中，我们发现在岩石表面上曾经绘制出从上到下很多层次的结构，这些画面结构相互重叠。显然这些"乱涂乱画"绝不是出于娱乐或者好玩，而是与宗教巫术相关联的，体现着原始人类对神灵的崇拜和对物象的占有。在他们看来，这种重叠就是为了狩猎的成功或者其他的宗教巫术形式❸。在阴山岩画的一幅作品中，作者在画面的左上角刻绘了两个作舞蹈状的人形，两个人相互叠加，似有巫术交媾含义。或者说，画面的重叠意味着史前人类在对图像刻绘之前，就将带有宗教巫术的象征特质巧妙地渗透到即将要刻绘的画面之中，只不过他们

---

❶ 鲁道夫·阿恩海姆，《艺术与视知觉》，滕守尧、朱疆源译，成都：四川人民出版社，1998年版。

❷ 冯民生，《意象与视像：中国山水画与西方风景画空间表现比较研究》，北京：中国社会科学出版社，2015年版，第110页。

❸ A. A. 福尔莫佐夫，《苏联境内的原始艺术遗存》，路远译，西安：陕西师范大学出版社，1992年版，第61页。

图4-2 新疆阿勒泰郊区牛奶厂岩画
《羊鹿群像图》

来源:《中国美术分类全集》编委会,《中国岩画全集》
(西部岩画2),沈阳:辽宁美术出版社,2006年版。

是通过画面中的重叠图像去呈现罢了。朱狄在《原始文化研究:对审美发生问题的思考》一书中这样说❶:"形象的重叠也是巫术的一种重要迹象。"牛克诚先生也认为❷:"在原始艺术品中,图像间的重叠、累积痕迹证明了这些图像是在一个个巫术动作、巫术仪式中而层进形成的。"

艺术家利用不同物象的相互重叠来体现某种巫术行为,似乎在向世人宣告自身有着非凡的神力。他们所创造的图像是由一个个的巫术动作和仪式构筑而成的,是一种神圣的象征,体现着原始巫术的力量。当然,这一切都是由岩画重叠构图所决定的。如在新疆阿勒泰郊区奶牛场的《羊鹿群像图》(图4-2),画面中的直线互相交叉,形象与形象之间形成了粗细、疏密对比,有的地方被刻画了很多次,人类借助于岩石上的形象去表达自己在实际生活中想要获取的东西,这是一种巫术的意图表达。

如上所述,重叠构图是原始先民展示史前生活面貌的一个重要方式,是先民对现实空间最大化的提炼和概括,体现其对于空间纵深观念的理解和颖悟。先民对岩画形象进行有区别、有秩序、有层次地创构,形成了一定的前后空间层次,展现了他们对于宗教巫术的崇拜和探索。先民用艺术图像来代替自然物象,把万物有灵的原始思维渗透到岩画作品中,由此呈现了神秘而又诡异的巫术和宗教崇拜活动。这也正是先民对于生产和生活的模拟由内容到形式的叙事

---

❶ 朱狄,《原始文化研究:对审美发生问题的思考》,北京:生活·读书·新知三联书店1988年版,第312页。

❷ 牛克诚,《"力"的空间与"神"的空间:北系岩画的布局特点及其与巫术、宗教相联系的使用》,银川:宁夏人民出版社,2000年版,第352页。

情节演化过程，正是岩画图像的"美"作为"符号形式"来呈现的那个时候的民族信仰和传统观念。

二、秩序

秩序性是史前先民在生产和生活中通过对自然规律的观察和体会而得到的。日月的交替、动植物渐进式的成长以及春夏秋冬四季有秩序的呈现，这些都促使创作者在构图的时候有意识地按一定的规矩和秩序进行排列。南北方岩画中各题材的画面均呈现出一种秩序性。这种秩序性高度体现了先民的构图意识和审美精神，并集中体现在他们对于人神、天地、高低以及大小等元素的考量。

在各类岩画的构图中，原始先民将生命精神归结为一种秩序感。如云南麻栗坡的大王岩画（图4-3），整幅画以两个巨大身形的人物为中心，这个人物不但体积大，而且身体的装饰细节显然比其周围的物象更加复杂，在其下面有非常小的动物或人物形象，画面呈现从中心向外发射、由大到小或者以大统领整个画面的秩序结构。这种秩序是一种基于先民原始思维的视角来判定的，是一种掺杂着主观情感与巫术意愿的知识体系。他们通过这种"有意味"的秩序结构，去建构适合自己氏族部落的社会生活。再如，在云南沧源岩画中的舞蹈者都是排着整齐的队伍或者围成一个圆圈跳舞，这本身也体现了一种秩序性。这些具有秩序化的视觉图像频频出现在原始岩画中，每一幅岩画都用秩序性去讲述原始先民的生活规则。

第一，在动物秩序排列上。除去个别零散的动物，大多数的动物均呈现前后直线排列、竖式排列、以大带小或者若干动物相互叠加在

图4-3　云南麻栗坡大王岩画

来源：《中国美术分类全集》编委会，《中国岩画全集》（南部岩画2），沈阳：辽宁美术出版社，2006年版。

一起，进而将作者对物象的情感通过有序的形式呈现出来。比如，为了展示动物的交配关系，将动物排列成一前一后；为表现动物之间的亲密性，就将动物排列成两头相对。如新疆伊吾县前山乡乌勒盖岩画中的一幅放牧岩画，画面中的动物均呈现竖式排列，从下向上逐渐变小。这种具有秩序性的队列编排，呈现出了作者基于巫术仪轨或者巫术信仰而形成的序列观念。我们可以将这种被原始人类赋予岩画表面的某种排列称为一种宗教礼仪性的秩序，从而形成了原始社会超自然的信仰力量。当然，这些排列形式与当地的风俗也有着紧密的联系。

第二，在人物秩序排列上。在北部和西部的岩画中，人物多以骑马的形象出现在画面里，人物所在的位置都是围绕着捕猎活动而进行有序布置的，并有意穿插在各种较大体形动物的周围，动物比较突出，而人物在体形上均属于动物的陪衬。在南部的岩画中，人物均是按照某个类别统一起来进行排列，如跳舞都是横竖排列或者圆圈排列，或者所有的人物形象都围绕着中间一个人排列。如劳作场面，就在最前面安置一个人，后面紧跟着牛；行进的人群排成排等。还有的人物排列是将一个大人物放置在视觉的中心，其体形略大于周围的人物形象，如广西花山岩画中的众人以及中间的大人物。还有反映生殖的跳舞岩画，采用上下、前后、两两相对、排成一列或者环形排列，如津巴布韦萨萨地区的队列舞蹈人物❶，所有的人物形象呈现有秩序的横向排列。

例如，内蒙古阴山岩画中连臂舞的人物形象，画面中四个人物手牵手一起舞蹈。类似的作品还有宁夏贺兰山岩画、新疆富蕴唐巴勒塔斯洞穴岩画以及云南大理洞穴岩画等。针对这种类型的排列，著名的人类学家格林·艾萨克（Glynn Issac）在《科学美国人》（Scientific American）杂志上就提出"食物分享"理论❷。该理论认为，一种食物放在营地，食物作为一个中心点，而人则围绕着食物进行分享。这种有秩序的排列"不仅是对原始社会公有制这样一种抽象'公共'概念的表达，同时也是氏族部落等某一社会组织中'公共'或'共同'关系的体现"❶。他们通过这种队列或者环形的形式，去表现原始社会的一种礼仪秩序或者某些"规则""惯例""协议"等形式❸，以前后的顺序性形

---

❶ 汤惠生、张文华，《青海岩画：史前艺术中二元对立思维及其观念的研究》，北京：科学出版社，2001年版，第154页，第148页。

❷ G. Isaac. *The food-sharing behavior of protohuman hominids*. Scientific American, 1978，238(4): 90–108。

❸ 加里·特朗普，《宗教起源探索》，孙善玲、代强译，成都：四川人民出版社，1995年版，第212页。

成宗教的约束力和某种契约关系，表达先民对于这种宗教和契约的遵守。如广西花山岩画的人物排列具有一定的秩序美（图4-4），以一个巫觋为中心，所有的人物形象都朝向或者转向这个人物。人物与人物之间呈现横排模式。又如新疆石门子呼图壁岩画中的女性，画面中最右边的人物形象最大，向左依次逐渐变小，形成了右宽左窄的视觉效果。不管岩画是以何种秩序排列，都蕴含着古代先民对于原始宗教巫术的渴求，以这种秩序性的排列去表现原始思维状态下先民对某种自然秩序的巫术控制，以及彰显原始社会区别于动物世界的社会性特征。

第三，史前岩画的构图呈现出原始信仰的秩序性观念。在内蒙古曼德拉山上有一幅《放牧与骑者》岩画，画中体形较小的骑者被作者穿插安置在数个体形高大的动物之间，三个体形高大的动物形象呈现三角形，稳稳地占据整个画面的视觉中心。在原始岩画中，动物的形象经常处在岩画画面的中心位置。在史前万物有灵的社会里，动物是先民衣食生存的主要来源。因此，先民对动物抱有至高无上的精神信仰。另外，一些被作者有意缩小的人物形象或者更次要的小型动物形象，如狐狸、狗或狼，其位置始终被先民布置在画面的角落或者受众视觉容易忽略的地方。而且，每一个被缩小的形象均靠近被夸张的动物周围，以小衬大，这样就形成了原始先民以大型动物作为首要的信仰秩序观念。如甘肃四道鼓心沟的一幅岩画（图4-5），画中一头野牛被作者夸大，其

图4-4　广西左江花山岩画（局部）

来源：《中国美术分类全集》编委会，《中国岩画全集》（南部岩画1），沈阳：辽宁美术出版社，2006年版。

图4-5　甘肃嘉峪关市黑山四道鼓心沟岩画

来源：《中国美术分类全集》编委会，《中国岩画全集》（西部岩画1），沈阳：辽宁美术出版社，2006年版。

比例远远大于人以及下面的动物，他们把大的动物放置在视觉最容易看到的地方，鲜明地反映了史前社会原始天地万物的宇宙秩序观。

第四，史前岩画的构图具有视觉秩序性。在史前岩画的构图中，除去单个物象之外，凡是有两个以上的物象所构成的岩画均呈现视觉秩序性。先民一般将各种形象有目的地刻绘在岩石上，去叙述一个故事或者情节。首先，先民要凸显画面的中心形象，这个形象一般在技术层面夸大、疏密以及点、线、面上都与其他的形象有着明显的区别，可以使受众很轻易地将中心形象与其他形象相互区别。如在宁夏地区大麦地岩画中有一幅《虎食羊》的岩画（图4-6），作者为了表现老虎的形象，就将老虎的体形故意夸大并放在上面，让其呈现的视觉量远远大于下面的小羊的视觉量。所以说，作者将中心形象列为第一视觉画面，将那些不重要或者起陪衬作用的对象列为第二视觉画面。对于后者作者一般会采用简略、缩小以及较疏的刻绘形式，从而与第一视觉中心拉开距离。

图4-6　宁夏中卫市东园乡北山大麦地
岩画《虎食羊》

来源：《中国美术分类全集》编委会，《中国岩画全集》
（西部岩画1），沈阳：辽宁美术出版社，2006年版。

总而言之，中国史前岩画中的秩序性体现了原始先民遵循自然规律、尊重宗教仪轨的审美观念，在构图的过程中，以大小、长短、远近等作为凸显画面内容的重要切入点，从而使有序排列的艺术形象呈现出某种巫术。这种秩序往往超越了个体的审美心理，将一些主观情感倾注于画面之中，并进行有序地布置与排列，把这些形象构建成具有深远意味的岩画艺术。

三、动静

遍布在中国境内的史前岩画，其构图方式具有动中有静、静中有动、动静相合的特征。"动"与"静"是中国古代美学反映艺术家精神状态与审美心理的一对范畴。"动"强调运动、变动，"静"则指安静和静止。在动态中活灵活现地展示物象的生命精神，在静态中呈现安静祥和的生命状态。或者说，在"动的过程中追求捕捉那一瞬间的姿态，静的表现中体现一种似动非动、欲动未动的状态"❶，从而使中国史前岩画形成了一个和谐的画面整体。

　　第一，原始先民完全依靠物象自身的姿势来呈现动静关系。中国史前岩画先民在对物象进行现实观察的时候，亲眼看到了物象中的动与静，这些物象的动与静体现着主体对宇宙生命的颖悟。先民在刻绘岩画的时候，往往用最简洁的二维剪影方式去呈现物象的姿势。或者说，通过夸大物象的局部特征或躯体面积，简化细节，来描绘艺术形象的动静姿势，以此来呈现大自然之中的刚柔相济、动静相成的内在生命力。内蒙古阴山、乌兰察布草原和宁夏贺兰山的岩画（匈奴岩画）一般表现动物的静立状态。在表现动态状态时，动物形象以逼肖对象为主，动物的角极度夸张，多采用亲昵、搏斗、撕咬、吞食等场面，或"采取奔跑中四蹄并拢之瞬间姿态，脚较短，背部隆凸，或腹部鼓起"❷。如内蒙古阿拉善曼德拉山的岩画，不同的动物和人物呈现出不同的动作姿势，有的奔跑，有的站立不动，画面上动静相结合，完美地体现了原始社会丰富多彩的生活场景。再如内蒙古乌拉特中旗呼鲁斯太苏木地里哈日岩画《猎野马》（图4-7），画面的上方刻绘了正在奔驰的野山羊，在其下面有三匹野马静静地站立，右边有一个身体前倾、头部微微向后倾斜、双臂平伸作拉弓姿势的猎人正对准中间的一匹马的头部，猎人的动作极为夸张，呈现了一种动态化的视觉话语。史前先民凭着对物象的细致观察和卓越的表现能力，运用动静的视觉形态将富有生命活力又各具风姿的艺术形象栩栩如生地展现出来，形成了兽群、人群的动静关系。以上的案例说明，物象自身的动态是由物象所呈现的角度或物象自身的行为姿势导致的，而物象的静态则把即将发生的一些事情瞬间凝固化。

图4-7　内蒙古乌拉特中旗呼鲁斯太苏
木地里哈日岩画《猎野马》

来源：《中国美术分类全集》编委会，《中国岩画全集》
（北部岩画），沈阳：辽宁美术出版社，2006年版。

---

❶　朱志荣、朱媛，《中国审美意识通史》（史前卷），北京：人民出版社，2017年版，第147页。

❷　盖山林，《丝绸之路草原民族文化》，乌鲁木齐：新疆人民出版社，1996年版，第155页。

第二，原始先民利用岩画形象的旋转或者倾斜，在画面中起到平衡布局、活跃气氛、强化变化等作用，从而使画面产生动势的视觉审美效果。在北方的岩画点中，岩画构图较为动荡，尤其是反映狩猎、战争或者捕杀的场面。我们可以看到一些物象东倒西歪，有的垂直布置，还有的歪斜放置在画面上，以此来表现动物的死亡或者充沛的生命活力。例如在阴山、贺兰山岩画中倾斜的鹿、马以及虎群等。除了狩猎之外，北方岩画也有表现日常宗教生活的具有动静形态的构图，如新疆呼图壁县康家石门子岩画中的连臂舞，内蒙古阿拉善曼德拉山岩画中反映原始先民居住的帐篷与倒立的马的形象，阿尔泰山岩画中的宗教仪式图像（上面与下面形象均被旋转与倾斜）等。各个岩画点的构图大多使用倾斜的物象、倒立的姿态等外在形式，给人以动荡的视觉感受。如内蒙古曼德拉山的《骑马人》岩画，整个构图呈现出一种动态化。作者用一条短斜线勾勒出向前倾的骑马人形象，其左臂较短且紧抓马头，右手较长并在用手拍打马儿快跑，马的后腿不是直立的，而是正好和骑马者的身体前倾方向相反，马的后腿后倾使马儿抓地能力提升。又如内蒙古曼德拉山的岩画《萨满作法》

图4-8　内蒙古阿拉善右旗孟根布拉格苏木曼德拉山岩画《萨满作法》
来源：《中国美术分类全集》编委会，《中国岩画全集》（北部岩画），沈阳：辽宁美术出版社，2006年版。

（图4-8），原始先民将骆驼设定为一种静态的物象，它始终保持规矩的站立姿势，昂首，挺背，表现出骆驼似动非动、欲动未动的静态神韵。画面中间是一位双手向天、身穿大长袍的巫师，其倾斜的造型说明他正在作法。这也充分体现了原始先民对物象动态瞬间的捕获和感知能力，使整幅岩画作品刚柔并济、动静相成。

第三，原始先民常常以大小形象的相互交错来进行画面构图，呈现出岩画艺术的动静特征。先民的宗教思维和实用目的深刻影响了岩画形象的大小和布置。如康家石门子的大小老虎岩画、青海舍布齐狩猎野牛岩画以及连云港将军崖中的大小人物岩画等。这些岩画有一个共同的构图形式，那就是岩画中的大小形象相互交融，一高一低，跌宕起伏。岩画的制作者一般将狩猎对象、张弓搭箭者、骑者、首领、性器官以及具有特殊需要的形象作为画面构图中"大"的物象。这些主要的形象在画面中占有很大的画幅，布置在画面的视觉中心位置。大的物象象征着强大的力量，隐喻着权威性，诸如太阳神、巫觋以及酋长。次要的形象则相对较小，并围绕在大的物象周围，甚至是容易被视觉忽略的地方。因此，大小物象之间就形成了具有节奏和韵律的视觉动静效果。如新疆裕民县巴尔达库尔山和木垒县博斯坦、宁夏中卫市榆树沟岩画中的狩猎者被作者描述得很高大，手持弓箭射向一只正在行走的动物。这些岩画构图都是将最大的注意力放在狩猎对象上，其他的人物或者动物都被缩小，大小物象形成了间隔性、跳跃性的动静视觉效果。再如内蒙古曼德拉山的《塔与动物》岩画（图4-9），画面最右边刻绘了一座尖塔，筑于基座之上，占整个画面的三分之一。在塔顶的左边并稍低于塔顶的地方有一头牛，在这头牛的左边并低于牛的位置有另一头动物，在这头动物的左上角有一匹马，马下面还有一匹小马。从画面的左侧到右侧呈现出一种波浪式的高低起伏效果，这与塔的形象也形成了相互照应的审美关系。

图4-9　内蒙古阿拉善右旗孟根布拉格苏木
曼德拉山岩画《塔与动物》

来源：《中国美术分类全集》编委会，《中国岩画全集》（北部岩画），沈阳：辽宁美术出版社，2006年版。

四、本节小结

综上所述，通过对岩画构图形式的分析，我们认识到中国史前岩画的构图形式呈现了原始先民对巫术、空间以及审美的追求和探索，把现实中的立体图像以平面的形式布置在岩石上，岩画图像的重叠、秩序以及动静大多内蕴着史前先民对现实生活的记录和对未来生活的憧憬。他们希望运用这些构图形式来展现其对物象的占有和崇拜。他们用有限的构图形式强化了画面的叙事能力，而且为原始岩画增添了无限的意境，从而造就了一个超越现实、超越审美经验并富有浓郁巫术意味的视觉画面。

第二节　构图方法

史前岩画中的构图方法是将史前岩画的造型由单一呈像转向复合构像、由凌乱布置幻化为秩序构图的重要一环。先民通过使用鸟瞰构图、平面构图以及主次关系构图等方法，将单一的造型形态逐渐演变为具有审美意味的岩画艺术。用这些构图方法去再现已经发生过的事象，去记录那些难以言说的母题内容。每一幅岩画都凝聚着先民独特的审美意识和对神灵的无限崇拜。

一、鸟瞰构图

鸟瞰构图是古代先民以俯瞰的视角将众多单个形象聚拢在一起的重要方法。先民从视觉的高处对物象进行观察、刻绘和整合，它不仅突破了平视视点的限制，而且保留了物象整体的身姿和主要特征。它们通过鸟瞰构图，将这些现实物象的符号凝练在岩石之上，使这种构图式样充满了大量的巫术意味的原始内容。可以说，先民通过对场景的纵深式和整体性的创构，使岩画母题、形象特征以及场景空间等因素更加真实、鲜明地呈现出来。

鸟瞰构图呈现出一种立体的空间意味。在中国原始岩画的构图中，史前先民从来不会止步于一个点上去观察物象，而是从各个视角和各个位置去展示对象。他们基于一定的宗教巫术情节，选择一个合适的视点去呈现物象。先民利用鸟瞰构图对现实场景进行空间再现，以动物所在的位置来增加整个画面的长度、高度和宽度，从而获得一种更加广域化的、具有纵深感的视觉效果。也就是说，鸟瞰构图是"将辽远事象和前后景物都收入眼底的图案构成，它是出于艺术家完整展开事象的目的而形成的一种幻觉，是象征手法和平视得到升华（倾斜）的奇特想象，体现了一种'以大观小'的美学准则"❶，当然也形成了具有虚拟化的立体视觉空间。如今，我们所看到的古代狩猎岩画、放牧岩画以及舞蹈岩画等，大多是利用鸟瞰构图去展现一定的空间视觉性，把现实化的立体空间转化为平面化的虚拟立体空间。先民往往将画面中的单个物象之间拉开距离，有的距离大，有的距离小，物象与物象之间大多呈现出上下、左右、前后的空间性。尽量避免物象的相互遮挡，最大限度地保持物象体态的完整性。值得注意的是，画面最上方的物象是场景中最远处的视觉点，画面下方的物象是距离作者最近的，从最前面的物象到最后面的物象均形成了前后空间的纵深

---

❶　谢崇安，《中国史前艺术》，海口：三环出版社，1990年版，第126页。

性、延展性、连贯性和整体性，这也可视为对三维立体空间的再现与模拟。

原始先民以现实的空间存在形态作为参照物对岩画形象进行鸟瞰构图，以此来描述和记录古代社会的某个场景和现实情况。例如新疆阿勒泰杜拉特的一幅岩画《群兽图》（图4-10），作者运用鸟瞰构图详细描述了在草原上生活的动物，并展示了广域化的空间。动物的造型是否准确对作者来说不是最重要的，他们更加注重对动物内在"神性"的表现。这种表现超越了艺术家的现实观察，用想象性的艺术语言对图像进行巧妙的处理。

运用鸟瞰构图呈现单个物象的完整性。纵览中国各区域的岩画点，我们发现，在采用鸟瞰构图的岩画上，每一个造型或者形状均呈现了完整性。先民利用鸟瞰构图将每一个物象的体形和情态以写实或抽象的方式进行记录，并完整地向观众进行展示。物象与物象之间的空间距离是不同的。也就是说，先民尽量规避画面中不同物象的相互重叠，从而使物象的造型能够完整地呈现出来。如西藏日土县鲁日朗卡的动物岩画（图4-11），画面从上到下的各个动物体形和姿态都被完整地呈现出来。又如巴丹吉林的猎羊岩画，画面采用鸟瞰构图的方法，使动物的肥硕与矫健、狩猎人拉弓待射的姿态以及动物静静地矗立的姿态均鲜明生动地呈现出来，以此来完整地表现原始社会的经济活动和宗教巫术活动。可以说，史前先民通过鸟瞰构

图4-10　新疆阿勒泰地区阿勒泰市
杜拉特岩画《群兽图》
来源：《中国美术分类全集》编委会，《中国岩画全集》（西部岩画2），沈阳：辽宁美术出版社，2006年版。

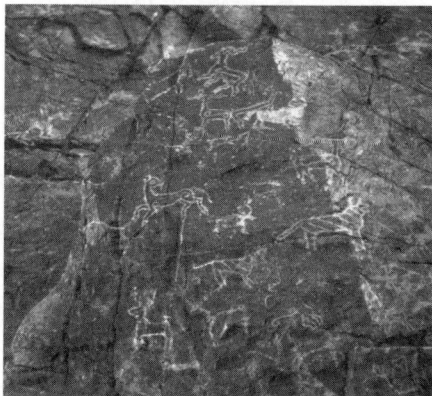

图4-11　西藏日土县鲁日朗卡岩画
来源：《中国美术分类全集》编委会，《中国岩画全集》（西部岩画2），沈阳：辽宁美术出版社，2006年版。

图给受众提供了一个展示自我、呈现民风的一个通道。

鸟瞰构图大多呈现在物象较多的集体活动中。鸟瞰构图就是要凸显整个场景的宏大叙事，在一定程度上展现了集体的伟大力量。在西藏日土县的一个祭祀活动的岩画中，作者对整个祭祀活动采用了鸟瞰式构图，画面中将人物和动物一排排地展示出来，行与行之间有一定的空间距离，从前到后、从左到右呈现了广大的视觉空间。这样的岩画在宁夏大麦地、内蒙古曼德拉山、云南沧源、新疆呼图壁岩画也经常见到。

总之，史前先民利用鸟瞰构图给我们呈现了一个具有广域化、整体性、延展性以及纵深感的视觉空间画面。这种构图不仅再现了古代社会的理想家园和社会情态，而且每一个完整的物象都规定了其所在的空间位置和空间形态。事实上，这种鸟瞰构图的目的"通常是用来保佑动物繁殖、求雨或激起他们想达到的自然现象出现"❶。我们从每一幅画面中都能追寻到那个时代不同母题所展示的宏伟场景和扣人心弦的历史故事。

二、平面构图

岩石上的二维空间是复合呈像的重要承载区域，它解决了史前先民的绘画如何承载、布置以及展示的问题。平面构图是指在岩石表面上，将不同的物象有秩序地布置在二维空间中，用平面的空间去展示三维视觉效果。在此过程中，先民通过每一个物象的不同位置来表达自己对于时空性、地域性以及意象性的审美追诉。

岩画的平面构图呈现了物象的平视结构。史前先民"将物象由长、宽、高三度空间变为只有高、长或高、宽的平面形象后，接着将一个个平视形象排列在一条水平线上（可正面、侧面或背面）"❷。这种结构往往表现为受众的视觉与物象的造型相平行的状态，也就是物象与视觉统一在一条线上，整个画面的物象具有形态的相似性。画面中的物象没有视觉和物象的高低区分，更没有物象的立体语言，他们往往将每一个物象都限制在一定的范围内，并在物象的排列上力求成行。如新疆阿勒腾尕松村的岩画《牛群》（图4-12），画面上的牛和鹿被先民成列布置在岩石的二维平面上，四头动物的构图均呈现平面剪影。它们排成一排，有的快跑，有的漫步，呈现出一片安详宁静的远古牧场景象。

---

❶ 杨超、范荣南，《追寻沙漠里的风：巴丹吉林岩画研究》，北京：九州出版社，2010年版，第140页。

❷ 宁世群，《西藏民间木雕艺术漫谈》，《西藏艺术研究》，1991年第3期。

图4-12 新疆和静县八音乌鲁乡
阿勒腾尕松村岩画《牛群》

来源：《中国美术分类全集》编委会，《中国岩画全集》（西部岩画2），
沈阳：辽宁美术出版社，2006年版。

平面构图表现出创作者对于透视的追寻。中国史前先民重视透视在平面构图上的使用，他们希望在平面的空间中展示立体化的视野，比如远近、高低等空间视域。可是，原始先民对透视原理知之甚少，缺乏立体透视空间的训练，更不懂远景、中景和近景在画面中如何设置，物象的大小是受到其社会地位或者占有欲的影响，他们只能在岩石平面上用二度空间去表现虚拟的三度空间。在平面布置中，先民尽量将前面的物象放大，后面或者侧面的物象变小。甚至比较重要的物象放在中间，两边放置小的物象，这样形成一种球形透视。然后根据实际的立体空间将原有物象放置在原有的实际位置上，较远的物象就放置在画面的上面，较近的物象就刻绘在离作者较近的地方，即画面的下方。如阿勒泰夹西哈拉海骏马岩画就是将平面形象布置在最高处，形象较小，越往下则呈现的图像越大，构成了一种空远视域。又如贵州开阳县平寨乡画马崖岩画《迎神图》（图4-13），画面上用赤矿粉绘制的马形图像和太阳神图像。整个马的造型呈现平面式样，马的形象在整个画面中占有大的比例，给人的视觉感受是马在太阳的前面，太阳的位置又好似高高挂于天空中，并处在两匹马的中间。这样使得马和太阳拉开了视觉空间距离，形成了具有平面式样的透视关系。先民在表现动物侧面的时候，常常使用填涂黑或者线勾勒的方式画出动物

图4-13 贵州画马崖岩画《迎神图》

来源：《中国美术分类全集》编委会，《中国岩画全集》（南部岩画1），沈阳：辽宁美术出版社，2006年版。

161

图4-14　新疆杜拉特岩画《群兽图》
来源:《中国美术分类全集》编委会,
《中国岩画全集》(西部岩画2),沈阳:
辽宁美术出版社,2006年版。

的全侧面,只刻绘出一个眼睛,而另外一侧的眼睛是完全看不见的。如果用正面的透视方法去表现动物,那么,动物的身躯就要严重被视觉缩短,看不到动物的尾巴,只能看到一个头。在那个时候,原始先民尽最大可能去表现物象的完整性,他们认为动物有两只角,所以他们将在侧面的影绘版上用平行的方式又绘制出一只角,相当于一种叠压的方式,让受众去想象另外一个空间的存在。如新疆阿勒泰杜拉特的《群兽图》岩画(图4-14),画面上刻绘了一群动物,有野牛、鹿以及羊等动物,作者均采用动物的侧面之像,将物象的身体特征用剪影式的方法勾勒出来。其中,有的动物刻绘了两条腿,因为透视的原因,另外两条腿被挡住了。还有的就是刻绘四条腿,先民想获取物象的整体面貌。特别注意的是,刻绘的四条腿是不一样长的,后左腿较长,也就是离作者较近的后腿长,前腿亦然。

在这几幅作品中,原始先民运用透视的视角去阐述远古先民炽烈的原始情感。每一个动物和人物的平面形象,都渗透着先民对透视观念的追寻。他们凭借透视视角使得僵硬的、静态的岩画图像散发出原始生命的活力。

在中国的岩画构图过程中,原始先民将现实物象经过主体加工和对画面的合理安排,将其刻绘成剪影般的视觉效果。在岩画上经常表现出:近处的物象细节较详细,远处的图像细节较省略等。岩画的形象随着这类式样的形成而架构了一种流动性的、相互连接的视觉连接体,随着岩画故事情节的变化而起伏跌宕,平面上的形象大小是依据物象的大小或者物象所具有的宗教属性来确定。

首先,中国史前先民在刻绘岩画形象的时候,巧妙地将形象刻绘在一个平面上,通过平面布置的上与下来表现物象离创作者的远近程度。他们“把动物形象用二度空间的轮廓画在平面上,是企图表现动物走出的最重要的一步,因为这是取代日常生活经验中的三度空间形式所必需的"❶。平面造型中只有两度空间，即上下和左右，与现实物象中存在着远近是有关系的。由于缺乏对立体空间的再现手段和技术，他们将一些孤立的、个别的形体依据物象的远近放置在岩石的上与下。布置在画面的上方的物象，一般呈现的是较远且虚化的物象。相反地，下面的物象则细节较多，与观者较近。有的作者将下面的物象排在第二位置，也就是说，最前面的可能是一个小小的动物作陪衬，随着视线的向后发展，物象也就随着细节的变少而慢慢消失。如新疆阿勒泰塔特克什阔腊斯的《生殖崇拜图像》，画面呈现了一种近大远小的透视方法，整体的透视形状为三角形，画中最下面的是很大的骆驼，刻绘较详细，且体积较大，随着视线慢慢向后上移动，我们只能看到一个由横和竖来简化描绘了的羊，其造型非常小。这样一来，画面从前到后就形成了一个远近的空间透视关系。又如在巴丹吉林的《猎人与井》岩画，画面最上方刻绘了一只翱翔天空的鹰，它也预示着鹰处在不同的空间地域中，最下方的是奔跑的山羊，这两只山羊从空间关系上是离作者较近的，其后就是一只被作者夸大的北山羊，再向后就是缩小了的山羊，从最前面的两只北山羊到中间体积较大的一只，再到最后的鹰，形成了从近处到远处，从地面到空中的空间视域。

其次，岩画在二维空间中有着立体化的视觉表现。陈兆复认为❷，平面中的物象被放置在不同的位置，以及物象的大小之分，隐含着物象所代表的社会地位和某种象征寓意。史前先民利用不同的排列、图底对应以及交叠等表现手法，去塑造不同的立体化空间。史前岩画的确是凿刻在岩石平面上，他们把一块岩石当作一个天地空间，将对象按照上下、左右的空间关系布置在这个"天地空间"之中。先民依据现实空间去布置物象的位置，利用形象的方式对自然空间关系进行浓缩化处理，以有限的视觉图像去承载先民的审美情志和处世态度。那么，这种岩石上的平面就自然而然地形成了具有原始观念的空间体系。另外，史前岩画的空间意识是与宗教巫术紧密联系在一起的，贡布里希说❸："绘画和雕塑是用来行施巫术。"巫术必然在岩画的表象结构中去显现自己的空间方式，并以一定的叙事方式将其呈现出来。通过那些被神性占有的图像，人们也隐隐约约地将这种三维空间通过叠加、虚实、黑白、图底的关系去凸显出

❶　朱狄，《原始文化研究：对审美发生问题的思考》，北京：生活·读书·新知三联书店，1988年版，第109页。

❷　陈兆复，《中国岩画发现史》，上海：上海人民出版社，1991年版，第384页。

❸　贡布里希，《艺术的故事》，范景中译，林夕校，北京：生活·读书·新知三联书店，1999年版，第40页。

来，使岩画图像的叙事和空间架构有了向审美情感方面发展的可能，提高了岩画图像叙事的层次性和韵味性。

综上所述，平面构图是史前先民将客观物象进行省略、扁平化处理之后而形成的一种上下、左右的画面位置关系。他们按照某种目的或者某种原则，把物象整合起来。这种整合既包括平面构图中的透视问题，又包括平面构图中的平视结构，使每一个形象均保持着平面二维性。这种布置式样大多是将艺术形象密密麻麻地散落在岩石之上，也有的是成群结队地分布。凭借着图像与图像之间的并置及图底之间所形成的融洽关系来塑造平面构图，从而形成了虚实相间、排列有序的虚拟三维空间意识。岩画的构图就是一个鲜活的生命有机机体，它凭借着形象的互渗、不同物象所做的动作以及画面的空白架构，共同形成了先民对现实感性生命的赞美和体悟以及自身的审美观念、社会面貌以及宗教信仰。

三、主次关系

"主次关系"是运用线、面等元素将大小、虚实、粗细不一的形象，有序地填补在岩石表面的空间里，形成了别有趣味的二元对立视觉式样。岩画构图中的主次关系依据作者对于画面的把握而定：有的作者强调食物的重要性，就夸大了某类动物的形体；有的先民对祖先、英雄以及某类图腾产生崇拜，就将这类图像作为主要的方面来处理；还有的先民为了表达对繁衍后代和增殖的渴望，就夸张生殖器官及其交媾动作。原始先民将大小、粗细、虚实不一的形象以主次的形式恰到好处地散布在画面的不同角落里，从而使物象自身所代表的社会地位或宗教内涵鲜明地呈现出来。

（一）史前先民在构图方面注重画面形象的主次关系

那些具有主次关系的物象一般在画面上表现为大和小、中间和两边、繁密和稀疏、集中和分散等形式。先民在表现主要部分的时候，专注于突出主要形象的特征、结构、造型以及自身所呈现的象征性。次要部分都围绕着主要部分进行布置。如云南沧源洋德海Ⅰ号岩画点中的太阳与人。

主要形象的周围都有一些次要的部分作为衬托和配合，并且这些主要形象都具有动态化的造型，包括动作姿势、形象特征以及动物个体的内在分割等。如新疆阿勒泰徐永恰勒岩画点中的《鹿羊图》（图4-15），在60厘米×50厘米的岩石上，刻绘了6只动物，主要部分是在画面中间的一只体形巨大的鹿（母鹿），次要部分是在其周围的4只小鹿和小羊。

次要部分就是主体周围小的形象，与主体形象遥相呼应，它们的造型比较粗犷，随意性也比较强。如在阿拉善右旗曼德拉岩画群中的《飞雁与鹿群》，作者将作为主要物象的鹿放大，两头鹿呈现斜角，整个身体比例远远大于其周围的飞雁以及其他动物。在主要物象周围有很多随意摆放并处于动态的小物象，这些小物象被作者设置成次要部分。又如在巴丹吉林《骑者、犬与鹰》的岩画中，画面上刻画了一位骑马者，在其前面有一只犬，在其上方有一只展翅翱翔的雄鹰，马和骑者占据整个画面的四分之一。显然，这个主要形象是被有意夸大的，而鹰和犬则属于次要部分。整幅画面构图生动，并且传达出了作者对现实物象造型的美好愿望，以及对生命精神的赞美之情。

一方面，岩画作者一般将主体物放在整幅画面的中心，对物象的造型和形式进行认真刻绘和组织，凸显主体的审美存在价值。在内蒙古阿拉善右旗曼德拉山的岩画《鹿与鹰》、内蒙古乌拉特中旗昂根苏木几公海勒斯太的岩画《奔鹿、人物、马》以及在宁夏贺兰县金山乡金山村苏峪口的岩画《狩猎图》（图4-16）等作品中，我们可以看到，原始先民将夸大的艺术形象置于画面的中心位置，并对其细节进行了详细的描绘，使主要形象大多具有强烈的引领性或突出性。其中，有的岩画中心形象是以实心剪影的方式呈像，在其周围的形象则是单线刻绘。还有的岩画画面形成了对称结构，主要形象处于画面中心，其两边各有一个形象遥相呼应。不管采用哪种表现方式，他们的目的均是突出主要形象的造型特征及其丰富内涵。

可以说，居于画面中心的主体物象不仅是原始人类的主要经济来源，而且是原始人类崇拜的主要对象，承载着先民的某种巫术宗教情结。在阴山岩画

图4-15　新疆阿勒泰地区富蕴县
徐永恰勒岩画《鹿羊图》
来源：《中国美术分类全集》编委会，《中国岩画全集》（西部岩画2），沈阳：辽宁美术出版社，2006年版。

图4-16　宁夏贺兰县金山乡金山村
苏峪口岩画《狩猎图》
来源：《中国美术分类全集》编委会，《中国岩画全集》（西部岩画1），沈阳：辽宁美术出版社，2006年版。

中，"阴山先民对生活的美好愿望与自然界不能给予满足的矛盾是原始宗教产生的前提。各种崇拜是围绕着这一基本矛盾来进行的，至于崇拜对象的主次，则以被崇拜对象在人们生活中的大小为转移。"❶这里充斥着先民对物象神秘的占有欲和敬畏感。如青海省海北藏族自治州刚察县舍布齐沟的岩画《猎野牛》，画面中肥硕的野牛被放置在中心位置，作为陪衬人物则被缩小了，这种构图方式表现了原始人类的巫术情结以及祈求狩猎成功的美好愿望。

另一方面，史前岩画作者将主要部分放置在离作者视线较近的位置，强调空间价值。在内蒙古曼德拉山岩画、宁夏贺兰山小西伏沟岩刻以及新疆新源县则克台镇洪沙尔沟岩刻等的画面中，一般主要形象放置在离视觉点较近的地方或者离作画者较近的区域，往往靠近画面的一角。在曼德拉山岩画和大黑沟岩画中的形象都是对角放置，最主要的形象放置在左下角。如阿勒泰杜拉特的《放牧》岩画，作者将一只山羊放置在最前面，它的作用一是引导视觉，即引导受众的视觉从这个物象开始，向后（上）看或者向左右延展；二是确定空间起点。从这个物象开始，作者将很多的动物和人物运用高低搭配的方法，把放牧的空间影像跌宕起伏地表现出来。再如大西峰沟的《猛虎与鹿群》岩画，先民将猛虎放置在最前面，也就是离作者最近的地方。猛虎呈现动态的视觉语言，张口撕咬，准备要对前面的物象进行捕猎一样。在猛虎的后面有一些鹿和羊的形象，好似它们看见猛虎之后都落荒而逃。

（二）原始先民运用虚实对比来凸显物象的主次关系，从而形成画面形象的层次感

所谓"实"，是原始岩画形象刻绘较细致且能够统揽全画的视觉图像，占据较大部分，且位于中间或者视觉较容易发现的位置。但仅有主体的实像存在，还无法使原始岩画的审美呈现出自身丰富的内涵性，必须有虚。"虚"则是指画面中处于次要的且高度简约化的部分。只有虚实相得益彰，才能体现出原始先民对生命内涵的高度体认。如内蒙古阴山岩画《长尾舞》（图4-17），整幅画面表达了艺术家欢快的心情，更呈现了原始先民在进行捕猎之前所从事的宗教仪式。在画面中，最前面有四个身着长尾饰的舞者，并占有很大的比例，人物的头、尾饰、脚的方向等细节都被淋漓尽致地刻绘了出来。而后面的形象则被作者分成了三块，一块在右上角，一块在中间偏上位置，第三块则在左边，这些人物都采用简约处理，从而形成了各种形象在原始先民内心世界中的心理认知图式。

---

❶　盖山林，《阴山岩画》，北京：文物出版社，1986年版，第372页。

图4-17　内蒙古阴山岩画《长尾舞》
来源：陈兆复，《中国岩画发现史》，上海：上海人民出版社，1991年版。

　　虚实对比中的实像是整个画面主次关系的主要承载者。实像在很大程度上凝聚了史前先民对现实世界的物象感受。实像的边缘线和造型非常确定，相对于虚像来说它不含糊，更不省略。这些虚实对比的实像充满了旺盛的生命力，能够将原始先民的作画意图与精神期待展示出来。主要表现在以下几个方面：

　　首先，中国史前先民重视以实像之间的对比来凸显主次关系。在南北方的各大岩画区域，原始先民运用錾刻、线条勾勒、敲击等制作技法将物象刻绘在岩石表面上，每一个实像都呈现不同的主次关系。他们在刻绘岩画实像的时候，一般把形象作大小、位置、刻绘效果、刻绘技法等方面的对比，突出形象之间的主次关系。尽管许多岩画形象保持着大小、位置等方面的平行关系，但是，岩画作者还是凭借着视觉形象的微妙差别来体现出画面形象的主次关系。在新疆托里县玛依勒山唐巴勒霍拉岩画点有一幅岩画，画面上的实像之间存在着大小、高矮、远近、虚实等对比关系。在前面的长形状和肥硕的两只动物作为主要部分，它们可视为岩画作者的一种心理期盼，一种精神情感上的希冀和呼唤。其他的均为次要部分。从某种程度上说，次要部分也寄寓着作者的思想与情感，只是被布置在了衬托的位置上。

　　在造型刻绘方面，中国史前岩画刻绘具有不同的制作技法，有的岩画形象可能使用了两种技法。如甘肃黑山岩画就属于此类，原始先民"琢凿出轮廓后通体用尖凿加以细密的雕琢，成为微浅的阴镌画面，一般不具线条，只是把鹿角用刻线画出"❶。又如在新疆呼图壁康家石门子沟的岩画上，老虎形象运用线条勾勒，人物则凿刻成平面，两种技法并行发展。在色彩方面，南北方均采用

❶　嘉峪关市文物清理小组，《甘肃地区古代游牧民族的岩画：黑山石刻画像初步调查》，《文物》，1972年第12期。

强烈的对比艺术手法，南方以红色为基调，北方以黑色为基调。红色代表着危险、生命、好运、温暖、死亡等寓意，如云南沧源岩画和新疆呼图壁康家石门子沟岩画。

其次，实像是经过原始先民对自然物象的有效概括之后所刻绘出来的艺术形象。在中国南北方的岩画构图中，南方的岩画刻绘一般以面为主，北方则以线为主。原始先民比较重视画面上的形象疏密性，将很多的形象聚集在一个点上，有的形象排列较疏，有的排列较密，疏的形象向后退，密的形象向前跑。他们将这些精心选择和组织的对象加以创造，利用高度概括和平面的艺术造型语言表现在岩石上。如内蒙古阿拉善右旗孟根布拉格苏木曼德拉山的岩画《众骑、动物、图案》（图4-18），一些岩画存在着先刻和后刻之说，依据色泽来看，这个岩画左边的三个骑马人明显是后来才刻绘上去的。但是这并不影响我们对整幅岩画作品的审美观照。画面分为上下两部分，上部分以较疏的形态来表现羊、狗等形象，是次要部分。在其下部，有七个较大的主体造型，刻绘的面积和细致程度都优于上部。这七个图像排列得比较紧密，共同组成了一个三角形结构。在岩画中，先民们将形式美融入整体与局部的主次关系上，依靠自身对岩画母题的理解和想象，构成了一种带有主观色彩的艺术表现形式。

图4-18　内蒙古阿拉善右旗孟根布拉格苏木
曼德拉山岩画《众骑、动物、图案》

来源：《中国美术分类全集》编委会，《中国岩画全集》（北部岩画），沈阳：辽宁美术出版社，2006年版。

最后，在南北方的岩画构图中，虚像作为次要部分，对实像（主要部分）起着衬托或营造意象气氛的重要作用。任何一幅画面之中均拥有虚像，虚像包括实像中刻绘比较粗糙的部分、小的物象、被边缘化的物象、刻绘内容较少的形象以及形象与形象之间所产生的虚空间。先民常常用粗糙的、简约的轮廓对这些形象进行塑造，比如只画动物的脊柱、四条腿和头部特征。因此这类形象一般呈像量小。如在内蒙古乌拉特中旗呼鲁斯太苏木地里哈日的岩画《北山羊与羊群》（图4-19），画面中心有一只北山羊，在其周围有很多被作者简化了的、刻绘粗糙的马。或者说，北山羊作为主要形象被作者有意凸显，而其后面的形象作为背景，只是被简易地刻绘。

虚像往往呈现出大面积的空白。宗白华说❶："空白处并非真空，乃灵气往来生命流动之处。且空而后能简，简而练，则理趣横溢，而脱略形迹。"除了简约和面积较小的图像之外，岩画中的虚像还体现在主要部分和次要部分、大物象与小物象之间的空白部分。虚像是高度概括性的艺术语言，并在岩画画面中发挥着重要作用。可以说，主体实像在整幅画面中起着统领作用，而空白处为有形图像增添了独特的审美意蕴。虽然空白处没有任何的可视图形，但是内蕴着超越有限视域的无限想象空间。没有这一虚像，有形图像也就无法呈现出一种前后、远近的层次空间感。如内蒙古阿拉善右旗孟根布拉格苏木曼德拉山岩画《骑者、骆驼、羊》（图4–20），这幅画面整体反映了古代牧民的游牧生活场景。画面中间被原始先民着意刻画了一匹马以及在马身上的骑者，在马的图像上添加了很多纹饰，并较为细致地刻绘了马的后腿、飞节、管部、球节、系部以及蹄冠等细节。

岩画形象利用构图中的空白关系去凸显主体。空白作为岩画画面的重要组成部分，能够引起受众的联想和想象。艺术家常常利用物象与底色所形成的关系去突显画面主体。岩画图像是以线性或者面的造型元素被刻绘在岩石平面上，每一个形象都比

图4–19　内蒙古乌拉特中旗呼鲁斯太苏木地里哈日岩画《北山羊与羊群》

来源：《中国美术分类全集》编委会，《中国岩画全集》（北部岩画），沈阳：辽宁美术出版社，2006年版。

图4–20　内蒙古阿拉善右旗孟根布拉格苏木曼德拉山岩画《骑者、骆驼、羊》

来源：《中国美术分类全集》编委会，《中国岩画全集》（北部岩画），沈阳：辽宁美术出版社，2006年版。

---

❶　宗白华，《宗白华全集》（第二卷），合肥：安徽教育出版社，1994年版，第51页。

图4-21　甘肃肃北蒙古族自治县别盖乡
大黑沟岩画《放牧》

来源：《中国美术分类全集》编委会，《中国
岩画全集》（西部岩画1），沈阳：辽宁美术出
版社，2006年版。

较孤立，图像之间的联系性较小。为了凸显创作者对主题物的情感寄托，创作者就试图通过画面的空白来体现其生命精神和宗教性。也就是说，物象是实像，而实像之外的空白之处就是来衬托主体形象的。如在甘肃肃北蒙古族自治县别盖乡大黑沟岩画《放牧》（图4-21），创作者将四个物象从下面一直延伸到上面，下面的人形较大，且较突出，周围空白。这些空白之处在一定程度上凸显了实体图像的存在。如内蒙古乌兰察布岩画中的《鹿》，作者将鹿夸大放置在视觉的中心位置，被夸张的鹿角尤其明显，作为实像或主要部分。而在主体部分的周围有几只刻绘简约的动物形象，作为虚像或次要部分。整个画面虚像衬托实像，实像把握了画面的主旨，而虚像又凸显了实像的存在，使画面中的虚像和实像共同营造出一个虚实相生的图像世界。

总之，在中国史前岩画的构图之中，大多数的岩画均体现着主次关系。原始先民十分注重主体部分的刻绘，将其放置在画面的最前面，则把次要的部分刻绘得比较小和比较粗略，并围绕在主要形象的旁边。在他们看来，实像与虚像是岩画创作的重要元素，并将这两种元素融进岩画整体意象的塑造过程中，以此来表达先民内心的象征内涵。这些实像和虚像均运用了拟人化的表现手法，作者加入了某些个人的情感元素，使岩画作品充满无限生机和活力。

四、本节小结

综上所述，中国史前岩画的构图采用了独具特色的鸟瞰构图、平面构图以及主次关系构图等方法。这些构图方法均被先民恰到好处地用来表现岩画的不同母题，每一个构图方法都被先民融入二维的视觉画面之中。他们把立体的物象幻化为平视结构或者采用扁平化的处理方式，表达自己对于岩画母题的巫术崇拜。每一个画面都设置了主要形象和次要形象，这就使平面中的物象造型呈现出不同大小、不同刻绘程度的实像和虚像。他们通过不同的构图方法，把虚像和实像共同融汇到整幅画面之中，既突出了个体物象的独特性，也体现了岩画艺术的整体性。经过先民对空间、主次、平面、虚实的艺术处理，使岩画呈现出了"言有尽而意无穷"的审美意蕴。

第三节　构图特征

中国史前岩画是先民记录生活影像、承载生活观念和满足精神需要的一种艺术形式。他们通过不同的构图方法对物象进行整合，使岩画图像获得了审美功能和宗教巫术的意蕴，形成了具有叙事性、场景性、对称性、平衡性以及稚拙性的构图特征。先民凭借着这些构图特征去表现他们心中所要表达的思想情感和象征意义，并借用这些构图特征去呈现史前社会的生活场景和社会秩序。

一、叙事性

中国史前岩画的构图记录着先民生产、生活的有关事象。岩画创作者非常重视构图的问题，通过不同视觉元素在画面中的巧妙安排，营造出别出心裁的岩画形象。如在南北方岩画中的围猎、舞蹈、帐篷以及各种动物形象。创作者凭借构图中的大小、长短以及不同姿势的具象、半抽象形象，将我们带入史前社会的审美意识活动中。如内蒙古阴山岩画中的《双人围猎》画面（图4-22），先民利用具有灵动属性的等边三角[1]将两个狩猎者和一只山羊布置在三角形的三个角上，一

图4-22　内蒙古阴山岩画《双人围猎》
来源：盖山林，《阴山岩画》，北京：文物出版社，1986年版。

---

[1] 黄宾虹说："齐而不齐三角觚。""觚为青铜器，它的造型是等边三角形，看起来比四方形灵动得多……三角形和四方形以及圆形，三者的情味各有不同，圆形比较灵动而无角，四方形虽有角但呆板，最好是三角形有角而灵动，如果在布局上没有三角形是不好的。"潘天寿，《关于构图问题》，杭州：浙江人民美术出版社，2015年版，第62页。

个狩猎者朝向一只羊的后部拉弓射箭，而另一个狩猎者则面向羊的前脸举弓射箭。在山羊的上面，创作者别出心裁地凿刻了一个没有腿的动物，表示这个动物已经被先民捕获或射杀，整幅岩画生动、形象地展示了原始先民狩猎时候的场景。

中国史前岩画是史前先民用视觉图像进行叙事的一种方式，为我们探索和了解史前文化提供了最珍贵的材料。中国史前岩画的各类图像均被作者以不同的组合、不同的形式以及不同的场景予以外在呈现，每一幅岩画中物象的大小都被归因于信仰和异象，如代表"捕猎动物的精神助手"等。创作者通过使用不同的构图方法把人物、动物以及其他物象的姿势与生活特征相互结合，将某种叙述方式（民间传说、宗教神话、精神信仰等）以图像的形式传播给大众。很明显，这种图像的叙事性更体现了原始社会浓烈的生活气息，真实地再现了当时的狩猎、放牧等生活场景，从而打开了一扇艺术再现原始生活的"窗户"，先民用这一扇"窗户"叙述着过去并启迪着未来。

第一，对单个故事情节的叙述。在中国史前岩画构图过程中，创作者经常选取单一的叙事场景，如单体或多个动物、建筑、马车、放牧、狩猎等。如阴山地区的巫觋岩画，画面上只有一个双臂上举、双腿叉开作舞蹈状的巫觋形象。先民就是通过这个单一的形象去叙述巫觋与天神沟通的场景。又如北方岩画点中的鹿图像，先民通过观察鹿在奔跑时肢体运动的特点，将鹿的身姿及其主要特征，以一个单一的叙事情节刻绘在岩画上。通过对单个物象的叙述，不断诱发原始先民对于狩猎和放牧活动的联想和想象，激发人类对于物象的占有欲。先民通过用这类图像向后代传授相关的动物知识，也呈现了先民对大自然的赞美。

第二，岩画叙事凸显先民对物象的选择。任何一幅岩画的叙事图像均是由岩画中的单个物象表现出来，通过它们各自姿态之间的连接从而形成一个完整的叙事情节。在史前岩画的构图中，艺术家会根据故事情节的需要选取不同的物象造型，或者不同的构图方式，从而使画面产生独具特色的叙事情节性。需要注意的是，大多数艺术家均选择具有一定动态性的且主要特征明显、具有象征意义或具有某种需求的物象造型，如羊、牛、鹿等动物或巫觋、手持武器的武士和跳舞的人等人物形象，静态性的非常少。而且，物象是何种姿势、是否能够很好地表现岩画母题内涵以及体形，都是艺术家需要考虑的。例如，史前先民想要刻绘一幅捕猎的岩画，他们会主动地选择一些大型的或者健壮的动物造型，布置在画面的中间或者明显的位置上，周围伴有小的动物形象，并且狩猎者的箭已经蓄势待发。他们在刻绘跳舞岩画的时候，通常会选择正面的人像且人像的双臂上举、两腿叉开。还有的创作者选择人们日常生活的物象，如建筑、马车以及某个生活场景等。这些物象在一定程度上能将艺术家所要表达的情感鲜明地呈现出来。在中国北方的一些岩画点上，大量的岩画图像都呈现出骑射、射猎以及游牧等母题，这与土地权有着密切的关联。如西藏夏仓的岩画《执弓箭者》，画面中的人物具有强烈的动感性，人物两腿一前一后，头戴面具，左手持弓，右手拉箭，准备射向前面的物象。

第三，岩画的叙事要有一个视觉焦点，也就是要有一个固定的视觉中心。或者说，岩画中必定有一个大的、清晰的且与众不同的视觉造型。这个视觉中心的物象会引导我们的视觉去观看画面上的其他形象。如在内蒙古阴山岩画点里有一幅狩猎岩画，画面上的视觉焦点就是一只被众多箭射中的鹿，它在画面上占有较大的比例，是先民主要表现的物象。又如新疆塔城地区的喀拉托别牧场的一幅《群狼攻击羊图》岩画，画面上有羊和狼两种动物形象，其动物姿势比较剧烈：一只北山羊被三只狼分别从颈部、后臀以及背脊进行攻击，最中心的部分就是这只北山羊被狼群攻击后已经倒地且无力反抗，在其周围还有一些逃跑的动物。就像杰拉德·吉内特（Gérard Genette）在《叙事话语:方法论》一书中所说的那样，史前先民们利用一种焦点化[1]的表现手法去呈现画面的叙事性。其中，被狼群攻击的北山羊是画面的焦点，也是视觉的中心，而周围跑动的动物为这种焦点增添了一些浓厚的恐怖氛围。如此一来，被攻击的北山羊和周围跑动的动物就构成一种互相牵制又互相影响的内外聚焦关系：前者属于整个画面的视觉中心，就是受众能直接聚焦的地方，属于一种可变的内部聚焦；而周围跑动的动物则属于外部聚焦[1]。

第四，创作者着重选择叙事情节的瞬间高潮性。纵观南北方的各大岩画点，我们发现，南北方的岩画艺术家通常选择普通的叙事情节，或者具有瞬间高潮的叙事情节来进行刻绘。普通的叙事情节就是那些表现放牧、动物游走以及建筑等生活事象的，这类岩画数量比较多。为了呈现情节中最精彩的部分，创作者也会选择一个已经发展到具有决定性的瞬间的情节，从而使原来比较普通化的情节瞬间演变为扣人心弦的故事情节。这种选择更加强调先民对所发生事情的瞬间的主观截取和概括，能够清晰地体现出岩画形象的动作及其内涵，莱辛称之为"最富于孕育性的那一顷刻"[2]。这种"决定性的瞬间""最能产生效果的只能是可以让想象自由活动的那一顷刻了"[2]。我们可

---

[1]　Gérard Genette.*Narrative Discourse: An Essay in Method*.Trans. Jane E. Lewin,Ithaca:Cornell University Press,1980,pp.189–194.

[2]　莱辛，《拉奥孔》，朱光潜译，合肥：安徽教育出版社，2006年版，第92页，第20页。

以认为这一瞬间就是一个"黄金点"❶，能够起到承上启下的关键作用。先民利用这一"决定性的瞬间"着重叙述那种带有矛盾冲突或情节达到高潮的原始生活场景。例如在新疆呼图壁生殖岩画中的舞蹈女性，作者主动抓取了舞蹈岩画中跳舞的高潮部分，每一个人物形象均左臂上举，右臂下垂，双腿并拢。艺术家将他们对于舞蹈的理念与具体的宗教仪式相结合。通过这种已经达到高潮的舞姿与先民的精神世界相互融通，使得画面呈现出一种沉迷于宗教巫术的自觉状态。

在新疆哈密地区八墙子的围猎动物图像其实也是呈现了岩画叙事的高潮性。画面上中间的骏马正在做追赶姿势，后退向前蹬，且倾斜度较大，呈现出一股蓄势待发的场景。而右边静立的骏马边上有一个网状的物象，表示先民用网状物象去围捕猎物。左边的马和前两匹马最大不同的是动作幅度大，它前蹄腾跃，头部高抬，发出嘶鸣，好似拒绝对方对它进行围捕活动。在这个画面中，先民使用平面剪影的形式对动物的侧面和人物的正面进行了具体描述。三个点的物象造型互相不遮蔽，造型与造型之间隔开了一段距离，使整个画面体现了原始先民捕猎时的场景。

第五，岩画构图体现了叙事的时间和空间。中国史前岩画的构图往往给我们呈现了不同空间和不同时间的原始故事，如旧石器时代和新时期时代，也或者是父系氏族的村落和母系氏族中的祭祀场景。原始先民将不同的物象有秩序地布置在画面的上下左右，让其产生一定的空间性。如在阴山的一幅岩画（图4-23），创作者给我们清晰地呈现了从下到上或从近到远的时空叙事性。这幅作品是描述狩猎时先民捕猎的场景，画面的最下面有一个人物拉弓射箭，并射中了一只动物，猎物呈现倒地姿势。在上面有一只奔跑的动物，其

图4-23　内蒙古阴山岩画
来源：李祥石，《世界岩画欣赏》，银川：宁夏人民出版社，2017年版。

❶　陈孝信，《关于动作瞬间的"黄金点"：读〈拉奥孔〉札记》，《美苑》，1984年第3期。

后面也有猎人在拉弓射箭。在画面中还出现了一些躺在地上或正在呻吟即将死去的动物。因此，在这幅岩画构图中，表现了作者对空间的远近和时间先后顺序的探寻。显然，先民利用条状的构图模式去呈现由射猎到丰收的整个过程，也展现了作者叙事由近及远、由前到后的空间"距离"关系，这种距离不是真正的现实物理空间距离，而是人观看画面的时候所呈现的心理空间知觉❶。

　　总之，中国史前岩画的构图给我们呈现了史前先民的生产、生活的原有概貌，对我们了解和研究史前社会的人文历史有着重要的参考意义。史前先民通过不同的构图以视觉化的"语言"来讲述图像中所发生的"故事"，他们有意选择故事发展的"决定性一瞬间"，这一瞬间也大大增加了受众对于岩画的联想和想象。他们所叙述的每一个图像大多具有浓厚的生活趣味，描述他们所感兴趣的、美的、宗教性的事象。史前岩画突破了时空的束缚，让我们的思绪超脱于现实，强化叙事功能，游离于图像之外。史前先民在选择情节高潮的同时，注重选择动态感较强的物象，并巧妙地利用各式各样的构图把大自然的物象所具有的矫健、笨拙的形象栩栩如生地呈现出来。这使中国绘画的历史开启了一种全新而又陌生的视觉维度。

二、场景性

　　岩画是对史前先民生活场景的一种艺术再现，是主体与客体之间的一种精神对话，他们将现实生活中所发生的事象通过不同的构图展示出来，把体现生命精神的行为刻绘到岩面上。在此过程中，作者通过对景物、空间以及构图进行深思熟虑的考量，把物象幻化成一种抽象、简约且自由化的非写实图像。这种岩画的场景性对我国后来的山水画创作起到了积极的促进作用。

（一）中国史前岩画突出构图的场景性

　　"场景"一词来自影视与戏剧，指的是人与物在特定的空间和时间内发生的某种行为，或构成某种具有特定生活情节的画面。史前先民将自己所看到的物象和事象通过硬质物件将其刻绘在岩石上，这些形象均记录着当时的物象形态和精神风貌，也都直接或间接地反映了作者对生活的态度。场景以一种非常直观的视角将现实呈现给大家，即写实主义风格。一方面，岩画艺术家借用场景式构图来审视自然的现象和某种现实事件，将物象转化为独特

---

❶ 巫鸿，《时空中的美术：巫鸿中国美术史文编二集》，梅玫等译，北京：生活·读书·新知三联书店，2009年版，第241页。

的艺术图像；另一方面，场景性彰显了原始先民的生命精神，他们将最惊心动魄的情景用点、线、面等美术元素栩栩如生地呈现出来，有的主角放在中间，有的形象被放大，还有的呈现别样的形式美感。不管如何，这些不同的物象形态共同构成了一幅富有生活趣味和宗教内涵的场景岩画。如云南沧源岩画中的《五人圈舞》，画面中间有一个圆圈，在圆圈周围有五个手舞足蹈的人正在跳舞，真实地记录了原始先民的舞蹈风姿。又如云南沧源勐省反映驯牛的岩画，画面采用了三角形的构图，在画面的最上方是一个人套住一头牛，在其左、右和下面都是观看驯养野牛的人们，有的左顾右盼，有的回头窃窃私语，还有的离驯牛场景较远，怕伤害到自己。画面以驯牛作为主题，将人驯牛的过程进行了全方位的艺术再现。从以上两个例子我们可以发现，史前岩画的构图均表现为一种与现实生活紧密相连的构图式样，画面上的每一笔、每一条线都是对现场发生事情的真实描摹，从而形成了具有场景性的原始岩画。原始先民凭借着这种场景式的构图来实现其内心世界的精神期盼和物质保证。

（二）场景式的构图一般具有宏大的场面

在云南沧源岩画丁来一号点，整个画面呈现为一种宏大的场景。作者以宏大的视角将村落、舞蹈、散落的人物形象、耕作、划船以及种植等多种姿势呈现在一个画面之中。画面上讲述的不是一件事象，而是多个事象的集合，这些影像分布在画面的不同角落，有的图像相隔比较近，有的则比较远，有的排列疏，有的则排列密，有的横向排列，有的半圆圈式地展现立体图像，等等。画面上的人物形象均运用流畅的线条和富有律动美的排列方式，反映出原始先民的忙碌状态和行为姿势。正如邱钟仑和陈远璋所说[1]："早期岩画具有很强的写实性，基本特征是构图完整，布局谨严，场面宏大，人或物的图像多，排列整齐，内容丰富，气氛庄重而又统一和谐，能反映出现实生活中不同的活动场面。"这里所说的"宏大"除了绘制在一些悬崖绝壁之外，还表现在人物和物象方面，使画面产生一种具有视觉冲击力的效果。史前先民总是把现实中的场景聚拢在一块方寸之间的岩石表面上，并根据现实物象的大小及其之间的距离，将物象认真地刻绘在岩石之上，从而形成物象之间高低有别的视觉律动图像，以此来体现宏大的场景。又如，在广西左江，先民在一整面的悬崖峭壁上绘制了敬神的宏大场面。在这个场面之中，作者将剪影蛙形人物形象进行分层

---

[1] 《中国美术分类全集》编委会，《中国岩画全集》（南部岩画1），沈阳：辽宁美术出版社，2006年版，第3-4页。

布置，通过鸟瞰构图的方法让现实的立体空间在崖壁上呈现。一个身背腰刀人物形象处在画面中间，他头顶和脚踩的均是动物。其他人物形象有的横排，有的自由布置，有的正身作蛙状，有的侧身作蹲姿，有的大，有的小，有的离观者近，有的离观者很远，等等。从中我们能感觉到先民那种热烈奔放、自由洒脱的生命精神和心灵期盼。

（三）场景式的构图烘托出瞬间的场景氛围

在青海舍布齐沟的《猎野牛》岩画，画面上刻绘了一头巨型野牛，正在前方奔跑，而后面是一个狩猎者正骑在马上举箭待射。作者抓取了奔跑的野牛和射猎者待射的那一瞬间，表现了狩猎的危险和艰难程度。画面构图反映了狩猎者敢于猎杀巨型野牛、将自己的生死置之度外的英雄壮举。先民使用涂绘、磨刻以及凿刻等技法将形象呈现在岩石上。可以说，不同的岩画场景都是先民生命精神的外在体现，都凝聚着浓郁的原始生活气息和对瞬间时空的定格，也体现了岩画创作者那种利用不同秩序进行宏大叙事的非凡技巧。狩猎岩画的场景性经常表现奔跑的动物或静止的动物，在动物的中间、边缘或动物的后面有手持弓箭的狩猎者，他瞄准动物，蓄势待发，整幅画面能够反映出狩猎者紧张的心态和射猎更多猎物的愿望。在生殖岩画中，先民们更多地使用夸张的手法将男女生殖器官夸大，将男女交媾的情景呈现出来，运用这种直接的图像描述，表达了先民对人口繁衍的渴望。如云南沧源佤族自治县丁来一号岩画点的《村落图》（图4-24），画面中有一条圆形线将村落的平面图围在里面，圆形内有圆顶、三角形的房屋十六座。这条圆形线其实就是地平线。在圈外分别绘制了三层人物和动物形象，人物形象均采用概括性的三角形和双腿叉开的造型，肩膀很宽（画中的人物多是男性）。第一层绘制的人物形象都是肩扛武器，是保卫部落的士兵，均呈站立姿势，在其脚下有一根线，这条线可能是地面或者道路。第二层则是部落中的人群正在跳舞，从他们手的姿势就可以看出，正在做的是一种宗教娱神活动。第三层则是反映生产和生活的场景，有的赶牛，有的正在播种，画面上洋溢着原始生活和战斗的气息。

图4-24　云南省沧源佤族自治县
丁来一号岩画点岩画《村落图》
来源：《中国美术分类全集》编委会，《中国岩画全集》
（南部岩画2），沈阳：辽宁美术出版社，2006年版。

（四）场景式构图被视为巫术的体现

在中国原始岩画的构图中，"为了保持与灵异世界的交往和联系，为了强化个体与氏族集团的关系，强化与神灵互渗为内核的'集体表象'，原始人必须制作出一系列超世俗、超自然、超现实的场景。他们力求在这个场景中使自己达到非正常状态，在这个非正常状态中，以幻觉的形式来生发出各种非现实的形象。"❶ 如在一个狩猎场景之中，先民们模拟了动物的动作和习性，将不同的单个形象刻绘在岩石上，进而形成了一个具有神秘巫术意味的场景。先民们不但注重岩画构图的完整性，也十分注重岩画表现的巫术性。每一个形象或者每一个位置都是先民施展魔法、希冀人丁兴旺、祈求神灵庇护的重要物态化的体现。他们根据原始宗教思维的互渗性特点，认为刻绘什么就可以得出什么。因此，这些岩画中的形象"都是用寓有'互渗'意义的'巫术'，去影响行为的目的，以达到获得野兽或增殖家畜的实效"❷。如在新疆阿勒泰市汗德尕特乡的《孕牛图》，作者展示了祈祷、歌颂母牛孕产的巫术过程。在画面上，最前面有一头肥硕并受孕的母牛，体形和后面的小牛相比明显较大，在孕牛后面（远处）有类似于母牛生产下来的小牛形象，有三到四头。画面就用这种场景式的构图来祈求母牛未来能生产更多的小牛，为原始先民的生存提供一定的肉食供应。

（五）场景式构图与先民的祭祀活动联系密切

在中国南北方各个岩画点上，如广西花山岩画、宁夏贺兰山岩画、新疆康家石门生殖岩画、福建仙字潭岩画以及江苏灌云县的星相岩画等，大多数的岩画均以场景式的构图来表现巫术宗教祭祀活动。这些具有宗教祭祀场景的岩画大多采用舞蹈的形式，有集体舞、连臂舞、狩猎舞、生育舞、圆圈舞以及战争舞等。当然，岩画中也包括原始社会的神职人物，这些巫觋一边施展巫术，一边带领众人媚神舞蹈。所有的氏族成员均以巫觋为中心，他们做着相似的动作，向上下左右辐射，从而形成了一种祭祀性的场景画面。这些祭祀岩画"反映了早期人类社会的劳动样式、经济社会活动、精神追求和美学倾向"❸。可以说，先民通过刻绘岩画图像去祈求他们的部族繁荣昌盛、平安幸福。在西藏的一些岩画中，大多以射猎活动作为主要表现对象，承载着浓厚的宗教祭祀思想。比如，画面中的牦牛等动物形象均用赭石颜色刻绘出来，往往带有一种血

---

❶ 张晓凌，《中国原始艺术精神》，重庆：重庆出版社，1992年版，第244页。

❷ 盖山林，《中国岩画学》，北京：书目文献出版社，1995年版，第153页。

❸ 贺吉德，《贺兰山岩画研究》，丁玉芳整理，银川：宁夏人民出版社，2012年版，第46页。

腥的场景性。总体来看，中国原始岩画的场景构图是与史前先民的宗教祭祀有着密切关联的，史前先民利用这种场景构图来祈求获得神灵的帮助。如内蒙古乌海桌子山召烧沟的太阳神岩画，在这个画面中，作者将众多舞者按照大小不等的秩序性巧妙地排列在岩石上，画面上的人物形象由一个圆形和两竖线构成，眼睛周围有一个装饰，嘴型呈现"皿"字。在头的外围有一些射线，在头顶上有一个高高耸立的辫子。在下面的躯体上，人的手臂和双腿均向外撇，在它的周围还有其他的舞者正在跳舞。

又如新疆哈密地区巴里坤哈萨克自治县八墙子村鹿羊岩画（图4-25），整个岩画存在一个幽深的峡谷之中，周围有丰富的水草资源，是一个很好的放牧地点。画面的前方刻绘了一只膘肥体壮的马鹿，造型准确。在画面的右上方刻绘了一只正在奔跑的山羊，在马鹿和山羊的后面有一个网状图像。汤惠生先生认为，这种网状图像是抓捕猎物的"陷阱"，是先民对狩猎动物实施巫术魔法行为的重要标记，也就是说，先民希望借助于网状图像猎捕到膘肥体壮的动物。而这个网状图案是现实物象在先民头脑中的巫术反映，它已经超越了现实的造型，用一种更加抽象的形式在头脑中转换为一个似与不似、物我相融的艺术造型。它更是一种对狩猎场景的宗教预设行为。

图4-25　新疆哈密地区巴里坤哈萨克自治县
八墙子村鹿羊岩画
来源：《中国美术分类全集》编委会，《中国岩画全集》
（西部岩画2），沈阳：辽宁美术出版社，2006年版。

总之，场景构图是中国史前岩画视觉叙事呈现的一个重要特征。先民凭借点、线、面等美术元素，将人类狩猎、放牧、交媾等生活情节刻画在岩石上，以此来表达他们的宗教祭祀思想和生活观念，形成了一个具有超越视域的宏大叙事场面。史前人类用岩画图像记录下来的各类母题的场景，也为我们在人类精神信仰、艺术叙事和图像制作等方面建构人类与物象之间的深层象征意义奠定了基础。他们用现实的眼光去审视这种场景式构图的组织结构和视觉规律，把发生在原始先民周围的事件巫术化，以瞬间化的形式语言去定格曾经发生过的事象。

三、对称性

对称性高度体现了中国史前岩画构图的审美特征。先民往往将图像刻绘成左右或上下的对称式样，如阿尔泰山岩画中的三只竖排的鹿，以中间的一只鹿为中心，上下呈现出对称的构图特点。又如阿尔泰山岩画中的车马，先民在马的中间刻绘了一道竖线，这条竖线使两匹马左右对称分开。这种对称构图的方式，在吉尔吉斯斯坦、塔吉克斯坦以及哈萨克斯坦的车辆岩画中也有所使用。

原始先民在岩画构图的时候，重视图像的左右或者上下的对称性。先民在生产和生活中，逐渐认识到对称等形式美规律，发现了一些"横的对称"和"竖的对称"。因此，他们以横式或竖式轴线来进行构图，体现出一种和谐稳定的构图心态。博厄斯在其著作《原始艺术》中说❶："对称普遍表现为左右相对，并且认为，这种对称形式来源于对称的动作，以及人和动物左右对称的形体。动物的身体和四肢也是如此。"不管从内蒙古还是云南沧源地区，这些岩画点中的构图均带有对称的表现方式。对称分为轴对称和视觉量对称。

一方面，左右对称的画面一般在构图上具有某种相似性，但在某个局部上还是存在某个不同点。如阴山两只相向的盘羊，羊的躯体均呈现要攻击对方的意图，两只羊的羊角被夸大并向后卷曲。但是，作者还是刻画出了两只羊的差异，羊角一只大一只小，一只羊的躯体向下俯卧的程度更低一些，而另一只则高一些，两只羊互相对称。作者借助这个图像来表现盘羊旺盛的生命活力，并以此来祈求家畜的繁殖。又如云南怒江傈僳族自治州福贡县匹河乡腊斯底岩画，岩石表面上用粗线绘制了一个比较清晰的符号。上下均为一个圆形，中间是一个方形瓶，里面裹着一个人。整个构图采用竖式方式，强调上下对称关系，物象的造型全部是用粗线条和细线条构成。再如连云港将军崖的《房屋和树》岩画，整个岩画的构图运用了对称的方式。画面中树的左右两侧每个树枝形成一个向上发展的三角形，每一根树枝在另外一侧都有相对的一部分，至少是相似性的对称。而房屋的屋顶左右两条线形成平行线，屋身的左右两侧也形成了平行线，这表明古代先民在塑造物象的时候更加注重画面的左右均衡效果。图中树的造像以中间线为基准，两侧的线条长短粗细、方向均一致。在树的个别枝叶上出现了局部的弯曲，这样就形成了由曲线和直线共同建构而成的形式美。右边的房屋置于画面的下方，而上方则用虚空的画面来代替，这也是

---

❶ 弗朗兹·博厄斯，《原始艺术》，金辉译，刘乃元校，上海：上海文艺出版社，1989年版，第332页。

一种空间的虚实对称。画面的虚空空间似乎要表达史前艺术家对于星空和宇宙的无限崇敬。又如云南麻栗坡大王岩像中的两位男女保护神，左右极为对称，人物的手势和正面的脸都是经过几何化了的，"它通过一些对称的构图，表现了宗教艺术中的各种等级森严的级别以及这些等级的不可动摇性。" ❶

另一方面，上下对称的图像一般可以分为以行为单位的图像排列或者单体图像，行排列的上下人物姿势均作相对一致的动作，而单体人物形象的腿脚和手臂均具有程式化的动作。如在内蒙古召烧沟岩画中有一幅横式对称的图案，画面中间有一条横线，线条的两个端部刻绘有双圈纹，在线条的中间有九条竖线，竖线以横线为对称轴，上下长短一致，这充分体现了原始先民对"横的对称"的审美感受。又如内蒙古乌拉特的猎鹿岩画，在两只鹿的中间有一个很小的狩猎者，正好作为中间线，将鹿分成上下对称两部分。再如云南沧源岩画的九个人物像，中间的一条线将人物的左右脚和手一分为二，从上下来看，视觉点就定位在中间腹部位置。通过以上三个岩画例子，我们从中可以得知，岩画构图的上下对称不但体现了先民们对画面和谐与稳定的审美追求，而且通过这个对称的构图也表达了自己对于世界万事万物的审美体认。

总之，原始先民通过参照现实物象，运用对称构图所再现的世界具有一定的视觉模仿性和视觉稳定性。他们按照对称的形式将视觉图像分成上下和左右，不仅突破了现实物象的蔽障，而且实现了对岩画图像的浓缩，从而体现了创作者对于生命精神的诠释。他们把对称的构图特征注入主体对生命无限性的追诉之中，形成了"无对象、无标记却易于辨认并迫切地呈现的世界内部这种时间性的一种手段" ❷。

四、平衡性

平衡性是中国史前岩画构图的审美特征之一。在岩画的构图中，物象之间的差距会导致不平衡性，进而产生不同类别的视觉运动。正因为史前先民已经意识到人是有双耳、双眼、双腿、双臂，具有平衡对称的结构，所以他们在岩画构图中也试图寻求某种平衡性。任何一个岩画画面都是由各种元素构建而成，并且这些元素由于位置的差异，其所形成的动态都有所不同，有的运动比较激烈，有的数量多或少，还有的则是形象呈现不同的方向性。在中国史前岩

❶ 鲁道夫·阿恩海姆，《艺术与视知觉》，滕守尧、朱疆源译，成都：四川人民出版社，1998年版，第180页。

❷ 米·杜夫海纳，《审美经验现象学》，韩树站译，陈荣生校对，北京：文化艺术出版社，1996年版，第220页。

画里，原始艺术家往往把一个画面看成一个整体，在整幅构图里的左右和上下均被安排上大小不同的物象。就狩猎和放牧岩画来说，先民为了表现狩猎和放牧时的情景，在岩石表面的左右和上下位置布置不同的物象或视觉元素。有的画面左右两边均采用数量上相近或者大小接近的形象，有的将岩石上部分物象进行散落布置，数量较多，下部分则将动物或者人物形象有秩序地"一字"排列。有的画面两边采用物象的高低搭配，如左边物象处在高处，那么右边就处在低处，从而形成一种平衡美。所以说，原始先民利用数量、动势、有无秩序性、动静、高低、拙笨与流畅等因素的对比来实现对于平衡的视觉追求。这种平衡性是基于日常的生活审美经验，具有高度的视觉艺术美。例如在内蒙古曼德拉山的岩画群中的《驯鹿图》，在画面左边有一只鹿，鹿角被作者夸大成一棵树的样子。而且，鹿的躯体比例远远大于右边两位骑马的人物形象，整个画面分成左右两个部分。左边有一个物象，动势较大。为了使画面产生平衡性，作者就在右边多加了一个骑马者，这样就形成一种平衡性的视觉效果。又如在内蒙古桌子山苦菜沟的南部峭壁上有一幅放牧岩画，画面上有五个动物形象，作者以中间一个动物为基点，将画面分为上下两部分，呈现二上、一中、二下的构图格局，使画面呈现出上下平衡的视觉态势。

（一）史前岩画的构图平衡在某种程度上也反映了心理平衡

阿恩海姆认为❶，任何一个视觉式样都具有一个支撑点或者重心点，它是由种种具有方向的力所达到的平衡。心理平衡强调在岩画构图中的物象所带给受众的心理感受，而这种心理平衡又受制于岩画构图中所呈现的视觉力。在岩画构图中，有的画面中的视觉力量是分配不均的，诸如虚空、粗细、大小、色彩等元素所占比例较少，但同样能够对画面的视觉力进行弥补。这些视觉平衡往往与相对应的物理因素不一样，前者更加注重的是心理的平衡，而后者则强调造型上具有高度的相似性。如内蒙古查干敖包苏木西南的岩画《马与羊》，整个画面呈现了斜式构图，也就是我们所说的对角线构图。画面中的第一匹马和第二只羊之间留出很大的间隔空间，这可能是作者有意为之。前面的马在造型的大小和刻绘程度上远远比后面的三只动物视觉强。后面的三只动物越向后就越简略，最后一只就剩下一个简洁的脊背轮廓。这样就呈现出前面的一匹马和后面的三只动物在造型上是不对称的，但是在视觉力上达到了整个构图的心理平衡。显然，这种构图中的平衡是基于视觉与心理的结合才造就的。又如内蒙

---

❶ 鲁道夫·阿恩海姆，《艺术与视知觉》，滕守尧、朱疆源译，成都：四川人民出版社，1998年版，第13页，第40页。

古呼鲁斯太苏木地里哈日的岩画《猎鹿》（图4-26），整个画面刻绘了两只大鹿和一些小物象，构图较规整。从整体上来看，两只鹿在动作、造型上以及刻绘程度上都明显地呈现了视觉的上下平衡性，就是说两只鹿具有相似性。在两只鹿的中间有一个斜的线性物象，有可能是鹿角，在其左端有一个点，而这个点又和最右侧的一个一手举弓、一手射箭的猎人的脚形成一条线，将这两个点连成一条线，整个画面可以分成上下两部分。上半部分有一只大鹿、两只小动物和猎人，在视觉量上，上部分要大于下半部分。下半部分只有一个实体物象，那就是一只瘦长的并且鹿角被夸张得特别长的鹿，在鹿的周围被虚空的环境填充。我们不禁要问，为什么画面能呈现平衡呢？虽然上部分的视觉量在表面上是大于下部分的，但是在下部分有很大一部分是虚空状态，虚空并不代表没有，而是里面囊括了很多未知的内容，可以让我们产生无尽的遐想！空白处的视觉量显然远远要大于实体的视觉量。这样上部分和下部分的视觉力相互抵消，就形成了构图上的平衡。

图4-26 新疆阿勒泰地区富蕴县布拉特岩画分析图《猎鹿》

来源：《中国美术分类全集》编委会，《中国岩画全集》（西部岩画2），沈阳：辽宁美术出版社，2006年版。

在新疆阿勒泰地区骆驼峰的岩画《鹳鸟啄鱼图》（图4-27），整个画面描绘了三个物象：一条鱼、一只鹳鸟还有一个未知动物。画面被作者分为左右两部分。我们为什么说这幅画面呈现了平衡呢？因为，右边的物象很长且很大，从上面一直延伸到下面。左侧要和右侧的视

图4-27 新疆阿勒泰地区骆驼峰岩画分析图《鹳鸟啄鱼图》

来源：《中国美术分类全集》编委会，《中国岩画全集》（西部岩画2），沈阳：辽宁美术出版社，2006年版。

觉力抗衡，就要加物象，因此，在左侧就形成了两个物象，且中间断开，增大左边的体量。作者就用两个物象的视觉力来达到一个物象视觉力的。

（二）史前先民运用不同造型的图像来达到平衡构图的视觉效果

在新疆阿勒泰市将军山上有一幅射箭的画面，画面从中间向左右分开。左边的射箭者较瘦弱，而右边的动物则显得非常大，为了使得画面两边达到平衡性，作者将人的一条腿向后退一步，两腿叉开。先民将一些动物造型按照不同的面积刻绘在岩石上，来表达更加全面、均衡的心理感知力，充分突出史前人类的审美理念。正是这些惟妙惟肖的形象在画面的上下左右占有不同的面积，才形成了具有视觉平衡性的岩画作品。如青海海北藏族自治州刚察县舍布齐沟的一幅岩画《骑猎》（图4-28），作者将画面分割成左右两部分。左边刻绘的是一匹马和一个站立的人，猎人手持弓箭待射，而右边刻绘一个似在奔跑的小动物。显然，基于物象的大小关系上是不平衡的。为了达到平衡的视觉效果，作者将弓箭以及动物均朝向右边，使右边的视觉力增加，引导人们的视觉向右边看，使画面形成一种平衡美。

图4-28　青海舍布齐沟岩画《骑猎》
来源：《中国美术分类全集》编委会，《中国岩画全集》（西部岩画1），
沈阳：辽宁美术出版社，2006年版。

总之，中国史前岩画的作者运用画面的心理平衡和物理平衡等方式在画面上塑造出一些平衡性的岩画构图，它融汇了先民的审美情感、社会巫术思维以及宇宙生命体悟，将不同物象按照一定的平衡性有序地布置在画面的上下左右。这种平衡性的构图充分体现了原始先民凭借自身的审美理念去探求二维平面系统中的内在生命规律和秩序性。可以说，这种平衡性的构图是建立在早期的原始审美理念基础上的一种谋求画面稳定的方法，它将构图中的"势"隐现在画面中的不同造型里，在上下左右图像之间建构一个活生生的生命美学式

样，并形成一种自由、多样、动感的均衡审美情趣。

五、稚拙性

中国史前岩画的构图呈现了稚拙性的岩画审美特征。在我们目前所看到的岩画图像之中，大部分岩画构图比较稚拙。

第一，史前岩画的构图叙述着简单的故事，从这些简单的故事中来呈现史前岩画构图的稚拙性。原始先民将每一个单一造型组合成一幅完整的岩画，以此表达他们的生活经验和精神诉求。例如一些北方的狩猎岩画，作者使用稚拙的构图方式将猎物放在岩画的任何部位，狩猎者拉弓待射，准备射向动物。有的岩画母题表现生殖，先民就将一个男性和一个女性的生殖器官相对来阐述他们内心中的生殖渴望。因此，史前岩画的构图给我们呈现出非常直白、质朴、笨拙的审美感受，他们运用最笨拙的线条去刻绘画面中的各个形象。

第二，稚拙的构图体现出一种务实的功利倾向。纵观史前各个阶段的岩画，我们发现，在这些稚拙的构图背后凸显了先民对物象的一种纯朴的艺术表达。如有的岩画，有一位两臂平伸且站姿的人，右手用线连接着后面的一条大鱼，通过这种简单而又朴拙的构图来呈现先民的功利性。又如，内蒙古阴山地区有一幅动物交媾的画面，画面中有两只北山羊，一只在前，一只在后，表现了先民对动物增殖的巫术祈求。在一些岩画之中，有的先民为了表示他们所崇拜的物象，就在单个人物图像的头上放置一个动物，或者刻绘一个人物跪姿，在其上面有一个圆形太阳。这样的构图当然与宗教崇拜有关。由此可见，先民用这种稚拙的构图鲜明地传递了某种功利性目的。

六、本节小结

总之，中国史前岩画的构图特征比较丰富，形式多样，稚拙而又洒脱，自由而又浪漫，既体现了先民运用这类特征来反映现实生活和生产内容，又彰显了先民自觉的审美诉求和生命精神。这些独特的构图特征充当了史前社会生活的见证人、叙述人，它以现实和功利、宗教巫术与艺术话语相互叠合，主观地构置了一个包含人、物、巫、宇宙的叙事框架。原始先民把单个形象随心所欲地布置在岩面上，并利用岩画画面中的组合方式进行单个或多个叙事，他们非常注重凭借着不同的构图特征给欣赏者带来不同的审美感受。这些岩画中的造型雄浑健壮，笔画强劲开阔，构图富有返璞归真的视觉效果，从而形成了意义深刻、高低起伏的岩画作品。

第四节　本章小结

综上所述，中国史前岩画的构图是建构在史前先民对原始社会的思维模式、知识结构、宗教巫术、社会结构、氏族部落等基础之上的，在那个遥远的时代所产生的构图艺术是我们中国传统绘画艺术的滥觞。史前岩画艺术的构图不但是史前先民对现实世界的一种记录与复述，也是先民对自然物象的一种阐释和创造。而且，岩画的构图代表着先民对未知宇宙的探寻之情，他们将这种未知的宇宙深深地藏匿于现实生活之中，由此沟通了先民对现实世界的体认和对未知世界的精神感悟。也正因如此，"中国岩画在构图要素、呈像特征、题材意蕴等方面自成一格，不仅在世界岩画中独树一帜，而且与史前的其他艺术，以及日后的中国绘画相对照、相印证，展现了中国原始先民独特的审美趣味，显示了中国原始艺术的地域特征与民族特征。"❶ 他们运用叙事、场景、对称、均衡、稚拙等构图特征去表达原始人类的生命精神，使岩画形象具有浓厚的人文情感和宗教色彩。可以说，史前岩画中的每一个形象，均是先民用心颖悟对象、体察民俗、细致入微观察的结果，更是先民对现实物象的高度体认和颖悟的结果。

这种岩画构图的美表现在，先民对于自由生活的追求和向往。每一个构图都尽最大努力去彰显先民对生活物资的追求。在反映生活的同时，借用不同的构图类型去体现宗教理念，使现实生活的人和自然世界更加遵从原始巫术力量。其构图也更加具有象征、定式、神秘而多变的特征，表明一种轻淡的神怪意味。

---

❶ 朱志荣、朱媛，《中国审美意识通史》（史前卷），北京：人民出版社，2017年版，第6页。

第五章　史前岩画的审美意象类型

第五章图片

　　"意象"是人类实践活动和审美活动的结晶，史前岩画是原始先民审美意象创构活动的成果。"意象"包括物象、事象、主体创造性的拟象等。主体受客观物象的感发，触物生情，通过想象立体物的神，与物象交融，最终创构出虚实相生、情景交融的审美意象。在原始岩画的世界中，先民通过对现实物态的审美观照和情感融入，生发出对原始宗教和神意的虔诚信仰。他们一开始就借助于原始宗教巫术观念并结合先民对事物造型的均衡、对称、空间的领悟，采取"一种依附、顺应、进入、融合、维持、和谐的立场、态度和行为，并进而将其释之为'天意''道义'"❶。同时，凭借着不同的刻绘技法将主体心中之象"以静态的形式在所加工的自然物上面呈现出来"❷，其中就暗含着先民对现实物象的模拟与主体对生命精神的体悟。所创构出的意象被荣格称为"原始意象"❸。

　　汪裕雄在《审美意象学》一书中也将中国史前艺术意象界定为"原始意象"，并重视神话支配下的原始宗教和图腾崇拜活动对"原始意象"创构的影响。他认为，史前的造物实践活动均是在神话系统支配下进行的，这种原始意象一般以感性的形式呈现出来，也就是我们所说的岩画、陶器等形式。如在内蒙古乌海市苦菜沟的大角鹿岩画中，先民将鹿角刻画成高大的树枝，其实是将其演绎为一种密码，这类密码不是被看作"纯粹的符号，而是看作真实的护身符"❹，即太阳神的力量以及祈求生命繁殖的巫术符号。

　　史前岩画意象是先民感悟世界、聆听世界以及创造世界的重要途径。朱志荣在《中国审美意识通识·史前卷》中讲到❺："历代体现审美意识的艺术品和

---

❶　邓恩伯，《中国绘画横向关系史：丝绸之路与东方绘画》，北京：商务印书馆，2018年版，第16页。

❷　汪裕雄，《审美意象学》，北京：人民出版社，2013年版，第50页。

❸　卡尔·古斯塔夫·荣格，《荣格文集：原型与集体无意识》，徐德林译，北京：国际文化出版公司，2011年版，第5–8页。

❹　恩斯特·卡西尔著，《神话思维》，黄龙保、周振选译，柯礼文校，北京：中国社会科学出版社，1992年版，第64页。

❺　朱志荣、朱媛著，《中国审美意识通史》（史前卷），北京：人民出版社，2017年版，第12页。

工艺品遗存，是美学研究的标本或化石。所有美学理论的创新都必须直面千百年来的审美实践，直面呈现在历代器物等作为审美意识标本和化石的遗存，它们是美学理论创新取之不尽、用之不竭的源泉。"史前岩画意象是基于先民传统的造物实践活动而被创构的，每一个图像都体现着原始先民的审美意识。他们运用观物取象、模拟仿生、几何造型、抽象象征等造型原则将个人的情感赋予物象之上，创构审美意象，以像表意，以意显像。如先民赤裸裸地描绘交媾和生殖活动，用不同属性的点、线、面来歌颂原始生命之光华。史前岩画作为一种意象，是一种内蕴或者镶嵌在原始思维层面上的隐喻话语，是先民用各种符号表达特定的审美意义，用这些"会说话的形象""透现出自然的真谛、生命的美妙"❶。由此可见，史前岩画意象对当下研究审美意象依然具有重要的学术价值。

中国史前岩画的审美意象主要分为自然意象、生活意象以及巫术意象三大类。

史前岩画的自然意象是先民以独特的审美视角，记载了史前人类与自然之间的特殊关系，体现了他们对自然物象和事象的高度体认和领悟。自然中的万事万物是先民主要的审美对象，他们通过对这些自然物象和事象的描绘，来表达对大自然生命精神的高度崇拜和礼赞。生活意象是基于先民的生活场景创构的。这些意象给我们呈现了原始社会丰富而生动的生活景象，诸如狩猎、交媾、围猎、放牧等生产、生活场景。这些岩画意象源自生活，又高于生活，形成了富有生活美学韵味的生活交响曲，是先民表达思想观念和审美情趣的重要方式。巫术意象是史前先民受万物有灵的原始思维的影响，创构出的特殊的宗教化审美意象。可以这样说，巫术意象自始至终都在伴随着史前岩画的发展与演化，它以巫术思想和场景为表现内容，通过视觉符号与原始巫术观念相结合的方式，将现实物象进行抽象化、图案化或符号化，给我们呈现了鲜明的狩猎意象、神灵崇拜意象、图腾崇拜意象以及生殖崇拜意象等。这些巫术意象拓展了原始人类的心灵世界，高度还原并展示了先民们欲以此达到繁衍后代、驱邪避祸、沟通天地等巫术思维和巫术观念，形成了一个具有浓郁巫术氛围的审美意象世界。

中国史前岩画的审美意象是原始先民在触物起情、体物得神的基础，将感性的客观物象经过主观的加工、处理后创构的，它被史前先民理解为一种原

❶ 陈望衡，《文明前的"文明"：中华史前审美意识研究》（下），北京：人民出版社，2017年版，第617页。

始宗教与生命精神的深层次表达。这些置于不同区域并表现不同母题的岩画意象高度体现了原始先民的审美情感、审美心理以及审美观念。通过对岩画所存在的场景、时间、地点以及区域环境并结合岩画图像做出比较合理、全面的阐释，有助于探索和发现史前先民是如何通过岩画意象来表达自己的审美情感的，有助于我们更深层地理解先民审美意识的演变和发展历程。

第一节 自然意象

原始先民受到史前自然物象的感发，并对自然物象进行审美观照，使主体情感和物象融于一体，创构出自然意象。岩画中的自然意象并非对自然物象的真实描述，而是先民表达主观情感与巫术信仰的意象化符号。它主要包括对道路、山石、天体、植物等自然物象的美学感知，不仅凸显了史前自然形态的多样性，而且体现了原始自然物象的生命无限性。先民将岩画作为记录自然、展现自然以及慰藉心灵的重要方式，也是先民寄托主观情思和彰显生命精神的重要载体。在一定程度上，它鲜明地体现了原始人类与自然世界的和谐共生关系，他们试图用岩画的自然意象去诠释和表达对自然的理解。

先民以自然意象展现自然之美。在原始社会里，先民将自然界中的一些物象的整体形态、曲折而又美丽的局部结构用具象或写意化的方法记录下来。无论是树木，还是花卉，都是先民将自己对自然物象的审美情趣如实地表现在岩石上。先民在社会生产过程中得到了大自然的恩惠和护佑，于是通过对不同自然物象的刻绘和描摹，将这种恩惠和护佑幻化为审美意象，体现了先民对于自然物象的真切审美感受。表现在动物图像中，先民则是将对自然的赞美集中在动物某个特征上，例如先民用树的造型来刻绘鹿角。他们认为"树具有力量，是某些仪式的发源地" ❶。也是沟通天神的渠道。同时，大自然中的各种树木造型在一定程度上也诱发了先民对树的审美情趣，他们把树的美丽形态与鹿角相结合，将鹿角夸张得比动物的整体还要大，创构出一个既体现宗教仪轨又呈现美丽造型的自然意象。如甘肃肃北别盖乡大黑沟的树岩画（图5-1），画面上呈现了一棵由半圆弧线构成的树，并且整个树的树枝走向均呈现出一定的秩序美，大半圆套小半圆，相互套叠。树枝均运用圆润的线条刻绘，半圆弧线条之

---

❶ 唐娜·L. 吉莱特、麦维斯·格里尔、米歇尔·H. 海沃德、威廉·布林·默里，《岩画与神圣景观》，王永军等译，银川：宁夏人民出版社，2017年版，第121页。

间距离相等，粗细也一致，纹饰简约而不失结构。又如云南沧源的干栏式住宅岩画（图5-2），画中有人物、鸟以及明显的长杆结构，高挑的屋角上站立了两只鸡，正在对天鸣叫。这幅画面上凸显了原始先民与大自然和谐共处的原生态理念。"以农业生产为根基建立起来的华夏民族，从一开始就具有了一种安土重迁的乡土情蕴和家园情结。他们耕耘撒播、辛勤劳作、无荒不嬉，在与天地万物的迎来送往中身心得到了归依和安顿。"❶

图5-1　甘肃肃北蒙古族自治县别盖乡
大黑沟岩画
来源：《中国美术分类全集》编委会，《中国岩画全集》
（西部岩画1），沈阳：辽宁美术出版社，2006年版。

图5-2　云南省沧源佤族自治县曼坎
Ⅱ号岩画点（局部）
来源：《中国美术分类全集》编委会，
《中国岩画全集》（南部岩画2），沈阳：
辽宁美术出版社，2006年版。

　　史前先民刻画了大量的天体岩画图像，这是史前先民创构的自然意象的重要内容，包括太阳、月亮、星星、云彩等物象。他们认为自然界的日月星辰具有某种神秘的力量，把它们作为神灵的化身。这些天体形象给先民带来了温暖、光明与恐惧，他们在希求得到天神庇护的同时，更害怕天体形象给他们带来苦难。这种天体崇拜在一定程度上"既反映出原始先民对大自然的依赖，又在一定程度上表现了他们想征服自然的思想"❷。因此，他们就将这些具有"神性"的天体形象刻绘在岩石上，以此表达对天神的崇拜、信仰和畏惧。相继出现了一些祭祀太阳的舞蹈、太阳鸟以及太阳神等图像。大多天体形象均使用了圆形或者类似于圆形去勾勒外在轮廓。如在内蒙古磴口县格尔敖包沟畔的崖面上，创作者用平面剪影的手法刻绘了一个双手合十、双腿跪地的人，其头顶上

❶　张耕云，《生命的栖居与超越：中国古典画论之审美心理阐释》，杭州：浙江大学出版社，2007年版，第263页。
❷　盖山林，《中国岩画学》，北京：书目文献出版社，1995年版，第144页。

有一个椭圆，应是太阳，这个人正在膜拜头顶上的太阳。显然，这幅画反映了原始社会先民具有太阳崇拜的宗教观念。在阴山岩石上也凿刻了牧民正在祭拜太阳的场景。日、月、星、辰等天体崇拜的岩画在江苏连云港将军崖、宁夏贺兰山、青海都兰县、云南沧源、四川珙县等岩画点比比皆是，其中，表现太阳的题材居多。

先民运用拟人化（anthropomorph）的手法赋予日月星辰等以人格化的形象。表现太阳时大部分的形象均呈现正面造型，常常借助于两个圆形互相叠合，然后在圆圈外面加上一些放射线；表现星星时就在岩石表面凿刻大小深浅的小凹穴，他们将超自然的神力渗透进天体和宇宙中，把天体当作超自然的神来崇拜。实际上，史前人类对于这种天体崇拜就是一种人的物化和物的人化之间互相转换的过程，把人的内心精神需求赋予星星和太阳等诸多天体物象之上。这种艺术的塑造方式，是先民对宇宙天体的一种非常稚拙和朴素的认识。如云南沧源勐省岩画点上，有一个圆圈，圆圈中间有一道折线，这是盈亏时的月亮，月亮下面有两个手舞足蹈的人，圆头，三角形身躯，两腿分开，显然这是一幅精彩的祭拜月神的场景。又如江苏连云港将军崖岩画（图5-3）中有大量凿刻精美的小凹穴，大小不一，深浅各异，大凹穴和小凹穴之间的间隔有一定的疏密安排，可能这个图像是原始先民对宇宙探索的外在直接的表达。这些凹穴大多呈现圆形，这些小圆点围绕着农田岩画出现的，有的星图之间连成一条线，有的众星围绕着一个大月亮造型。这些小凹穴凿刻没有这么规矩，它是对自然世界中天象的模拟。通过对天象的模仿让他们的内心获得了一种高度的精神愉悦，并把这个图像看作自己民族和天神交流的重要媒介。就像沃林格说的那样[1]，一部艺术作品之所以获得美的价值，一般如人们所述，就在于它的愉悦价值上，而这种愉悦价值又必定与那种心理需要构成了因果关系，这种愉悦价值满足了人的心理需要。

山石意象在中国史前岩画的自然审美意象系统中具有重要的地

图5-3　江苏连云港将军崖岩画
来源：作者拍摄。

---

[1] W．沃林格，《抽象与移情：对艺术风格的心理学研究》，王才勇译，沈阳：辽宁人民出版社，1987年版，第14页。

图5-4　新疆吉木乃县岩画

来源:《中国美术分类全集》编委会,《中国岩画全集》（西部岩画2）,沈阳:辽宁美术出版社,2006年版。

位，这与他们的思维方式和信仰有关。他们认为自然界中每一个物象都具有神性，山石也不例外。他们用山石制造工具、建造房屋，从中又可以找到一些有价值的东西。他们认为高处（山上）与天神更接近，于是祭拜活动多在山上或石台上举行。先民对山石的崇拜可以从史前岩画出现的位置判断。史前岩画大多刻绘在山石之上，特别是一些悬崖峭壁，以此达到与神灵沟通、发挥巫性的作用。如新疆吉木乃县的一幅生殖岩画（图5-4），画面上呈现了两性交媾的场景。岩石和生殖崇拜形象相互结合，岩石成为先民祈求天神帮助氏族或部落不断繁衍子孙和增殖家畜的重要平台。

史前岩画中的自然意象都具有生命意识。朱志荣在《中国美学理论》一书中说❶:"物我生命的对应关系，正是物我贯通的基础。见芳草柔条而喜，察劲秋落叶而悲，都是这种物我相互感发和交流的表现。"自然的生命与人的生命是相互连通的，只有掌握了生命精神就能够贯通物我。中国史前先民受原始思维的影响，在岩画中所刻绘的每一个植物以及日月星辰等自然物象，都可以看作是有生命、有情感、有神韵、有气场的。当这些物象有生命和神韵的时候，将形式美规律赋予形象之中，它体现了一种"风姿神貌"。这些自然造型在原始先民看来均具有生命意识，它们是自然物象的生命化，是先民利用拟人化的艺术手法创构的融通物我之神的意象化创造物。

先民把自然意象视为自我生命的外部延伸，他们将生生不息的生命精神与自然物象贯通，并通过不同的造型、不同的构图生动地展示出来，从而形成了具有生命意识的人格化自然意象。如图5-5所示的新疆布拉特岩画，这幅岩画利用由近及远的长条构图，将自然事象以理性的情感呈现出来，并均借用不同的身姿生动地把物象的内在精神气质、格调"神超理得"地进行表现。先民以动静相宜的物象轮廓表达出高度抽象并令人景仰的原始情景。在这个时候，主体与客体的生命意识是融为一体的。如原始岩画中的太阳意象多以人面像的形式出现。就是对太阳的崇拜和对人物的尊崇相结合而生成的一种体现主客体生

---

❶　朱志荣,《中国审美理论》,北京:北京大学出版社,2005年版,第174页。

命意识的人面像，它不仅体现了先民的神灵巫术思维，而且揭示了先民与自然物象的融合为一，反映了自然物象既内蕴着人情的物态化，又兼具有物态的人情化，从而拓展了自我的生命意识。

自然意象不仅体现了先民对客观自然物象的体悟，更为重要的是，主体还通过拟人化的方法丰富了自然意象的审美意蕴。史前先民在日常生产生活中经常对自然物象进行详细观察和体悟，凭借想象，将人的情感赋予自然物象之上，企图凭借人与神灵世界建立内（心）与外（造型）的联系，使物象（神灵）与人形成一种互为转换的融通关系，用神灵图像来护佑整个氏族部落（图5-6）。在史前岩画中，特别是北方岩画，刻绘大量的太阳人面像，这是先民将太阳和人物面部表情有机结合的典型形象，使太阳"转为对人情世态的表现，乃至借助神话赋予对象以盎然的意趣"❶。如在中国宁夏的贺兰口、意大利梵尔卡莫诺山谷以及北美印第安人岩画中的蛙形人物岩画图像，最大特点就是在画面中有一位四肢垂直向上或向下伸展的舞蹈人，他们模仿了青蛙的造型并且将青蛙具有生殖潜能的属性来象征着人类繁衍后代的能力，每一个舞蹈人的形象都是史前先民对青蛙内外形式的模拟与仿生。

总之，中国史前岩画的自然意象不仅是先民在原有感性自然物象基础上对物象内在生命精神的心灵领悟，而且是"兼具社会场景的物象，一虚一实，浑然为一，

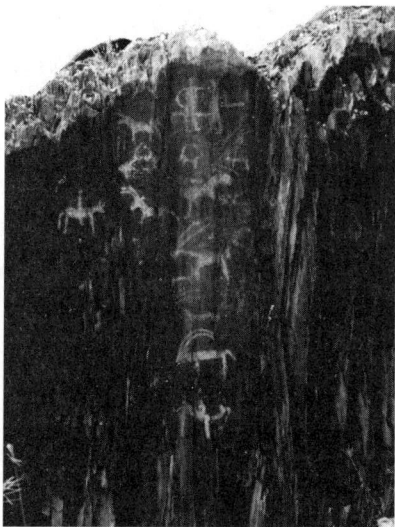

图5-5 新疆阿勒泰地区阿勒泰市杜拉特岩画

来源：《中国美术分类全集》编委会，《中国岩画全集》（西部岩画2），沈阳：辽宁美术出版社，2006年版。

图5-6 新疆骆驼峰岩画

来源：《中国美术分类全集》编委会，《中国岩画全集》（西部岩画2），沈阳：辽宁美术出版社，2006年版。

---

❶ 朱志荣，《中国审美理论》，北京：北京大学出版社，2005年版，第175页。

充分地契合于主体的心境，使每个鉴赏者的想象力得到淋漓尽致的发挥"❶。岩画的自然意象是先民"近取诸身，远取诸物"❷的结果。他们将现实物象与内在心理的需求相结合，形成了具有宗教和生活意味的岩画意象。山、水以及宇宙星空等自然物象都被打上了深深的宗教巫术烙印，并被赋予生命的意义。自然意象已经不再是现实中的式样了，而是被原始先民赋予某种宗教寓意，成为象征符号，如"事树神""灵魂鸟"等。"它既是自然万物在人心灵中的折射，又是人类自身情感表达的需要。"❶ 这些岩画意象均是先民对现实物象的审美表现，每一幅自然意象均充满着先民对现实生活的美好诉求和与愿望，体现了先民的审美价值和审美意识。

第二节　生活意象

岩画的生活意象是原始先民以生活场景为基础而创构的，充分反映了原始社会生活的情状、方式以及结构，揭示了史前社会日常生活的不同面貌。如在南北区域的岩画中就有放牧、帐篷、围猎、舞蹈、渔猎等题材。原始先民运用模拟、写实、半抽象、抽象、符号等造型方法全面地呈现浓郁的生活气息和生活氛围。换言之，这些世俗化的生活场景不全是对现实生活的直接模拟，在很大程度上是先民在精神方面对生活的某种"投射"，是对原始审美与史前艺术的一种深化和拓展。可以说，岩画的生活意象是对现实生活的审美情感化呈现。

一、中国史前岩画的生活意象是基于先民对生活的细致观察

史前岩画中的各类生活图像均是先民在日常生活和生产过程中的一种心理情趣外显，他们时刻将自己所看到的生活物象或场景用一种最容易记录的形式和方法"复制"在岩石上，每一个形象均是先民基于对现实物象的细致观察而被创构的。原始人类日常生活中的器物、各类形态、各类场景、宗教活动等都可以作为创构生活意象的基础。从北方辽宁朝阳地区的相扑、虎牛斗等岩画到南方台湾地区万山的人面像，从东海之滨将军崖的农作物岩画到西部地区西藏

---

❶　朱志荣，《中国审美理论》，北京：北京大学出版社，2005年版，第175–176页，第74页。

❷　黄寿祺、张善文，《周易译注》，上海：上海古籍出版社，2012年版，第343页。

的骑马岩画，都是生活意象的生动体现。有的描述大自然中的动物，有的描述猎捕和战斗情形，还有的描述人类的生殖活动，更有甚者将生活中的物象与神灵联系在一起，等等。

先民认真地观察原始社会生活中的事物、动作等，并以细致的线条简约地呈现出来，特别是生活场景中的一些激动人心的场景。如在巴丹吉林曼德拉岩画点上的村落和骑者岩画，整个画面就是一幅详细描绘早期人类居住和放牧的生活场景。图中用凿刻的制作方法将村民所居住的锥体住宅详细地刻绘出来。作者不但刻绘了锥体的外在造型，还将房屋内的空间用直线清晰地分割。更有意思的是，有的锥体住宅的每一层分割中还可以看出空间的大小、人员的配置和数量。显然，这是一幅极具审美意味的生活意象画面。

二、史前岩画中的生活意象是基于现实生活中的物象而创构的

经过作者的联想与想象，将现实之像转换成带有审美意味的视觉图像。无论是史前人类的狩猎活动、放牧活动还是衣食住行都被创作者有序地展现在岩画中。一方面，先民长期从事社会生产与实践活动，与环境紧密结合，这是生活意象创构的现实基础。另一方面，史前岩画意象的创构具有生活气息，是先民对生活场景的再现，或是对理想生活形态的一种质朴表达。无论是具象性的还是抽象性的岩画，在创作者的心目中同样具有真实性。如连云港岩画《房屋和树》，艺术家通过高度概括和归纳，运用极简的长线或短线将物象的表面结构准确描绘出来。画面中，右面是一座人字形的建筑，建筑呈现四分之三立体图像，有屋顶，有斜坡，有屋檐，还有门和窗户，在建筑的下面有一道很长的横线，这是"地平线"。这种图像是建构在作者对于周围事物的长期观照基础上，融汇了作者对房屋和树的情感、想象、回忆等。这是作者与物象沟通，达到心景合一的结果。又如新疆昌吉回族自治州呼图壁县康家石门子岩画《鹿纹图像》，整幅画面采用錾刻的方式将形象固定在较为疏松的砂岩上，鹿的角和体态尽显特色，前脚和后脚均向前倾，整个形象生动逼真。创作者将"鹿"作为情感爆发的对象，通过联想与想象，运用变形、夸张和省略等造型手法和凿刻的制作方式把鹿的身姿以及外部结构特征尽可能地展现出来，使这个鹿图像承载着历史的信息和先民的审美意识。

三、史前岩画中的生活意象是基于先民对宗教巫术的崇拜而创构的

在史前岩画中，有一些岩画图像基于某些物象的现实原型，在原型基础上对图像进行拓展和延伸，借助于想象力，把现实的生活物象化为一种主观内心

之"象"，赋予图像更深层的宗教巫术意味，以表达先民的某种巫术崇拜，如生殖崇拜、天体崇拜、祖先崇拜或者动物崇拜。这些具有巫术性质的崇拜形式在一定意义上来说，是生活物象的化身而非真实的物象。如内蒙古巴丹吉林有一幅动物交媾图，通过对动物交媾姿势的现实性描述，来反映先民通过这种交媾图像来获得更多地动物，提升动物的繁殖率，以便增加先民的肉类供给，画面清晰地反映了先民浓郁的生殖崇拜意味。

在史前岩画的生活意象中，描述动物的身形和体态的岩画不算少数，特别是在北方的阴山、贺兰山以及阿尔泰山等岩画点，原始社会的动物种类比较丰富，有瘤牛、水牛、北山羊、马、野牛、长尾猴、马鹿、野猪、野驴等。先民在观看现实动物的时候，首先要从实际功利化的视角鉴别动物物种的属性，然后又逐渐学会了基于审美情感和生命意味去鉴别这些动物物象❶，更加注重对动物的身体进行审美观照，注重对其体形、姿态等最能体现其特征的部位展开刻画。如先民在刻绘牧鹿时，重点突出矫健的体格：大角、小头、细脖、肥臀，"而对狼则表现躯体强壮、四肢有力以及凶恶、残忍的性格。"❷ 由此可见，原始先民已经认识到每一个动物的自身造型有着明显区别于其他物种的特征，并能精准地再现出具体物象的独特之处。又如，牦牛是史前苯教的神物，但早期牦牛的图像和晚期牦牛的图像是不一样的。早期的牛头向下低，牛角较大，背部高高隆起，尾巴较长。到了晚期，这种体形就变化了，牛角变得很小，背部显得没有这么凸显了，尾巴也变短了，甚至有的牦牛将四肢省略成两肢❸。创作者对动物自身体形与特征的刻画，一方面体现了先民对现实动物物象的熟知程度；另一方面，动物岩画图像作为一种人与动物相互沟通的媒介，是一种信息传递的方式，"甚至代表了特定的时空格局中某个或某些群体的共同信仰。"❹ 这些动物图像丰富了史前先民生活意象的内涵和审美价值。

原始岩画的生活意象还包括狩猎意象。狩猎图像在南北方岩画中都有出现，特别是在北方较多，如阴山、贺兰山以及阿尔泰山地区。在一些狩猎岩画图像中，作者重在强调狩猎者和动物的动作关系，两者形成一种相映成趣的视觉意象效果。人物的姿势大多呈现站姿，双腿前后叉开30° ~45° 度角；有的狩猎者在双腿之间有一柱状物，可能是具有装饰性的尾巴或者生殖器官；大多数狩猎者是一手持弓，另一手拉箭，也有的是箭已经射了出去；臂膀呈现椭圆

---

❶ 盖山林，《中国岩画学》，北京：书目文献出版社，1995年版，第85页，第199页。

❷ 龙进，《阴山岩画中的动物》，《化石》，1987年第2期。

❸ 乔虹，《青海高原动物岩画初探》，《青海民族研究》，2013年第3期。

❹ 曲彤丽、陈宥成，《欧亚大陆视野下的史前早期雕塑》，《考古》，2019年第10期。

形。也有的猎人身着长袍，头戴尖帽，腰挎长刀，或骑马，或快步等。如内蒙古巴丹吉林的一幅狩猎岩画，在画面的最上面是一个狩猎者准备将箭射向猎物，对面有鹿、牛以及羊等动物，有的动物四处逃散，有的站立但保持高度警觉。动物的形象很大，人物较小，在动物群中显得很渺小，表现出了捕猎时的生动场景，整个画面生动有趣。

原始岩画中的畜牧意象呈现了先民放牧时的场景以及图式，既体现了畜牧生活的情趣，又表现了北方草原浓郁的生活气息。在中国的南北方岩画中，畜牧意象的数量仅次于狩猎意象，畜牧母题岩画大多集中于北方，如内蒙古、甘肃、宁夏、新疆、西藏等地的岩画点❶，南方也有少量的出现。畜牧母题岩画包括牧鹿图、牧羊图、牧马图、畜牧图、倒场图、牲畜役使图、牵马图、牵驼图、戏羊图以及由牧人与各种动物组合而成的各种畜牧图式❷。它再现了原始先民在"混合经济"状态下的生活场景和生活方式。这类图像往往将不同的动物放在一起，呈现群体模式，人物步行或者骑马，形成了一种自由、奔放、活跃的场景气氛。动物的形象，一般被史前先民进行夸张化的简约艺术处理，"它们或是仰头伏首，或是举步慢行，或是放纵撒野，或是小憩、奔跑，或是母子亲昵等。"❷ 作者将那些现实的畜牧场景用一种有意味的形式表现出来，人物的动作与动物的姿势交相呼应，再现和还原原始生活场景。如在内蒙古阿拉善右旗曼德拉山的岩画《放牧》（图5-7），画面已经摆脱了对物象的写实描绘，画的左下部刻绘了很多骑马并手持棍状物的放牧人，右上部是一些动物，有的呈奔跑状，有的静立，有的闲步，整个画面运用平涂的手法，呈现出一定的形式美。

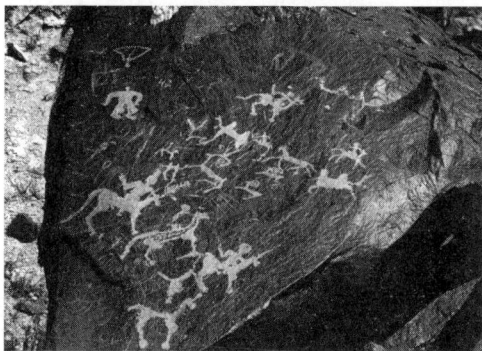

图5-7　内蒙古阿拉善右旗孟根布拉格
苏木曼德拉山岩画《放牧》
来源：《中国美术分类全集》编委会，《中国岩画全集》
（北部岩画），沈阳：辽宁美术出版社，2006年版。

---

❶ 如青海的野牛沟，甘肃吴家川、黑山石关峡、马鬃山的洛多呼都克、上霍勒札德盖、大黑沟，宁夏北山老虎嘴沟、大麦地、刘庄村、白茇沟上田村、归德沟东山梁、黑石峁圪垯，内蒙古曼德拉山、呼鲁斯太苏木地里哈日、夏勒口、白岔河，西藏的鲁日郎卡、任姆栋，新疆的天山林场、阿尔泰奶牛场、骆驼峰、杜拉特等岩画点。

❷ 宁克平，《中国岩画艺术图式》，包青林绘图，长沙：湖南美术出版社，1990年版，第15页。

史前岩画的生活意象还包括先民对村落布局和建筑结构的刻绘内容。在云南沧源岩画丁来一号点，崖面上清晰地绘制了村落的整个生活图像。画面上用褐红色的线条勾勒了村落，呈现了先民们劳动与舞蹈的场景，先民所居住的房子呈锥体，下面用某种材料作为基座，这一设计比曼德拉山先民直接将房子建筑在地面上更为先进。在整个村落中，先民用直线来表示地面，用曲线呈现立体三维状态。在建筑的边上，绘制了一些劳作的人和正在舞蹈的人，特别是有一个站在木棍顶端的巫觋，在其下面两层，有九个手舞足蹈的先民站在横向的架构上，画面最上方还有几只动物自由地奔跑。整幅画面真实再现了原始村落的格局，从中可以窥见原始人的生活水平以及生活式样。又如内蒙古曼德拉山岩画中的《村落与骑者》（图5-8），先民用线条生动地刻绘了十六座锥体造型，在每一个锥体造型内，用横线分割成几层，正中的一座又高又大的锥体建筑应是村里的主体建筑，类似于部落首领议事的地方或者氏族成员公共的活动空间。在每一层都有人的身影。在村落的边上，有往来的马匹和骑马者，整个画面鲜明生动，动静相宜，给人留下一个无限的遐想空间。村落的每一个局部均是生命主体对现实村落的高度概括和体悟，从而给受众一个充满无限遐想的"象"，这里的"象"已经不是现实中的村落图像，而是不受原有物象造型的限制，按照先民内心中对村落的感性体悟而形成的"审美意象"。

岩画意象的创构是史前人类对生活的记录，通过岩画意象去唤起人类对于史前社会的稚拙、朴素、神秘的追溯。盖山林说[1]："岩画艺术是人类为生存而

图5-8　内蒙古阿拉善右旗曼德拉山岩画《村落与骑者》
来源：《中国美术分类全集》编委会，《中国岩画全集》
（北部岩画），沈阳：辽宁美术出版社，2006年版。

---

[1]　盖山林，《中国岩画学》，北京：书目文献出版社，1995年版，第1页。

斗争的图解，是记录在岩石上的史书，它像一个观测古代人类智慧技能和生存方式的万花筒，从中可以窥见古代人类工作劳动方式、经济活动、社会实践、美学倾向、哲学思想、原始思维和自然环境。"新疆吐鲁番地区托克逊县柯尔碱、新疆阿勒腾尕松以及西藏地区发现很多的狩猎岩画，原始先民多携弓弩、长刀等武器猎杀猎物，他们双腿叉开，一手拉弓，另一手射箭，将那个瞬间的生活之像记录下来，利用艺术语言塑造、创构成生活意象。这些生活意象"既不纯是外在事物、人物活动的夸张描绘，也不只是内在心灵、思辨、哲理的追求，而是对有血有肉的人间现实的肯定和感受、憧憬和执着"❶。我们可以看到先民用简约和写意的造型方式对现实物象进行记录，他们没有对物象进行真实的模拟和抽象的升华，而是在记录的同时，把每一个造型做意象化的艺术处理。比如内蒙古阿拉善曼德拉山岩画《梅花鹿与树》（图5-9），画面上用单线简绘成鹿和树的图像，鹿呈静止状态，好似在观察周围的动静，鹿角被刻绘得又高又大，非常细致。在鹿的旁边是一棵树，树干笔直，树枝呈现鸡爪状，这充分体现了先民对生活中有意趣的场景的热爱和再现，也反映了史前先民的生活观念、审美情趣以及精神愿望。

　　总之，史前岩画的生活意象是建构在作者主观心理和客观现实相融合的基础之上的，是反映史前社会生活的一面镜子。它是原始先民在感悟动情中，对物象展开审美观照，重点抓住并呈现了物象的典型特征和表面形态。作者在创构意象的时候，主观化地将整个现实生活空间缩小，将现实的大空间用艺术语言转换至岩石上，给我们呈现出原始环境的真切感和生动性。基于这种造型和空间图像，表达出原始社会的一种拙朴和神秘的状态。作者通过对物象进行模拟和象征性表现的同时，将现实物象中的一些细节去掉并将其转化为精神之"象"，把主体对现实物象的情感结合为一种视觉图形，使先民的生活之"像"通过平面空间有效地传达出来。

图5-9　内蒙古阿拉善右旗曼德拉山岩画
《梅花鹿与树》
来源：范荣南、范永龙，《大漠遗珍：巴丹吉林岩画精粹》，北京：文物出版社，2014年版。

---

❶　李泽厚，《美的历程》，北京：生活·读书·新知三联书店，2009年版，第130页。

第三节　巫术意象

原始岩画巫术意象的创构是先民基于原始社会"万物有灵"的思想。它是原始先民把巫术思想强加于外在物象之后的主观精神的外在呈现，是原始人类开展宗教巫术活动的情感纽带和精神象征。先民将万物有灵观念贯穿于物象生命精神的始终，使所刻绘的岩画洋溢着神秘的巫术宗教意味。原始岩画中所呈现的视觉图像具有某种巫术性，特别是一些太阳神、狩猎形象、交媾形象以及夸大某个形象的岩画等。无论这些岩画图像是否施行交感巫术，"用于生、老、病、死各个阶段的仪式，或是描绘神话动物，抑或代表人们在恍惚状态下看到的灵兽，多数学者都认为，这些动物图像绝不仅仅是艺术家对生活中观察到的动物的简单再现。"❶ 在一定程度上它是原始宗教巫术的典型表现。其中贯穿着原始岩画意象的酝酿、创构与呈现，唤起了史前先民的宗教崇拜激情，反映了原始先民的心理活动和情感寄予。

一、狩猎巫术意象

狩猎巫术意象是整个岩画意象中重要的部分，特别是在北方岩画区，大量的狩猎岩画均带有巫术意味。每一个动物的造型和每一幅岩画的构图都是一种宗教巫术的预设。他们以现实物象为基础，去创构他们心中最适合、最完美的巫术视觉之像，期望发生在即将进行的狩猎活动中。

狩猎岩画充满着对萨满教仪轨的尊崇。史前岩画的狩猎母题是基于狩猎巫术而产生的,而且许多原始狩猎岩画都是巫术宗教化的产物。原始先民信仰萨满教，他们认为骨头是生命和灵魂的栖息地，因而猎杀动物后，将其肢解，肉全部吃掉，只剩骨头。以骨头作为媒介，巫觋在作法时才能从昏迷的状态唤回被杀动物的生命,并且这些动物可以通过骨骼来重新构建生命体。J. G. 弗雷泽在他的《金枝：巫术与宗教之研究》中说❷，许多米尼塔利印第安人相信："那些杀后去了肉的野牛骨头会长出新肉，重新复活，到来年6月就长胖了可供宰杀了。"那么，对原始社会的狩猎者而言，原始岩画被创构和观赏的地方也就相当于先民们将动物的肉剔除掉，而用动物的骨头进行祭祀活动。他们"醉心于描绘大

---

❶ 吉纳维芙·冯·佩金格尔，《符号侦探：解密人类最古老的象征符号》，朱宁雁译，北京：北京联合出版公司，2019年版，第189页。

❷ J. G. 弗雷泽，《金枝：巫术与宗教之研究》，汪培基、徐育新、张泽石译，汪培基校，北京：商务印书馆，2013年版，第829页。

型动物，如马、欧洲野牛和猛犸象——这并不奇怪，因为我们很大程度上要依赖它们为生，之所以把它们画出来，可能是为了召唤某种魔力，来帮助我们更好地狩猎；又或者在召唤某种灵兽——部落的萨满会代表我们与这些灵兽对话"❶。并在很长一段时间内，动物不断地增殖，肉类比以前更多。在这里，我们相信，原始狩猎岩画是和一定的萨满教的仪式仪轨有着密切联系的，一个部族40%以上的人都要参与到狩猎前的萨满祭祀活动中❶，如内蒙古阴山的《群虎》岩画，在画面的最上部分，老虎将骆驼以及其他小动物的肉都吃掉了，只剩下骨骼。整个群虎围绕着骆驼并形成一个半圆。这里面可能就暗含着原始先民利用萨满教的仪轨来祈求动物的增殖巫术。不过在这里，这些老虎身上的线条也有可能与骨骼有关。一些狩猎仪轨有可能是这种宗教仪式的副产品，这就说明原始人类食肉有着两个方面考虑：一是肉类是人类生活所必需的食物；二是为了符合萨满教仪式仪轨，使动物能够繁衍并成为后代人的猎物。如在内蒙古阴山有一幅牛骨骼式样的岩画，整个牛只剩下牛骨，这幅画的内涵可能就是让牛从它的骨骼中再生，并成为狩猎者未来获取肉类食物的重要对象。

　　原始岩画的巫术意象表现了先民企图运用图像来预演狩猎的场景，达到狩猎成功的目的。狩猎预演是原始社会人类狩猎时必然要发生的一种模仿性的现象，狩猎前进行排练、协调和统一狩猎行为，使大家都能互相学习到狩猎的经验以及行为语言，并在真实的狩猎过程中能够形成统一的动作，以达到狩猎成功的目的❷。同时，这种狩猎仪轨要处于一种原始思维的观念下进行，也就是他们认为整个大自然的万事万物均充满着灵性，灵性才使自然界处于一种繁荣的状态。所以，他们相信狩猎模仿行为与真实的狩猎行为之间存在着某种神秘的联系，即"原始人所想象的和他一旦想象到了就相信的前件和后件的神秘联系中：前件拥有引起后件的出现和使之显而易见的能力"❸。很显然，这种模仿行为在一定意义上来说是一种超现实的动物崇拜或者祈求神灵观念，它既在客观上给我们呈现了原始人的狩猎巫术和狩猎场景，又对现实中的狩猎活动发生着巫术的影响力。先民用这种关系来形成某种物象之间的超时空互联，把一个虚拟物体的推动力传输给另外一个现实化的物体，在原有物象与图像之间形成了"互渗"行为，他们无非是为了展示想去寻找一头最强健、最肥硕的动物，凭借着这个图像来影响现实动物的属性以及生命活动。这就意味着，通过肖像

---

❶　吉纳维芙·冯·佩金格尔，《符号侦探：解密人类最古老的象征符号》，朱宁雁译，北京：北京联合出版公司，2019年版，第76页，第223页。

❷　王继英，《巫术与巫文化》，贵阳：贵州民族出版社，1993年版，第12页。

❸　列维-布留尔，《原始思维》，丁由译，北京：商务印书馆，1981年版，第67页。

来影响原型。为了实现这种预演活动，先民在捕猎动物之前，将情感灌注于一系列比较复杂的狩猎仪轨之中，他们相信在模仿活动中使用的物体可以影响到真实的狩猎行为，例如舞蹈、祭拜动物形象或者在岩石上刻绘有关狩猎动物的图像等。也就是说，原始人认为，在模拟捕猎活动的时候能捕杀到野猪或者猴子，那么，在实际的捕猎活动中也能捕到同样的动物，从而构建一种模拟捕猎的巫术场面，提升猎捕动物的信心，进而产生一种愉快的感受。他们基于物象，但又超越物象，以岩画图像来展示先民的意图，为将来的真实狩猎做一个事前铺垫。最明显的例子就是阴山、贺兰山等地的狩猎岩画，他们有的刺中动物的臀部，有的将动物团团围住，还有的动物直接倒地，这些岩画大都具有对狩猎成功的祈愿。又如在内蒙古阴山有一幅双人狩猎岩画，在一只巨大的羊的前面有一个人拉弓射箭，将箭射向了羊的头部，而后面则将箭射中了羊的臀部和躯体，整个羊的身躯遍布了被射的箭。可以说这两幅作品凭借着运用巫术行为来体现此次活动的目的：掌握狩猎的基本技巧，并自觉地配合其他狩猎成员的狩猎行为，保证狩猎成功。

在云南沧源曼坎Ⅱ号岩画点上有一幅《捕猴图》（图5-10），画面上用赭石粉末掺杂黏合剂绘制了九个人物形象以及十只猴子，在画面的上方有两个人手持网状工具，等待着猴子自投罗网。在与猴子比较靠近的地方，有一个人双手

图5-10　云南省沧源佤族自治县曼坎
Ⅱ号岩画《捕猴图》（局部）
来源：《中国美术分类全集》编委会，《中国岩画全集》
（南部岩画2），沈阳：辽宁美术出版社，2006年版。

平伸，好似在驱赶猴群朝向上面的猎网，在猴群的下面还有几个人双臂平伸，也好似在驱赶动物，形成了比较热闹的捕猎画面。这样利用网状物象进行巫术捕猎的岩画还存在于云南沧源岩画勐省、贵州丹秦县石桥大簸箕寨银子洞以及贵州关岭牛角井白岩脚等岩画点。汤惠生认为这种网状物是抓捕猎物的"陷阱"，网状物是向动物施以所谓的巫术魔法的标记，它体现了萨满教的仪轨和特征。我们认为，既然网状物是与动物、人物共同发生在一个场景内，那么，必然形成了具有主观狩猎巫术的功利目的。网状物是现实物象在先民头脑中的巫术反

映，它已经超越了现实的造型，用一种更加抽象的形式在头脑中转换为一个似与不似、物我相融的艺术造型。网状物象是对即将狩猎或捕猎的场景的一种巫术结构预设，这种物象展示萨满教的仪轨和狩猎行为，因为网状形式与萨满教的巫觋的穿着有着异曲同工之妙。他们相信：网状物能使他们抓住他们想猎捕的物象，可以召唤

图5-11　内蒙古巴丹吉林岩画《猎野猪》
来源：范荣南、范永龙，《大漠遗珍：巴丹吉林岩画精粹》，
北京：文物出版社，2014年版。

某种魔力或某种灵兽，起到一定的遥感控制功能。又如在内蒙古巴丹吉林有一幅岩画《猎野猪》（图5-11），画面上方有一条犬，在犬的下面有一位猎人，手持弓箭，弓箭笨重，箭已经射向前面野猪的臀部。画面整体反映了先民通过用笔简约、风格质朴、形象逼真的岩画造型去表达狩猎成功的美好愿望。

　　总之，中国史前狩猎岩画中的每一个点或者线条都充斥着原始宗教思维对造像的影响，这些不同形式的狩猎图像可能用于特定的宗教仪轨，以此来实现先民对现实世界与幻象世界的隐秘结合。先民为了确保狩猎成功，在其居住的区域或者空旷的地方设立一块岩石，并在岩石上刻绘一些模仿当时狩猎场景的图像，凭借着这个场景对真实狩猎时的技巧、布局以及对象进行有章法的预演，充分表达了作者借用这种狩猎预演活动来达到对于狩猎战术、技巧以及人员的完全掌控。在这里，狩猎巫术意象始终是对现实感性物象全身心体悟活动的结果，岩画图像的生成其实就是一个主体对客体认知和"神合体道"的过程，"在图像所表现的动物与人类赖以为生的狩猎动物之间，也存在着更多的关联性"❶，他们用比较简约的二维视觉图像去表达先民内心世界的狩猎需求，将岩石之像与心中之象共同糅合成一种具有神秘巫术性质的传播媒介，二维图像与受众的特定心境相契合，从而蕴含着主体对物象的情感和期望。

二、神灵崇拜意象

　　在原始岩画意象的创构活动中，神灵崇拜意象已经遍及中国南北岩画的所

---

❶　吉纳维芙·冯·佩金格尔，《符号侦探：解密人类最古老的象征符号》，朱宁雁译，北京：北京联合出版公司，2019年版，第211页。

有区域。总体来看，在史前社会，先民对于自然界中的一些现象不理解，在无法做出解释时，就诉诸"万物有灵"的原始神性观念。岩画中的各类造型是先民表达这种原始观念的重要方式之一。中国史前岩画中的神灵崇拜具有鲜明的原始性、功能性等特征。研究神灵崇拜意象，对我们探究原始巫术文化视野中的各类神灵特征、背景、类型以及呈像方式等提供了重要的参考资料。

史前岩画的神灵崇拜意象分为动物崇拜意象、图腾崇拜神灵意象、神像崇拜意象、太阳神崇拜意象、天体崇拜意象、骷髅崇拜意象、祖先崇拜意象以及生殖崇拜意象等类型。这些类型的神灵意象均与先民的日常生活有着千丝万缕的联系，体现了"天人合一"的核心宗教思想。他们"先是通过特定具体形象所构成的象征，把某些特定的物体当作具有超自然力的活物加以崇拜，来寄托某种朦胧的幻觉"❶。散刻于内蒙古乌海和阴山的太阳神、江苏连云港将军崖和台湾地区万山的人面像、广西左江舞蹈岩画舞者头上的鸟形和狗形等岩画就是例证。

这些类型的神灵图像是建构在"万物有灵论"基础上的原始巫术产物，创作者赋予自然之物以一定的象征观念，"企图用拟人化的自然物——人面像，即各种神灵，去控制、限制、影响自然界和自然物。通过对神化了的自然物的祭奠、乞求和献媚，以博得支配自然物的神灵的欢心，达到自然物顺从人、人支配自然物的目的。"❷从这一理论中可以看到原始神灵崇拜的意象性、功能性和神秘性。先民所创构的神灵图像均是由心感悟而生发的。这种主观之"象"是按照主体心中的人神重叠的心像造型来塑造的，他们从现实的动物、英雄以及长老等形象中提取元素。因此，这个意象化的形象既基于现实，又具有一定的现实超越性。

在史前社会里，神灵意象具有认知功能。在原始社会，物质生产实践活动和精神活动是神灵意象产生的现实基础❸。"那些超人或尚未发展成人的生灵，那些具有巨大魔力的神灵鬼怪，那些像电流一样隐藏在事物之中的好运气和坏运气，都是构成这个原始世界的主要现实。"❹可以说，在先民看来，万事万物都是具有神性的，其生活与生产都要依赖于这些神灵的护佑。他们看到天上的

❶ 梁振华，《桌子山岩画》，北京：文物出版社，1998年版，第44页。

❷ 盖山林，《中国岩画学》，北京：书目文献出版社，1995年版，第251页。

❸ 王怀义，《中国史前神话意象》，北京：生活·读书·新知三联书店，2018年版，第165页。

❹ 苏珊·朗格，《艺术问题》，滕守尧、朱疆源译，北京：中国社会科学出版社，1983年版，第11页。

飞鸟，就认为那是会飞的神灵，就在岩面上刻绘一个双臂展翅欲飞的鸟人影像。看到太阳给予自身温暖和恐惧，先民就在太阳结构内栩栩如生地刻绘了人面所具有的喜怒哀乐的表情。他们认为人类起源于某个动物或植物或者被某个动物和植物护佑着。总之，史前社会的神灵意象具有主观视野下的宗教认知功能，他们所创构的任何一个物象均具有神灵意象的因子，这些神灵意象的主观获得、凝聚均是以实践活动为基础的，也都是先民内心与神灵物象相互沟通的结果，从而具有明确的神话色彩和现实功利性。

岩画创作者对于这种神灵崇拜的表达主要与经济生活息息相关。一切艺术都是经济生活的深刻反映，神灵岩画意象也不例外。在史前社会里，原始神灵意象起源于古代人类社会经济生活的本能需求，一些动物和自然物象给原始人类带来了有益于自身经济发展的便利，如满足人类的生活需要、保障农作物丰收以及能及时抓到猎物等，使得先民转向对于自然界和外部物象的依赖和祈求。如在原始岩画中出现的蛙、牛、虎、羊、狼等形象，起初这些动物图像作为一种记录方式出现在岩画上，随着狩猎经济和畜牧业经济的发展，原始先民把图像作为表达神性思想的主要形式，他们认为只有对这些动物神灵进行崇拜，才能使他们的生活变得更好、更顺利。并"使它的魔力按照人类自身的意图去施行"❶。如在内蒙古乌拉特中旗呼鲁斯太苏木地里哈日的《猎野牛与舞蹈》（图5-12），整幅画面形象反映了狩猎采集经济视野下的神灵崇拜。岩画上有两个人物正在跳狩猎舞，下面是一头牛，面积较小，在牛的左边斜角处有一个人拿着弓箭正对准野牛。由此可见，原始先民为了解决经济方面的问题，利用舞蹈来娱神，希求狩猎神灵能保佑他们猎捕到动物，以此表达史前先民对美好生活的希冀。

神灵崇拜是史前原始信仰在现实生活的"社会投射"。杜尔干在《宗教生活的初级形式》中就提出神灵、灵魂等宗教观念与意象都是史前人类社会中一个重要投射❷。这种投射是在原始思维和原始神灵的"护佑"下形成的。史前人类对于事物总是带有某种神格性的情感色彩，他们将对物象的惧怕和崇拜用视觉图像呈现出来。由此可见，在先民看来，神格化的神灵图像要比在现实生活中的物象有更高的地位和权力。神圣性是最具有威慑力的情感诉求和精神回归，也是创造者将现实生活的社会物象通过这种集体表象的形式表现出来，给

❶ 张晓凌，《中国原始艺术精神》，重庆：重庆出版社，1992年版，第198页。
❷ E. 杜尔干，《宗教生活的初级形式》，林宗锦、彭守义译，北京：中央民族大学出版社，1999年版，第73–75页。

图5-12　内蒙古乌拉特中旗呼鲁斯太
苏木地里哈日岩画《猎野牛与舞蹈》
来源:《中国美术分类全集》编委会,《中国岩画全集》
(北部岩画),沈阳:辽宁美术出版社,2006年版。

人们提供一种"理想化"的物质世界意象。如在夏拉木岩画中有一幅舞者的岩画,整个岩画就用土红色描绘了一个舞者,五官清晰、动作姿势自由奔放、四肢细长、两手各拿一飘带,生殖器官既粗又长,显然是通过图像来赞颂生殖神,祈求繁殖生命。

神灵崇拜通过岩画的外在图像形式进行阐发。赵宪章在一篇文章中说[1]:"绘画的色彩造像、舞蹈的身段动作、音乐的声调韵律等,都指向自身。这就是艺术符号之所以是艺术的独特形式,完全不同于非艺术的、实用的符号。既然这样,研究艺术就应当从形式出发,通过形式阐发其中所蕴含的意义。否则,'超越形式直奔主题',那就是将艺术当作非艺术了。"从他的话中我们得知,艺术的内在意蕴以及象征性是通过视觉图像的外在形式来展现的,外在的形式承载着图像的内在意蕴。在史前岩画艺术中,先民表达了对各种神灵的崇拜,用点、线、面等美术元素共同构成了岩画图像的最外在形式。如先民在表达对太阳神的崇拜时,利用人格化的方法将太阳的辐射线和圆圈加上人的五官共同构成图像的外在形式。阴山地区有一幅《拜日》岩画,这是一幅崇拜太阳神的岩画,整个图像分为上下两部分,上部分为似圆状。下面是一个将合十的双手举过头顶并且双腿跪地对太阳神顶礼膜拜的人物。整个崇拜者使用阴刻方式,人物形象显出略形取神的造型手法。一方面,拜日图像的外在形式承载着神灵崇拜的面貌和内涵意义,以圆圈象征着太阳神,也体现了原始先民对世界和谐秩序的一种渴望和冲动,而双手合十的先民则呈现对太阳神的一种虔诚的崇拜,先民用极其简略的图像将其对自然物象的崇拜展现到了极致;另一方面,这种外在的形式被先民赋予宗教的功能,借用拜日这种形式来树立神灵的威严,以此达到统治、娱神的目的。

---

[1]　赵宪章,《通过形式阐发意义:赵宪章教授访谈录》,《兰州文理学院学报(社会科学版)》,2022年11月第38卷第6期。

先民在创造岩画时，其所描绘的任何题材的崇拜之物，均带有神性巫术思维。先民在创造岩画时，是依据实际生产和生活中所崇拜的物象进行模拟和仿生的，他们描绘的物象都很生动，富有生命力。如对太阳神的崇拜就极力将人面与太阳形态相互结合，呈现出太阳神拟人化表情。对生殖神的崇拜也是极力模仿现实生活中的交媾行为，或是夸张人体的生殖器官。有的先民模仿动物的形象，学动物如何走路或跳跃等，在他们看来，模仿得越逼真，就越能代表和彰显原型自身，其巫术效力就越强。云南大王岩画、广西左江花山岩画以及各大岩画区中的杯穴岩画等，都以神性的方法对对象进行模拟。

在史前社会中，图像是先民表达巫术观念、内心活动和审美情感的重要手段。一方面，岩画图像诠释着现实的物质实体的基本信息，具有一定的记录功能；另一方面，岩画图像有其更深层的象征意义，这种不可见的意义是主体与客体之间的某种图像延伸或者以图代意。如宁夏贺兰口一幅《人面像》的岩画，图中隐隐约约有蛙人体和人面图像。这幅作品有效地体现了人与神的结合，虽然是简单的几笔，但是折射出史前人类对生命的体认和颖悟，也渗透着创作者对宇宙物象的理解和想象。

神灵意象是原始人类主观创构的艺术形式，具有鲜明的主观性。神灵意象的原型，是植物、动物、人物等，山林川谷丘陵能出云，为风雨，见怪物，皆曰神❶。每一个部落都将自然物象升华为神灵意象，以艺术符号呈现自己氏族所信仰的神灵，这些意象被先民们主观地赋予了某种象征性的神灵内涵，从而使这个非世俗的物质空间具有神性特征❷，并期待这个非世俗的物质空间中的神灵产生强大的庇护力来护佑整个部落。这些意象都是人类基于对现实物象的恐惧或者热爱的心理情感主观创构的。神灵的形象均是按照先民内心所需要的造型塑造的，因而具有一定的差异性。如内蒙古磴口县苏木图沟畔有一虎图像岩画，其腹下骑者的长度仅及虎的五分之一；狼山炭窑沟南口西壁岩画中，巨牛头前面的人高仅是牛高的五分之一。这种现象绝不是偶然的，牛和虎因具有强大的力量而被神化，是高于人的神❸。广西左江、福建仙字潭、新疆呼图壁康家石门子等地区的岩画中，蹲踞式人物形象符号被美国女考古学家金布塔具体阐释为一种关于生殖女神的形象。云南麻栗坡有两个体形巨大的神像，这大概是

---

❶　（清）阮元校刻，《十三经注疏》（礼记正义·卷四十六），北京：中华书局，1980年版，第1588页。

❷　张晓凌，《中国原始艺术精神》，重庆：重庆出版社，1992年版，第57–58页。

❸　斑澜、冯军胜，《阴山岩画文化艺术论》，呼和浩特：远方出版社，2000年版，第53页。

原始社会的男女保护神或者是祖先神，在巨大神像的左右或者下面有一些被神灵庇佑下的人间生灵正在对神灵顶礼膜拜❶。这种现象在世界岩画艺术中是一个比较普遍的现象。

　　史前岩画意象是先民运用拟人化的手法来表现神灵形象的体现。在史前人类的视角里，整个自然界都充满着神灵和超自然能力，在山上，在水中，在帐篷里，在悬崖峭壁上，等等，可谓是无处不在。不同的神灵又与人存在着连通关系，人类的举动都会影响到神灵的情感。于是，先民就开始崇拜神灵，希望神灵能够帮助他们实现某种目的。这种崇拜显然是建立在虚幻的想象力之上的，并以拟人化的方式表达出来。就这样，植物、狗、太阳、蛇、月亮等物象都被原始人类赋予某种超自然的神力，这些物象所呈现的每一个状态都会引起原始人类对它们的崇拜和眷顾。如在宁夏贺兰口沟内南壁的人面、动物与人物舞蹈岩画，画面中间雕制成一个具有神格性的人物——部落首领或巫师，在其头部有一柱子，人物通过这个柱子来沟通天地和万物，其周围布满了跳舞的人形、动物以及狩猎场景。这些意象群共同构建了一个在巫师的带领下，具有"礼仪"形式的祭祀场景。又如内蒙古乌海市桌子山召烧沟的太阳神岩画，整幅画面刻绘了一个太阳神形象。太阳神形象整体进行抽象化和符号化。艺术家模仿了人类脸部的五官造型及其位置进行形象的创构。整个脸部具有意象化的五官。太阳神面部的下面有两条很宽的竖线，好似人类的双腿。再如内蒙古乌海桌子山召烧沟太阳神面具岩画（图5-13），整个脸部酷似人面，面部的五官具有写实性，在新石器时代，巫觋戴着类似的面具就可以变作太阳神，或者通过面具来实现与太阳神的沟通。通过拟人化的太阳神图像去表现史前先民对自然世界中具有神圣光芒的物象所产生的一种崇拜心理。

图5-13　内蒙古乌海桌子山召烧沟太阳神面具岩画
来源：《中国美术分类全集》编委会，《中国岩画全集》（北部岩画），沈阳：辽宁美术出版社，2006年版。

---

❶　陈兆复，《中国岩画发现史》，上海：上海人民出版社，1991年版，第196页。

总之，史前岩画中的神灵崇拜意象是建构在原始宗教基础之上的，先民们运用象征性的艺术手法以独特的主观视角和简略的线条将其展示出来，突出了巫术性，更彰显了神灵的人格化特征，他们认为这些岩画图像拥有着超自然的神力。每一个图像的塑造均与原始先民的主观意识，特别是宗教观念和审美观念有关。我们认为，这些神灵意象所呈现出来的观念已经突破了原本的图像形式，跨越了时间与空间，一面是生活神灵化，另一面则是神灵生活化。这些意象将原始先民的生活需要和审美情趣生动地表现出来。"他们相信，那些用来绘制和雕刻岩画的岩石表面，就是将现实世界与精神世界分割开来的幔帐或薄膜，印在岩面上的阴文手印和阳文手印可以直接连通这层薄膜。"❶并为我们建构了一个充满幻想、主观化、生活化的意象世界。

三、图腾崇拜意象

图腾崇拜意象也是属于巫术意象的一个种类。图腾意象创造的整个过程或多或少掺杂着宗教巫术的因素，可以说，图腾崇拜是和巫术分不开的。它一般出现在岩画画面的重要位置，具有明显的被崇拜意味。如他们在岩画中表现图腾时，多将其置于人物的头顶。如广西花山岩画中间的巫觋形象的头上加了一个崇拜动物；云南沧源岩画的人物头上也是如此。

图腾意象多是以现实物象为基础，结合先民的崇拜观念和精神需求创构的。在甘肃、青海等地，这里的岩画很多都是和牛、马的图像相关联。在广西左江、四川珙县等地，岩画图像多以狗作为重要形象呈现。在内蒙古阴山、宁夏贺兰山等地，由于这里的居民依靠牛、鹿、野羊等动物作为自己氏族的经济来源，这里的岩画多以这些动物为主要图腾。先民借用这种意象去彰显个人、集体和种族的信仰观念和精神意识。从一定程度上说，史前先民给我们呈现的图腾意象是以图像为介质的审美表现，对于我们研究岩画中的审美意识和图腾文化具有重要的学术价值。

图腾崇拜意象的种类一般分为动物、植物、人物以及宇宙星空等。这些物象在原始岩画中反复出现，如内蒙古百岔河岩刻中的鹿、内蒙古阴山的老虎以及在云南沧源岩画中巫师头戴的动物等。这些分类中的图腾之像远远超脱了现实图像的束缚，在很大程度上展示了先民对某个物象的高度尊重与崇拜。

史前人类"相信与某种动物或植物之间（主要是人与动物之间），有时

---

❶　吉纳维芙·冯·佩金格尔，《符号侦探：解密人类最古老的象征符号》，朱宁雁译，北京：北京联合出版公司，2019年版，第224页。

也相信人与无生命的物体之间，或人与自然现象之间，存在着一种特殊的关系"❶。进而，将某些物象作为本氏族或部落的神物或图腾。在中国史前时期，图腾崇拜已经被演化成为动物崇拜、天体崇拜、太阳神崇拜、神像崇拜等。一些苏联学者则认为图腾崇拜是一种存在于原始世界的宗教巫术形式。一方面，它描绘事物的本身，作为一种记事载体出现在岩石表面上；另一方面，这种图像形成了原始社会约定俗成的图像语言，这种图像的"表层意义只与图像的原初物象相关，而深层意义则象征着图像在特定文化中的所指和功能，表层意义面对着我们，而深层意义则属于图像当时的使用者"❷。这种深层次的意义具有巫术和宗教崇拜的成分。通过将具体的物象和假定的某种物象相联系，使岩画中被刻制的意象只是人类想要表现观念的"代替物"。因此，在原始社会，岩画上出现很多类似于动物、植物、宇宙的形象，都与图腾崇拜有着密切的关系。在史前宗教巫术思维的影响下，图腾崇拜已经成为史前岩画巫术意象的重要呈现方式之一。

原始人类关于动物的图腾崇拜意象有一部分体现在狩猎岩画之中，这与当时当地先民的生活条件、生活方式密切相关。在原始社会，狩猎岩画的出现既属于生产生活的方面，又体现了原始人类对动物的崇拜。据《新校周书》记载，突厥作为匈奴的别种，其祖先传说是人与狼共生的❸，该种族也将"狼"视为动物图腾进行崇拜。费尔巴哈说❹："动物是人不可缺少的、必要的东西；人之所以为人要依靠动物；而人的生命和存在所依靠的东西，对他来说就是神。"这说明，在依靠采集捕猎为主要经济来源的原始社会，人们主观对岩石上的动物图像赋予神格内涵和意义，动物自然而然地也就作为一种具有"神"性的图腾而存在。盖山林在《中国岩画学》一书中曾经说过❺：原始先民作画的动因均出自动物崇拜，画中的动物形象，都是猎牧人赖以生存的动物，正因为在生活上依赖才去崇拜它，甚至认为是与本氏族利益相关的神像或图腾。在那个时期野兽经常出没，人类对动物的增殖繁衍和祈求勿伤于人的信念以及对肉类食物的渴望，都致使其将动物作为一种功利性的崇拜而刻绘于岩石之上。林慧祥教

---

❶ 盖山林，《中国岩画学》，北京：书目文献出版社，1995年版，第133页。

❷ 牛克诚，《生殖巫术与生殖崇拜：阴山岩画解读》，《文艺研究》1991年第3期。

❸ （唐）令狐德棻，《新校周书》（下）（卷五十·列传第四十二·异域下·突厥），台北：世界书局，1974年版，第907页。

❹ 路德维希·费尔巴哈，《费尔巴哈哲学著作选集》（下卷），北京：商务印书馆，1984年版，第438–439页。

❺ 盖山林，《中国岩画学》，北京：书目文献出版社，1995年版，第94页。

授在谈到动物崇拜的时候提到❶："人类在原始社会时代，因为动物与人类的生活有密切关系，而人类的智力还未发达，故老早便发生动物崇拜。凶恶的动物威胁人的生命，人类因畏惧对它表示屈服，有些动物对人的生活有帮助，故也受崇拜，有些动物对于人类食料的来源有关，则也受崇拜。"在那个时代，他们每一天都和动物、植物相依相伴，这种交往也加深了主体对于客观动植物的感悟程度，"先民在适应自然环境和生存方面明显不如动物，于是，动物崇拜就成为早期宗教的普遍形式，尤其是在北方猎牧人聚居地区。"❷如大角鹿、野牛、野猪、马、狗、骆驼等动物，"他们把自身的意志、愿望和要求，把自身的崇拜观念借助于野生动物并以岩画的形式表现出来，更是再自然不过的事情。"❷先民从食物、安全、图腾以及生活各个方面对动物进行全新审视，将这些内在需求转换为一种视觉图像。如在甘肃省肃北蒙古族自治县嘉峪关黑山四道鼓心沟岩画《野牛》（图5-14），画面中绘制了一头野牛和一只北山羊。在原始人眼中，"野牛体壮，力大无比，锋利的牛角更是野牛最厉害的部位。人们寻求精神寄托，在超现实观念的驱使下……他们把牛角当成一种超自然神灵、图腾来崇拜，以求保护自己能战胜自然灾害和敌人。"❸图中的野牛站立不动，牛角上翘，尾巴被创作者夸张得很大，高高竖起，而山羊只是牛的三分之一，画面形象地展示了原始社会对于动物的崇拜。

动物崇拜中的"象"是以动物为原型，以心体物，融合主观情意而创构的意象，不仅展示了动物的体貌特征，而且蕴含了先民的观念和审美情趣。在那个时候，原始先民们受到了"万物有灵"的巫术思维影响，并将其融入意象的创构过程之中。这是主体和客体物我交

图5-14　甘肃省肃北蒙古族自治县嘉峪关黑山
四道鼓心沟岩画《野牛》
来源：《中国美术分类全集》编委会，《中国岩画全集》
（西部岩画1），沈阳：辽宁美术出版社，2006年版。

---

❶　林慧祥，《星辰、五行、动物崇拜与命数》，《活页文史丛刊》第64期。

❷　殷晓蕾，《中国原始岩画中的生命精神》，合肥：安徽教育出版社，2014年版，第27页，第33页。

❸　《中国美术分类全集》编委会，《中国岩画全集》（南部岩画2），沈阳：辽宁美术出版社，2006年版，第5页。

融的结果，没有主体对现实动物能动的审美观察或体悟，就不可能传达出无限的审美意蕴。如新疆阿勒泰地区富蕴县徐永恰勒岩画《鹿羊图》（图5-15），画中的鹿和羊的意象都是创作者受到现实中鹿、羊的形象刺激，对其进行深刻体悟和感发的成果，体现了动物形象与主体自身的生命精神的双向结合。"这不仅映衬、烘托、渲染和催化了岩画图像内容意义的巨大神圣力量，而且在积极对意象的联想中、在无限的精神幻觉下，使人获得与山岳六感至高无上的崇高感。"[1] 鹿的身躯变成了几何形，鹿的角被简化成几道短的横线来代替，后面的羊角被绘制成云纹。这种"形象"已经被主体加入了某些情感活动，被人格化了，并且在塑造岩画形象的时候被主体赋予大自然的生命精神，在一定程度上，彰显了"崇高、无限威严、至高无上的主宰和神秘力量的观念"[2]。此时，羊和鹿的意象已经是超脱了现实之象、达到物我融合之后的象外之象。

图5-15　新疆阿勒泰地区富蕴县徐永恰勒
岩画《鹿羊图》
来源：《中国美术分类全集》编委会，《中国岩画全集》
（西部岩画2），沈阳：辽宁美术出版社，2006年版。

图5-16　新疆杜拉特岩画
来源：《中国美术分类全集》编委会，《中国岩画全集》
（西部岩画2），沈阳：辽宁美术出版社，2006年版。

类似的还有新疆杜拉特的动物岩画（图5-16）。古代先民在创构审美意象的时候常常以自然界的物象为源头活水，而现实物象就是审美意象创构的源头。经过先民对物象的不同视角的选择，重视物象生命的体验，现实物象对主体心灵产生触动，从而形成一种全身心的审美体验。其现实形态经过主体对物象、事象以及背景的贯通，灵心妙悟，应目之中有感知，使得主体的

---

[1]　权东计、李海燕，《贺兰口岩画空间分布与历史环境风貌研究》，《考古与文物》，2006年第3期。

[2]　盖山林，《中国岩画学》，北京：书目文献出版社，1995年版，第138页。

生命精神与宇宙的生命精神融为一体。这幅动物岩画作品就是先民对现实动物图像的精心选择，通过"观"和"取"的手法，以客观动物侧影存在为前提，将物象历史的、社会的审美感知以及主体的情趣共同融合在内心之中，基于动物图像又超脱于动物图像，通过物我交融、以神相会，以象传神，给我们呈现出自然浑成的主体情怀。

"太阳"作为原始宗教活动中比较重要的图腾崇拜对象，它是原始人类认识世界、感悟世界和表达自我的重要媒介。太阳图腾崇拜是人类社会共有的信仰，更是先民重要的精神内容，它不仅出现在东方的国度，而且在世界的其他国度都曾出现过。他们想通过祭祀礼仪、视觉图像等形式表达自己对天神的崇高敬意，在他们心里，太阳不但象征着温暖、光明，更重要的是它能够"从空间、时间、四季诸方面引导人类走上自身发展的广阔道路"❶。它使人们相信，没有太阳就无法生存下去，这就让人们更进一步赋予太阳以更高的权威❷。

中国史前岩画中的太阳图腾崇拜往往表现为两种图式。第一种是在岩石上刻绘一个圆圈代表太阳，在太阳的下面有人在跳太阳舞或者作顶礼膜拜。这种式样在岩画中出现较少，如内蒙古阴山的《拜日》岩画（图5-17），画面上描述了一个人双手合十，虔诚地呈跪拜姿势，在人物的上方有一个写意化的椭圆太阳造型。后来，史前先民也将这种圆形逐渐演变成椭圆形、心形、方形、骷髅形、三角形等其他造型，当然，这些几何造型为中后期的太阳神人面像的出现打下了基础。第二种是在这些几何图形中加

图5-17　内蒙古阴山岩画《拜日》

来源：《中国美术分类全集》编委会，《中国岩画全集》（北部岩画），沈阳：辽宁美术出版社，2006年版。

---

❶　李祥石，《解读岩画》，银川：宁夏人民出版社，2012年版，第101页。
❷　高福进，《太阳崇拜与太阳神话》，上海：上海人民出版社，2002年版，第155页。

入人面五官及各种喜怒哀乐的表情，并运用夸张、抽象和写意的方法对其进行塑造，它是人格化了的太阳神图像，具有人性和物性的双重特征。这种式样广泛出现在宁夏贺兰山、内蒙古阴山等北方岩画区域。如在内蒙古桌子山召烧沟有一幅正面的太阳神人面像。在一个圆圈里，作者将人面的五官以写意化的手法刻绘在里面，在圆圈外部有一些长短不一的辐射线。这些形象化、自然化的崇拜是把原始人类内心的模糊视觉形象投射于自然之物上。第三种是在周围是辐射线的圆圈中加入一个站立的人物形象来象征太阳。如大兴安岭的十字纹符号和云南沧源岩画中的太阳神。这种视觉图像很大程度上受原始巫术思维的影响，史前先民从认知层面和心理层面对现实太阳体悟之后，用点、线、面等造型元素去创构符合自己思想的太阳神图像，并通过这类视觉图像去表达他们的现实性诉求。

总之，中国原始岩画中的太阳神造型是日神、火神以及万物有灵思维的多重因素叠合的结果，它是人类认识世界和感悟世界的一种自觉精神活动。先民在"观""取""意""写"的形象创构过程中将那些生生不息的生命精神主动灌注于不同的视觉造型之中，以夸张、变形、抽象、象征等造型手法，将自己对于日神、火神的崇拜高度人格化和表情化，突出宗教审美的意象性和主体要表达的隐喻内涵。

综上所述，图腾崇拜意象是在先民对现实物象观照的基础之上，并在宗教巫术思想影响下，创构的一种表达其崇拜之情的视觉图像。这种意象代表着一个人或一个群体的信仰文化。从一定程度上讲，这些图像都从原有物象中被剥离出来，它们不是对所崇拜物象的模拟或者简单抽象，而是对所崇拜物象的一种主观审美意象探求，是先民对物象的一种内在精神的书写，显然具有一定的个性化或人本化。

四、生殖崇拜意象

生殖崇拜意象是原始岩画中一个重要的内容。根据世界各地发现的各种形式的生殖崇拜图像分析，这些有关生殖崇拜的岩画图像大多表现为对男女生殖器官的自然主义描绘。一方面，先民希望通过刻绘一些具有象征性的生殖图像或生殖图式来促进人口和动物繁衍；另一方面，先民想通过对男女生殖器官的图腾崇拜来践行某种原始宗教仪式，表达对于繁衍后代的美好祈愿。

在史前社会里，繁衍后代和增加社会劳动力始终是先民面临的核心问题，这也是生殖崇拜在那个时代非常强烈的根本原因。为将这一核心问题清晰地表现在岩画里，先民们就在一些岩画中刻画出不同形状的男女生殖器官或摆出交媾姿势。对于生殖崇拜，盖山林认为，原始人类不知道繁衍后代是由于男女交媾而导致的，他们往往将其归结为繁衍后代是由于神秘的外部力量支配的，而男女生殖器官就成为这种神秘外力的象征❶。正像黑格尔在《美学》第三卷中所说的那样❷，东方的一些国度往往使用自然界普遍的生殖器官形状来表示雌雄或者生殖崇拜。先民希望通过这种直观的、简单的且粗俗的图像形式来达到繁育后代和动物增殖的目的。

生殖崇拜在中国史前岩画中比较常见，主要分布在内蒙古阴山几公海勒斯太沟、内蒙古贺兰山、内蒙古乌兰察布、新疆康家石门子、福建仙字潭、台湾地区万山、新疆木垒博斯坦牧场、新疆裕民巴尔达湖、西藏日土县日松区、内蒙古达尔罕茂明安联合旗、广西左江、江苏连云港将军崖以及青海巴哈毛力等地，特别是阴山岩画和呼图壁生殖岩画中，这一内容比较突出，具有一定的代表性。这些岩画区域主要是少数民族居住的地方，面积比较广阔，生物种类多样，但人口相对较少，更加证明了岩画中生殖崇拜图像存在的意义。

（一）原始先民的生殖崇拜主要采用以下几种形式

第一，用抽象符号来表现先民对生殖的渴望与崇拜，例如圆圈、菱形、曲折线或者点状形态。这些抽象的几何符号内蕴了与岩石表面的"其他成员以及其他群体共享的社会信息，这些标记有助于建立一种文化认同感。这就意味着，这些几何图案已经成了一种文化的组成部分。这种文化既能识别符号，又能灵活使用符号"❸。如在青海卢山有一幅蛇与小凹点的岩画，原始先民为了表现生殖崇拜，就在岩石上刻绘了一些大小不均的小坑穴，每一个小坑穴都象征了高度简化、抽象的女性生殖器官。在众多小坑穴的中间有一条长长的波折线，类似于蛇。在云南元江的它克岩画和内蒙古的达尔罕茂明安联合旗夏勒口蹄印岩画中，原始先民运用菱形符号与点符号相结合、蹄印中掺杂着小凹穴等形式形成了具有区域性的生殖崇拜图像，更有原始先民通过桑树、弓箭、龙形、鸟类、鱼造型、几何形、小凹穴等艺术符号去表现图像的生殖意义，把这种现实图像以夸张、变形的手法，以简约的方式去表现生殖象征。这些简化、抽象的原始形象都是生殖符号的代码。

---

❶ 盖山林，《中国岩画学》，北京：书目文献出版社，1995年版，第153页。

❷ 黑格尔，《美学》（第三卷·上册），朱光潜译，北京：商务印书馆，1979年版，第40页。

❸ 吉纳维芙·冯·佩金格尔，《符号侦探：解密人类最古老的象征符号》，朱宁雁译，北京：北京联合出版公司，2019年版，第63页。

图5-18　内蒙古阴山岩画
来源：李祥石，《世界岩画欣赏》，银川：宁夏人民出版社，2017年版。

第二，史前先民常用夸张的手法表现男性生殖器官。英国学者哈夫洛克·霭理士曾经说过❶，关于生殖的事情，原始人类就开始用各种生殖崇拜图像去做这件事情了。他们用比较直观的、夸张的、粗俗的以及简略化的男女生殖器官造型来象征着这类崇拜活动。如在内蒙古阴山有一幅岩画（图5-18），画中刻绘有两个相对而舞的人物形象，两个人物的一只手相互连接，正在跳生育舞蹈或裸体舞蹈。两个人物的生殖器官被作者夸大，凸显了先民旺盛的生殖力和浓烈的生殖欲望。

第三，先民也用夸张的女性乳房和臀部，来表达鲜明的生殖崇拜意义。"原始人祈求生育，夸大陶塑女像的生殖和哺育部位无疑是他们理想的选择……以凝固和强化这种生育意识。"❷如在宁夏中卫大麦地的人形岩画（图5-19），画面上作者用线条勾勒出对象的轮廓，有意夸张了女性的乳房和臀部，腿部被作者勾勒得很纤细，身躯和腿形成了强烈的视觉对比。

第四，先民刻绘男性与女性的交媾图像，更加直接、生动地表现了原始社会的生殖崇拜。这类图像分布在大麦地、巴尔达库尔山、呼图壁以及贺兰山等区域。

男女交媾图像有的单独存在，也有的是集群式的出现。如在新疆阿勒泰塔特克什阔腊斯的生殖岩画（图5-20），男女的臀部之间用一条简约的线连接起来，周围是动物和人物形象。

因此，中国史前岩画中生殖崇拜意象表现的形式多种多样，每一幅生殖崇拜岩画都孕育着先民对新生命的渴望和期待。先民运用高度概括和简约化的线条，将所要表达的图像快速地呈现出来。他们将生殖崇拜观念浓缩到一个小小的图形之中，给我们呈现一个虚实相生、动静相宜、形神兼备的意象画面，也反映了史前先民对繁殖与增殖的欲望。

生殖崇拜是原始先民基于自身的社会背景和自身的生存需求而进行的一种

❶　哈夫洛克·霭理士：《性心理学》，李光荣译，重庆：重庆出版社，2006年版，第67页。

❷　张晓凌，《中国原始艺术精神》，重庆：重庆出版社，1992年版，第162页。

图5-19　宁夏中卫大麦地岩画
来源：李祥石，《世界岩画欣赏》，
银川：宁夏人民出版社，2017年版。

图5-20　新疆阿勒泰塔特克什阔腊斯岩画
来源：《中国美术分类全集》编委会，《中国岩画全集》
（西部岩画2），沈阳：辽宁美术出版社，2006年版。

原始巫术活动。特别是在母系氏族的晚期❶，随着生产力以及私有制的不断发展，父系氏族社会逐渐崛起，并表现为崇尚男性、关爱男性、崇拜男根等。先民把繁育子孙和农耕种植两件事象紧密地联系起来。他们以物类物，用夸张式的塑形方法对男性生殖器官进行艺术再造，将其基本构造抽象化地表现出来。以通过对男性生殖崇拜将男性的社会地位提高到一个新的高度。在我国的内蒙古阴山地区、新疆呼图壁县康家石门子以及云南麻栗坡等岩画点，先民往往将柱式、男根、蛇、箭等符号以及运用特定的表现程式来作为男性生殖器官的主要象征物。这类意象反映了原始先民对于性的本能需求，以及对生命精神和审美意识的高度体认。

这些粗犷、原始、古拙的史前图像给我们呈现了原始先民对子孙繁衍的强烈愿望。如内蒙古阴山岩画《持弓的男人》（图5-21），

图5-21　内蒙古阴山岩画
来源：斑澜、冯军胜，《阴山岩画文化艺术论》，呼和浩特：远方出版社，2000年版。

❶　对于父系氏族社会存在着对男性生殖的崇拜，大多数的学者并无异议，大家都认同一个观点：对男性的生殖器官的崇拜是发生在母系氏族社会的晚期。赵国华，《生殖崇拜文化论》，北京：中国社会科学出版社，1990年版，第255页。

画中的这名男子呈现半蹲式姿势，生殖器官被原始先民高度夸张。左手扶着一个弓，这个弓比人还高，人物的宽度上下一致，整个造型呈现平面剪影，人物的蹲姿以略形取神的方法表现出来，线性特征较为明显。"弓"在岩画中象征着为性活动产生"动力"，"箭"象征着男性生殖器官。岩画中表现生殖意义多有通过"持弓的男人"形象展现出来。

（二）生殖崇拜图像蕴含着一定的审美价值

首先，表现为一种实用的功利美。他们认为，在岩画中刻绘生殖现象或歌颂生殖神，生殖神就能赐予他们繁衍后代的神秘力量，让他们族群和动物能够繁衍和增殖。正如黄惠昆在《论原始艺术的功利美》一文中所说❶："原始民族并没有等到阶级产生就开始了他们的艺术活动，因而，原始美学不具有现代人追求的阶级美，而在实质上是一种实用的功利美。"他们"相信人显露性器和性交均可以影响到人、野兽和家畜的增殖"❷。如云南元江它克岩画中的生育舞蹈岩画（图5-22），画面上有两个人物被作者夸张成经过套叠的几何菱形，共三层，这种菱形造型被史前先民称为甲虫，它象征着女性生殖器官，在原始社会里象征着生殖神。人物的整个躯体非常宽大且臃肿，而四肢却十分细小。在一个套叠的菱形人物的两腿之间有一个圆点，显然这是女性生殖器官的象征。这个人物的手臂高举着一个类似人形的图像，象征着两性交媾之后的结晶。

图5-22　云南省元江哈尼族彝族自治县它克岩画

来源：《中国美术分类全集》编委会，《中国岩画全集》（南部岩画2），沈阳：辽宁美术出版社，2006年版。

其次，这种审美价值还表现为一种对人体美的发现。史前先民夸张男女两性的生殖器官，以此表达对繁衍后代的渴望，更彰显了先民创造新的生命体的欲望。他们将两性的生殖器官刻意夸大地展示出来，这就充分说明先民认为人体是美的。他们认为人体的生殖器官如果发生"碰撞"就会给整个氏族带来人口的繁荣和经济的发展，这就将两性的生殖器官提升到一种繁荣部族人口和传宗接代的高度。

最后，先民通过运用简约和抽象的表现方法将生殖图像刻绘成极其简洁化的造

---

❶　黄惠昆，《论原始艺术的功利美》，《思想战线》，1980年第2期。

❷　盖山林，《丝绸之路草原民族文化》，乌鲁木齐：新疆人民出版社，1996年版，第166页。

型符号，给我们呈现出一种简约美。他们将生殖器官或者交媾活动用简约的线条刻绘成几何元素的组合，通过这些视觉图像给我们呈现了一个高度笔简意厚的审美世界，并凭借着这些高度简约的形象将宗教巫术和审美情感更好地抒发出来，再现原始社会的审美情趣和审美观念。这些高度写意的线条也传递着先民对生命精神的高度赞颂和呼唤。

（三）男性生殖崇拜意象

在中国史前岩画中，很多的岩画都是以直观的、简洁化的图像形式将男性生殖器官外露，并对其进行夸张和抽象，充分展现了古代先民强烈的生命意识和渴望繁殖生命的热情。他们以男性的生殖器官作为史前人类歌颂生命精神的重要象征物，展现着先民对自我生命意识的审视和超越。

男性生殖器官在古代腓尼基人的词汇中被称为"Asher"，翻译为"垂直者、有力者、扩开者"❶。而这个"Asher"被认为是以色列一个部落的祖先，他们所认为的这个祖先实际上指的是对于男性生殖器官的崇拜。在父系氏族社会里，男性的生殖器官被当作家庭的创造者，它能产生伟大的神性力量，也是造物主本人的象征，它渗透了某种超越现实的原始巫术观念。

新疆康家石门子岩画中有一个特殊的生殖崇拜图像——男子胸腹内刻绘有惟妙惟肖的婴儿头像，这与当时社会理念相关。在原始社会之中，特别是在父系氏族部落里，以男子为中心，女性"就像敬畏一种家神一样敬畏男性。甚至在一些发达民族里，男人也有绝对的统治权，甚至对他的女人、孩子和奴隶有生杀予夺的权利"❶。因而男性被认为是生殖繁衍的关键和核心。这种对男性的极度尊崇带有鲜明的时代特征。

我国的生殖母题岩画的事例均表明，运用夸张的艺术手法直接刻绘男性生殖器官，以表现男性繁衍后代的神秘力量。鲁道夫·阿恩海姆（Rudolf Arnheim）指出❷："同整个远古时代的原始人一样，今天的原始部落也习惯于到处运用男性生殖器官作为某种象征，但是他们从来没有把作为礼仪象征的男性生殖器官与普通的阴茎混为一谈。在他们的眼里，这种具有象征意义的男性生殖器官，代表着一种富有创造性的力量，它不仅能使人类生长繁殖，而且能够使人恢复健康。"

男性生殖器官的意象承载了原始先民对生殖力的推崇和渴望。在史前社会

---

❶　O. A. 魏勒，《性崇拜》，史频译，北京:中国文联出版公司，1988年版，第208页，第207页。

❷　鲁道夫·阿恩海姆，《艺术与视知觉》，滕守尧、朱疆源译，成都：四川人民出版社，1998年版，第628页。

中，人类不清楚自己的降生是由于男女性生殖器官相互发生关系而导致的，他们认为人类的出现是由于外力，而这种"外力"就是男性的生殖器官，于是他们借助男性生殖器官的形象去表现氏族部落的人口繁衍力和动物的繁殖力。

原始岩画中的男性生殖符号具有强烈的巫术性。在新疆裕民县巴尔达库尔山的生殖崇拜岩画上，画面的下部和中部男性生殖器官暴露在外，并与对面的体形较小的女性生殖器官相连。赵国华说❶："先民对男女交媾生殖的崇拜，常常以巫术的形式表现。"在西藏的日土县任姆栋的岩画群中，有一幅关于早期祭祀活动的岩刻，画面中左下方有九排斜放的羊，作为先民祭祀太阳神和月亮神的祭品。在其上方有两个骑鹿的巫觋穿梭于人与动物之间，在其右边有十个陶罐，陶罐上方比较明显的位置刻有男性生殖器官的图像，"这种以大量杀牲为特征的'血祭'，是早期原始苯教的祭祀活动所为。画面气氛庄严、热烈，把祭祀太阳神和生殖神的宏大场面表现得淋漓尽致。"❷在宁夏中卫市大表地榆树沟岩画中，作者突出了两猎人的生殖器官，并且猎人的箭射向了前面的北山羊，箭与北山羊的生殖器官连接在一起，先民希望通过这个图像让动物快速繁殖，以满足氏族部落的肉类食物需求。这些岩画作品本身就具有原始社会的"巫术世界观"的性质。无论如何，先民们认为生殖神掌握着人类的繁衍和动物的繁殖，并以男性生殖器官象征生殖神。他们基于一种相似、互渗的巫术思维，认为男性生殖器官符号"可以保障魔法原则'类似现象引出类似结果'的效力"❸，从而控制大自然的一切繁殖行为。因此，男性生殖崇拜依据的是男性生殖器官所具有的特殊"生殖"力量。这种对男性生殖崇拜已经不再把男性生殖器官看作一种现实化的生理器官，而是把它看作"生殖神"在人类社会的象征物，它具有占有、支配繁衍后代的神奇力量。

1. 男性生殖崇拜意象——柱形符号

在表现男性生殖崇拜的原始岩画中，先民常常使用锥状物、柱形或者棍棒式样的符号来象征着男性生殖器官。他们通过这类符号将先民基于"种族繁衍的崇敬感"和"生殖器的神秘感"❹以艺术物态化的形式呈现出来。每一个柱形符号都在诉说着原始先民内心对生子繁衍的期盼，每一个符号都寄托了先民对生命的渴求和眷顾，从而形成了具有少数民族地方特色的祈求生殖繁盛的象征式样，为我们探究古代男性生殖崇拜的发展和内涵提供了重要参考。

---

❶ 赵国华，《生殖崇拜文化论》，北京：中国社会科学出版社，1990年版，第394页。
❷ 陈兆复，《古代岩画》，北京：文物出版社，2002年版，第165页。
❸ 内蒙古自治区文物工作队编印，《文物考古参考资料》，1980年第2期，第55页。
❹ 王小盾，《原始信仰和中国古神》，上海：上海古籍出版社，1989年版，第115页。

以柱状物来表现男性生殖器官的现象在世界范围内普遍存在。在曼德拉山岩画群中有一幅塔柱式建筑的岩画（图5-23），画面上刻绘了塔式的建筑（上尖下粗，呈锥状），从下到上共有五层。笔者认为这个塔柱式建筑不仅记录了当时的建筑类型，而且象征着史前先民对繁衍后代的渴望之情。

在通常的情况下，柱子以木质或者石质为主材，柱子上会精细地雕刻挺立的男性生殖器官或者整条盘蛇的

图5-23　内蒙古阿拉善右旗曼德拉山岩画
来源：范荣南、范永龙，《大漠遗珍：巴丹吉林岩画精粹》，北京：文物出版社，2014年版。

装饰图案，这正是男性生殖观念与祖灵的实体化象征。在中国西藏的东嘎遗址的建筑群中发现了一个石柱制作的男性生殖器官，该石柱大约高两米，石柱的基座由岩石围合而成❶。在四川和西藏交界处有一个村子叫木里卡瓦村，在村子南边的石洞口有一个酷似男性生殖器官的钟乳石柱，当地人将其称为"久鲁木"❷，意思是能产生甘甜之水的圣物，"甘甜之水"隐喻着男性生殖器官内的精液。在四川纳西族人、云南西双版纳曼贺山的傣族人以及四川木里县的摩梭人，他们都在居住的区域内用柱状物体来祈福女性生育。在南方的巴濮、荆越等民族对"牂柯"这种物象进行生殖崇拜，王昆吾先生认为"牂"是男性生殖器官的替代物，而"柯"就是一种柱状物，"'牂柯'即对一切人工制作的或天然形似的男性生殖器模样的物体的称呼。"❸

纵观以上少数民族的生殖崇拜案例，石柱的形状和结构完全符合先民关于男性生殖器官的认识。正是基于此，先民对柱体有感而发，凭借着联想和想象，建构出一个适合于表现生殖崇拜的柱式结构，体现了原始人丰富的想象力。

2. 男性生殖崇拜意象——箭形符号

从各地的岩画中可知，在史前社会中，箭形符号隐喻着男性生殖崇拜。在史前岩画中大量存在着以弓箭作为母题的狩猎岩画，表面上这些狩猎岩画刻绘的是捕猎或射杀行为，但是，作者不仅表现了狩猎的内容，还利用岩画中的弓

---

❶　张亚莎，《西藏的岩画》，西宁：青海人民出版社，2006年版，第253页。

❷　刘达临，《云雨阴阳：中国性文化象征》，成都：四川人民出版社，2005年版，第40页。

❸　王昆吾，《中国早期艺术与宗教》，上海：东方出版中心1998年版，第121-122页。

箭图像来呈现具有生殖崇拜的象征内涵，企图达到运用巫术行为去帮助动物增殖的功利性目的。在宁夏中卫、内蒙古巴丹吉林、新疆裕民县、内蒙古阴山、宁夏贺兰山等地的岩画中，大量存在着男性骑马或步行打猎的图案，他们将箭由狩猎工具逐渐延伸为一种生殖器官象征物，展现出箭在现实生活中具有重要的社会价值和审美价值。

箭形符号的生殖象征意义在世界各地均有出现。在文明社会的典籍中也有相关记载。《礼记》中云❶："子生，男子设弧于门左，女子设帨于门右。三日，始负子男射女否……射人以桑弧蓬矢六。"在这里，"箭"与"帨"❷分别象征男女的生殖器官，也隐喻了夫妻之间的房事。国外一些学者也基于"箭"的造型与生殖器官的相似性作了解释，如美国的学者魏勒认为，男子的生殖器官象征着箭，而箭末端的两个羽翼则象征着睾丸。在拉丁的基督教十字架中，时常会用一个木棍来暗示男性的生殖器官。在印度的犍陀罗艺术之中，爱神伽摩提婆用莲花苞做成的箭象征男性的生殖器官，而莲花苞则是男性的睾丸。总之，基于国内和国外的案例分析可知，"箭"作为男性生殖器官的象征具有悠久的历史，各地先民通过这个简洁的艺术图像来表达对繁衍子孙后代的情感诉求和强烈渴望。

从一定的层面上讲，弓箭作为原始先民生殖崇拜的象征符号，它拓展了原始先民对生殖崇拜的内涵和意义。如内蒙古几公海勒斯太沟有一幅持大弓的猎人岩画，画面左边刻绘了一个呈现蹲姿且手持弓的猎人形象，在其下部有一个被夸大的男性生殖器官，弓被夸大得比人还要高。

"箭"成为史前先民的图腾，更多的是对于男性生殖器官繁育后代功能的重视。将"箭"作为图腾来崇拜是世界先民共同的精神内容。"箭"本身速度快，命中率高，原始先民借用箭的属性来提高人口繁衍的速度和质量。而且把生殖力量赋予箭之上，通过箭的图像以最快的速度传递"生殖力"。

总之，"箭"是象征着男性生殖器官的艺术符号。通过"箭"的象征符号分析可知，"箭"在原始社会中不但是具有射猎的功能，而且具有男性生殖器官的象征内涵。"箭"是早期人类为了实现族群生殖繁衍的需要而创构的一种意象，它是在比较现实的箭与男性生殖器官相似之处的基础上，通过想象力融意于物，并利用构图等技术性的物态化手段将箭的意象呈现在岩画中，体现了一种在"不似之似"和"略形取神"之间高度概括和提炼的意象创构方式。原

---

❶ （元）陈澔注，金晓东校点，《礼记》，上海：上海古籍出版社，2016年版，第328页。
❷ 这里指的是古代女性佩戴者一种物件，象征着女性的贞操，这种佩饰不同的家族有着不同的制作手法，形状大概为三角形。

始先民已经将"箭"这种符号视为保证子孙绵延不绝的重要象征物，使其成为繁衍人类和增殖动物观念的重要图腾意象，并赋予先民在与自然做斗争的过程中非凡的生殖力和繁殖力。

3. 男性生殖崇拜意象——蛇形符号

史前先民除了借用柱式建筑、箭去象征男性生殖器官之外，还利用蛇形巧妙地象征男性的生殖器官。史前岩画中的蛇形符号大量存在于内蒙古巴丹吉林、新疆库鲁克、青海巴哈毛力以及内蒙古阴山地区。这些岩画点的蛇形岩画有的是对现实物象的真实记录，有的则具有生殖崇拜的象征意象。

早在原始社会，先民就以蛇作为图腾进行宗教巫术崇拜，并用拟人化的手法象征生殖神。在桌子山苦菜沟的岩画群中，有一幅人体和动物的岩画。画面中有四个物象构成，最右边是一个人体的形态，其左边是一个人面和蛇身相结合的形象，蛇张口，整个蛇形呈现垂直形态。在画面下方的中间位置有一双圈纹饰，大圆套着小圆。很显然，这幅作品中蛇（垂直状态）象征男性生殖器官，圆圈象征着女性生殖器官。福州农妇多带银制蛇簪[1]，正符合弗洛伊德所阐述蛇的象征的观点[2]："那些在神话传说中代表生殖器的动物如鱼、蜗牛、猫、鼠（代表阴毛）……而男性生殖器官的最重要的象征则是蛇。"如在青海卢山有一幅岩画（图5-24），原始先民为了表现生殖崇拜，就在岩石上刻绘了一些大小不等的小坑穴，每一个小坑穴都代表了女性的生殖器官，在众多小坑穴的中间有一根长长的波折线，类似于蛇，这条抽象的波折线有可能象征着男性

图5-24　青海海西蒙古藏族自治州天峻县卢山岩画
来源：《中国美术分类全集》编委会，《中国岩画全集》
（西部岩画1），沈阳：辽宁美术出版社，2006年版。

---

[1]　周亮工、施鸿保，《闽小纪·闽杂记》（卷九·蛇簪），来新夏校点，福州：福建人民出版社，1985年版，第140页。

[2]　弗洛伊德，《梦的解析》，赵辰译，北京：西苑出版社，2004年版，第149页。

生殖器官。作者试图借助这种被简化抽象的图像去表现生殖巫术意象。以上的这些例子都是先民基于某种民俗与巫术而生成的生殖崇拜观念。

蛇的象征性是由于图像自身所具有的情感属性而导致的。"蛇性淫，能连续性交，具有很强的繁殖力。"❶在新石器时代，人们就开始崇拜蛇、蜥蜴等爬行动物，这些爬行动物一般都生活在土地上，土地被人类称为"万物之母"，因为它能够给人类提供足够的生活资源。在此基础上，"土地"由原来的母性观念延伸到象征着女性生殖器官的层面。

相比较而言，"蛇"更具有男性生殖器官的某些特征，无论在国内还是国外，普遍存在着将蛇形符号作为生殖崇拜意象的现象。它承载了男性生殖"力"和动物繁殖"力"的意义，传达出先民对于生殖器官的崇拜和对生命之源的追求。

综上所述，中国史前男性生殖崇拜观是原始人类在生产和生活中一个重要的原始宗教信仰，他们凭借夸张、抽象的手法将柱状物、箭、蛇等体现原始生命精神的男性生殖符号意象地刻绘于岩石表面上，以此来表达自己"对生殖的崇仰心理和多生的愿望"❷。这不仅体现了史前先民对物象高度的概括性和抽象性，更是寄托了原始先民对个体生命的讴歌和繁衍子孙后代的急切心情。

（四）女性生殖崇拜意象

人类崇拜生殖器官的历史先后经历了十分漫长且逐步渐进的原始女性生殖器崇拜、男性生殖器崇拜以及男女合体的生殖崇拜阶段。值得注意的是，女性生殖崇拜常常使用不同的象征符号来隐喻，有的是模仿女性生殖器官的外形，大多数取材于自然界的动植物形象。有的以抽象几何符号进行隐喻，如几何纹饰，如菱形、椭圆形、三角形以及坑穴。以上两类生殖崇拜符号都是先民基于原有物象特征，将原始符号的象征色彩鲜明地呈现出来。这些蕴含着浓厚的女性生殖崇拜符号的"代码"通过主体的联想和想象，在岩画中被形象地呈现出来。总而言之，中国史前岩画中的女性生殖崇拜符号从根本上说正是对女性生殖诉求的一种外在造型或结构的图像显现。

1. 女性生殖崇拜意象——花卉符号

在云南元江、四川珙县、内蒙古阴山、新疆库鲁克山兴地以及内蒙古阿拉善地区的岩画中，多以花瓣为主要造型来表现女阴或女性生殖崇拜观念的图

---

❶ 中国岩画研究中心，《岩画》（第一辑），北京：中央民族大学出版社，1995年版，第36页。

❷ 邓福星，《艺术前的艺术：史前艺术研究》，济南：山东文艺出版社，1986年版，第174页。

像。只是不同地域刻绘的花瓣造型略有差异，有的侧重于写实，如内蒙古阴山花卉岩画就是以波斯菊为参照对物象进行细致的刻绘。有的将现实花卉物象进行简约地处理，侧重写意，如四川珙县将花瓣简化为三角形，中间的花蕊也被简化成一个圆形。还有的将花卉赋予人格化和神话色彩等。总之，不管这些岩画点的花卉图像呈现什么样的形态，它们都是来源于客观物象，都是对客观物象真实的描摹和记录，大多数又是对女性生殖器官的象征性表现。

花卉在中国古代文化中象征着女性的生殖器官或对生殖的崇拜。弗洛伊德在《精神分析引论》一书中说过[1]："花卉代表女性生殖器，特别是处女的生殖器。"花卉之所以被史前先民女性生殖崇拜的符号，更重要的是花卉撑开的造型以及花蕊的位置和女性生殖器官的结构极其相似[2]。如在四川珙县麻塘坝悬崖壁崖画中的花形状的形象，是由一个圆圈状的花蕊和在圆圈之外的很多类似于三角形的花瓣组成，这朵花基于巫术宗教视角或许象征着女性的生殖器官。又如在广西岩画中有一幅类似于花的形状的岩画，画面中有内外两个圆圈，内外圆圈之间被简化成三角形，整体类似于女性生殖器官的结构。

花卉生殖符号是先民们对于生产和生活中的物象高度概括和模拟的结果，这种模拟是先民观物取象之后，经过高度归纳而创构的，它包含了主体对客体的情感和巫术思维。这类物象"开始是写实的、生动的、形象多样化的，后来都逐步走向图案化、格律化、规范化"[3]。在这个造型过程中，先民将象征性的语言、巫术思维、美观性、装饰性、形式美等观念主观注入花卉符号之中，生殖崇拜的意识被凝练在先民用线条刻绘的花卉符号中。

首先，基于写实视角的女性生殖器意象的表现方式。如 ❀、⚘、⚘、⚘、🌿、❀ 等花卉图案，这些花卉是主体在对现实花卉的感性外观深刻体悟的基础上生成的，是主观和客观相契合的结果。每一个符号都和现实的花卉图像有着密切的联系，他们把花瓣和花蕊刻画得尽量符合原有物象，在此基础上进行某种细微的变化，从而与女性生殖器官的造型关联起来。

其次，几何化或图案化的女性生殖器意象的表现方式。如新疆库鲁克兴地岩画中的花卉符号 ❀、新疆温宿县包孜东的岩画花卉符号 ⚘，香港的岩画花卉符号 ❀和广西的岩画花卉符号 ✳ 等，都是先民对现实花卉几何化和图案

---

❶ 弗洛伊德，《精神分析引论》，高觉敷译，北京：商务印书馆，1986年版，第119页。

❷ 贺吉德，《贺兰山岩画研究》，丁玉芳整理，银川：宁夏人民出版社，2012年版，第225页。

❸ 李泽厚，《美的历程》，北京：生活・读书・新知三联书店，2009年版，第25页。

化的结果，符号的结构和造型很好地彰显出女性生殖器的形状。

中国史前岩画部分表面刻绘的花卉纹饰象征着女性生殖器官或者隐喻着生殖崇拜，这种崇拜是基于原始交感巫术和相似律展开的。在新疆阿克苏温宿县东北包孜东乡的一幅岩画中（图5-25），画面的左边是一朵盛开的花，花瓣向里收缩成一个卷云纹，纹饰与女性生殖器官周围相似，中间是一个桃形圆圈，并从中间被一分为二，这个花卉植根于其下的一个田字格中，这田字格就象征着土地。无论在造型上还是在内涵上，原始先民均利用花卉作为女性生殖器的象征符号，彰显出古代先民对于生殖的崇拜和渴望。

图5-25　新疆阿克苏温宿县东北包孜东乡的岩画
来源：《中国美术分类全集》编委会，《中国岩画全集》
（西部岩画2），沈阳：辽宁美术出版社，2006年版。

总之，中国史前岩画中的花卉生殖符号是先民在原始生产基础上发展起来的一种人和自然物象相结合的综合体，它具有神秘性、生命性以及现实性等特征，是史前先民生殖文化体系的一个重要组成部分。先民对花卉感性形象进行基于情感和视觉上的体悟，打破了花卉本身的造型和固有观念，创造出基于现实物象又超越现实物象的象征生殖崇拜的花卉意象。在创构花卉意象的过程中，主体凭借着联想和想象，在一定程度上拓展花卉的外延和内涵，赋予其某种超自然的神奇力量。花卉符号中不但有人格化的成分，还有原始社会根深蒂固的交感巫术思维。

2. 女性生殖崇拜意象——桃形符号

先民使用桃形符号来代替女性生殖器官，以作为生殖的象征，也是受到了相似律和互渗律思维的影响。桃形象征符号在我国贺兰山地区的岩画中比较常见。贺吉德在《贺兰山岩画研究》中从物象的结构相似性来分析，他认为桃形符号呈现出一种程式化的造型式样，它把整体造型限定在圆圈或方形之中，上下左右分别刻绘了一条由外向内发射的曲线，这四条曲线分别象征着女性生殖器官的四个局部结构❶。在新疆温宿县吐木秀克乡阿尕衣那克柯塘的岩画中，画面上左边刻画了三个桃形符号，右边有两个人物形象，一人双手上举，呈呼喊状，另一人双手平伸，呈撕扯状，均使用简约的线条进行刻绘。在左边的三个桃形符号中，有的中间有人，有的中间被一条线分割成两半。显然，这幅作品中的桃形符号与女性生殖器官有关，被先民赋予孕育后代的希冀。

桃形轮廓的人面像符号也表达了女性生殖崇拜。桃形人面像"是生育繁殖的象征，属于生殖图腾岩画"❷。一些学者认为这种造型的人面像与女性的生殖器官有着结构上的相似性，能从这些造像中直观地看到女性生殖器官的特征。如宁夏贺兰山岩画中有一个桃形人面像，整体呈现椭圆形，在其顶部有一直线，我们可以理解为生殖器官周围的附着物或者作者试图突破椭圆形的围堵。整个人面像完全仿照了女性的生殖器官结构而塑造，充分反映出先民对物象的细致入微的观察。

除了外形的相似，桃的特性也影响着先民以"桃"象征生殖的思想观念。由于桃"性早花""易植而子繁"❸，桃或者桃花都蕴含着对于女性生殖崇拜的精神寄托。桃和桃花均漂流在水之上，而女性受孕期间婴儿均在羊水中孕育，说明生子离不开水，女子吃水中的桃子将会受孕，"潜含着女子接受水的生殖力的意义。这种接受是以水中之物为中介来实现的，按接触巫术的原理，水中之物因与水接触便附上了水的生殖力，它进入女子体内，便将附于其上的水的生殖力带入其中。"❹英国学者卡纳在《人类的性崇拜》一书中也认为古人似乎喜欢以扁桃来象征女性的生殖器官❺。法国岩画学者雷诺埃–古尔汗在他的著作 *Treasures of Prehistoric Art* 中对原始岩画中出现的雌雄符号进行分门别类的整理，他认为史前岩画中出现的矩形、桃形或者三角形都是象征着女性阴部（外

---

❶　贺吉德，《贺兰山岩画研究》，银川：宁夏人民出版社，2012年版，第139–140页。

❷　朱利峰，《环太平洋视域下的中国北方人面岩画》，北京：中国社会科学出版社，2017年版，第179页。

❸　（明）李时珍，《本草纲目》，北京：人民卫生出版社，1957年版，第1032页。

❹　向柏松，《图说中华水文化崇拜》，北京：中国水利水电出版社，2015年版，第31页。

❺　卡纳，《人类的性崇拜》，方智弘译，海口：海南人民出版社，1988年版，第43页。

阴）的符号❶。在云南省大理市白族有一个流传已久的神话：龙母到远处的高山上获取生活资料，发现了一个绿色的桃子，然后就将其摘下并吃掉了，就受孕了，后来生了一个男孩❷。《诗经·周南·桃夭》❸中，作者就以桃树、桃花与女性进行类比，以桃树去象征女性求得氏族多子多孙，就像植物那样具有旺盛的繁衍能力，继而被先民发展为一种对于生殖观念的精神寄托。在中国土家族的结婚风俗中，要在新娘的被子里隐藏多个桃子，寓意着女性来年多生贵子的生殖愿望；基于此，他们在情歌中也使用"摘桃""吃桃"等具有性象征意义的词汇来表达对于生殖的崇拜。这些明显是原始观念的遗存。

总而言之，桃形符号是我国史前先民对物象的高度归纳与概括之后而形成的女性生殖崇拜意象。他们往往利用桃形尽最大可能去唤起对女性生殖器官的某种联想和想象，使得桃形符号超越原有的观念，形成具有某种人格化、象征化、神性化的女性生殖崇拜意象。

3. 女性生殖崇拜意象——坑穴符号

原始岩画中的坑穴又称小凹穴、杯状坑❹或小圆穴❺，它是世界上最古老的岩画母题之一。作为岩画抽象符号系统中一个重要的组成部分，在史前岩画中占有重要比例。这种岩画符号有的单独存在，有的则是两三个一组，还有的成群表现，如瑞典的斯坦巴根（Stenbacken）岩画点上就有900多个这样的小坑穴点❻。坑穴的造型一般是圆底形或者筒状，有的坑穴符号连成环状，或是6个形成一排或双排排列❼。在我国，江苏连云港将军崖、河南具茨山、青海玉树、宁夏贺兰山、台湾万山、内蒙古海勃湾等岩画点，都有坑穴符号的身影。其凿刻深度、大小以及布置位置等在每一个岩画区都不一样。每个岩画点上的坑穴直径、深度、结构以及排列方式总体上是有意识地设计的。比如这些坑穴的直径一般保持在3~20厘米，深度一般为0.4~10厘米。又如坑穴岩画的排列，有单个凹穴、两个凹穴、双排凹穴、梅花状凹穴、方形凹穴以及无规律的凹穴，等等。它们的排列都很有秩序性，坑穴与坑穴之间的距离相等。它们在可看见的元素与看不见的元素之间相互连接，以意构像，以图显意，从而使得这些坑穴

---

❶ André Leroi-Gourhan.*Treasures of Prehistoric Art*.New York:Harry N.Abrams.INC.,1967: 145.

❷ 何星亮，《中国图腾文化》，北京：中国社会科学出版社，1992年版，第230页。

❸ 王秀梅译注，《诗经》，北京：中华书局，2006年版，第12页。

❹ 盖山林，《中国岩画学》，北京：书目文献出版社，1995年版，第167页。

❺ 陈兆复，《中国岩画发现史》，上海：上海人民出版社，1991年版，第339页。

❻ 贺吉德、丁玉芳，《贺兰山贺兰口岩画》，银川：宁夏人民出版社，2017年版，第51页。

❼ 宁夏岩画研究中心，《岩画研究》，银川：宁夏人民出版社，2011年版，第80页。

岩画拥有更加重要的象征含义。关于坑穴符号的内涵有星辰、血滴、精子、计数、生殖器官、粪便、种子、谷物的颗粒、水滴、雨滴、蹄印、眼睛、羊只、祭祀穴❶等多种解释。

坑穴岩画一般凭借凿刻、磨刻等技法对坑穴点进行刻绘。整个坑穴岩画的外在结构呈现类似于圆形、椭圆形或者筒状，大多数的坑穴岩画均显现为上大下小，呈现"V"或"U"字剖面造型，其造型与女性的生殖器官外形很相似。

综上所述，坑穴岩画符号体现着原始先民的生殖崇拜，从不同地点的坑穴岩画来看，它们都揭示着原始人类处理人与自然、人与宇宙、人与子孙之间的生存问题。每一个坑穴图像都带有家族或者个人的原始宗教使命和审美情趣，都夹杂着原始人类对于自然万物所具有的秩序性的赞美之情。这些坑穴岩画往往将程式化的造型语言付诸画面的形式美之中，把功利性和宗教性作为坑穴岩画自始至终的一个重要元素，它的动静相宜、刚柔相济、阴阳互补的造型与形式美感都"表现了中国岩画自成一体的同一性，表现了中国远古先民们率真、简约而又整齐划一的审美风尚"❷。

4. 女性生殖崇拜意象——鱼形符号

鱼形符号是先民象征女性生殖的另一个重要符号，这类符号最早起源于岩画。原始先民相信，鱼的繁殖力强，可以通过交感巫术将这种繁殖力传递给人类。在新疆哈巴县的鱼形人面像、贵州岩画中的鱼形纹饰以及香港的一些岩画中出现的三角形鱼纹变体图像，都是通过具象的符号或者抽象的形式呈现的。

原始先民以"鱼"作为旺盛繁殖力的象征。"鱼"在原始社会不但作为一种比较常见的食物，而且是先民主要的经济来源。先民捕到鱼之后，通常把鱼皮制成长袍、鱼皮套裤❸，鱼肉则供氏族部落成员享用。他们在剖开鱼腹的时候发现鱼腹部有很多的鱼子，就认为鱼的生殖与繁殖力非常旺盛，对其抱有高度的赞美和崇拜，并将人的繁衍与鱼的多产形成类比关系。他们期望能将鱼的这种旺盛的生殖力转移到女性的身上，渴望通过鱼的强大的繁殖能力让人类在实际生产中产生一种转化效应。"鱼"在希伯来语中解释为"繁盛、繁殖"，也可作增殖来讲。闻一多在一篇《说鱼》的文章中提到，鱼具有多子、繁殖力强等

---

❶ 贺吉德，《贺兰山岩画研究》，丁玉芳整理，银川：宁夏人民出版社，2012年版，第117页。

❷ 朱志荣、朱媛，《中国审美意识通史》（史前卷），北京：人民出版社，2017年版，第11页。

❸ 鄂·苏日台，《狩猎民族原始艺术》，海拉尔：内蒙古文化出版社，1992年版，第49页。

特点，与原始社会繁殖人口有着直接的关系❶。

赵国华在《生殖崇拜文化论》中说❷："半坡先民精工特制了彩陶，绘上特定的鱼纹，用以举行特别的鱼祭，那些鱼纹自然有特殊的含义。从表象观察，是半坡先民崇拜鱼类；从深层分析，则是他们将鱼作为女阴的象征实行生殖崇拜，其目的是祈求人口繁盛。"在半坡先民的视野中，鱼和女性的生殖这两件事象是相互不可分割的，把鱼腹中数不清的鱼子与女性多产相联系，它们之间共同建构起一种图像互渗关系。如在云南丘北狮子山岩画的两条鱼岩画（图5-26），画面上展示了两条具象的鱼。其中一条鱼的鱼鳞被岩画作者用线刻绘得很清晰、很具象，这是写实性的描写。这幅画面上，鱼的造型很像一个人形，双腿叉开，站立。显然是将鱼拟人化，看作是神灵一般的存在，以此来祈求人类能像鱼那样快速繁衍后代。云南沧源岩画第七个岩画点上，有一个双臂张开、小臂向下弯曲、无足、头戴斧形装饰物、身下呈现鱼尾状的画像。这个形象完全按照鱼的造型进行绘制，头小，中间大，保持了鱼的很多明显特征，这种用象征物来寄托精神的行为，不只是一种情欲的宣泄，更是一种创造新生命、赞颂生命精神的真挚感情的外在显现。这充分说明，史前先民想运用人与鱼在造型上进行相似度的结合，形成一种人鱼共体的"生殖神"。如西藏任姆栋早期有一幅祭祀场景的岩画，画面右上方刻绘了一条肚腹圆圆并孕有十条小鱼的母鱼，画面最下面有十条鱼的造型，它们的头均朝下，尾朝上。在母鱼的周围有一群鸟首人身状的巫觋正在围绕着这条母鱼载歌载舞，好似在表达部族希望通过母鱼孕育小鱼的这个过程去体现人们对生殖的祈求和希冀。鸟和鱼在原始时代是繁殖人口的象征，鸟代表着男性，而鱼则象征着女性。鸟与鱼的结合充分体现了史前先民利用巫术符号期望繁衍后代的功利化目的。这样类似的鸟鱼图像还有新疆

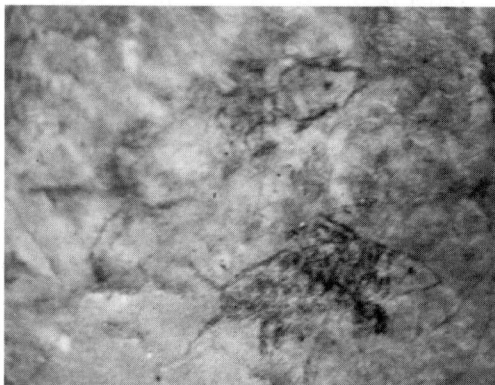

图5-26　云南丘北狮子山岩画
来源：《中国美术分类全集》编委会，《中国岩画全集》（南部岩画2），沈阳：辽宁美术出版社，2006年版。

---

❶　孙党伯、袁春正，《闻一多全集》（第三册），武汉：湖北人民出版社，1993年版，第248-249页。

❷　赵国华，《生殖崇拜文化论》，北京：中国社会科学出版社，1990年版，第107页。

阿勒泰地区的《鹳鸟啄鱼图》岩画。

　　总而言之，对鱼形的生殖崇拜其实就是受到繁衍人口、增殖动物的观念影响。原始先民利用鱼的结构造型、多子特征以及语言谐音，凭借着主观符号化的图像把女性生殖、吉祥寓意与鱼图像相结合，创造了岩画中的象征女性生殖崇拜的鱼意象。它是先民交感巫术的具体外在呈现，是先民受原始互渗思维影响创构的崇拜意象，生动体现了原始先民对于生命的赞颂，呈现了原始先民的审美观、丰产观以及巫术观。

　　综上所述，史前先民运用花卉、坑穴、桃形以及鱼形符号作为女性生殖崇拜的象征，表达了先民对繁衍后代的强烈愿望。他们把人类身体上的生殖部位有意识地夸张和神化，与原始思想观念紧密结合，形成了具有本氏族特色的生殖文化。他们以艺术化的符号去表现对于生育、繁衍人口的强烈愿望和强烈要求。因此，原始岩画中的女性生殖符号是建构在人类主观生育思想观念基础之上的巫术思想，希望自己的主观意志和祈愿通过绘画的方式巧妙地外化为审美图像，希望以图传意，以图显意，并主观赋予其超感性的巫术力量，从而能给我们呈现出一幅可感、可看的，虚拟、抽象、神秘的岩画生殖崇拜意象。

五、本节小结

　　综上所述，中国岩画的巫术意象是先民建构在对现实物象高度概括和体悟基础之上的，融汇了原始巫术思想。在其创构的过程中，体现了先民"观物取象""虚实相生"等的审美方式。无论神灵意象、图腾崇拜意象还是生殖崇拜意象，都是借助于视觉感知、心理建构而产生的，以超感性的形式形成了超脱于现实物象的灵动意象。创作者将一个个心中之象凭借着点、线、面等艺术元素物化成令人产生审美愉悦和精神寄托的岩画图像。这种内心之"象"是原始先民基于现实物象感悟而来，每一个岩画符号都与先民的生命情感紧密相关。因此，这些岩画意象是人类巫术信仰和审美观念的具体体现，是原始人类认识世界和改造世界的重要方式，是先民对现实时空的拓展，是人类内心情感的图像寄托。

第四节　本章小结

　　中国史前岩画意象的创构是原始先民以发展经济、维持生活为目的，在对各种物象和事象审美观照的基础上，借助于日积月累的审美实践活动与原始神性活动相结合所创构的。它包含了原始先民对自然物象的生理认知和情感的认同，体现了先民们的巫术观念和审美意识。先民在创作中，基于现实物象而又超越现实物象，对物象进行有秩序、有选择、有取舍地体悟与审美观照，运用高度概括性的艺术语言将心中之象呈现出来，是一种反映先民精神世界的审美活动，真实地记录和反映当时社会的生产、生活面貌和审美意识。他们把天体等自然物象想象成巫术神灵，并将其以拟人化的手法表现出来，高度体现了原始思想中万物有灵和以己推物的观念。岩画意象的创构活动掺杂着巫术思维，这也使得岩画中的鱼、花卉等不同生殖符号在物我交感的活动中发挥着了一定的繁殖和增殖的功效。先民把主体的精神意识赋予现实物象，现实物象就成为象征物和崇拜物，用这种形式来呈现原始先民的生命精神和审美意识。

第六章　结论

史前岩画是中国绘画艺术和审美思想意识的源头活水。异彩纷呈、别具特色的岩画艺术，包含着史前先民自身的情感脉络、风俗习惯以及生活场景，向我们揭示了史前时代人类的社会生活、宗教观、宇宙观等，这些生动且具有丰富审美意蕴的岩画，对中国传统审美意识的形成尤其是在中国传统绘画艺术的发展方面产生了深远而又积极的影响。我们深入研究中国史前岩画，不但是为了追溯中国审美意识形成的重要源头，而且是去探求中国传统绘画艺术的内在审美意蕴，"重新去发现我们的思维、想象，以及创造神话、感觉和试验的方式所赖以建立的那些目的和基本情感。这同时也是重新去发现我们的表达和交流能力所历经的发展和演化进程，这些能力至今仍在如此强烈地影响着个人、群体、种族和人类的社会联系以及生活的目的。"❶ 从中可以厘清中国审美意识和传统绘画艺术发展的历程。它不仅有助于我们进一步认识史前先民制作图像的形式规律和方法，进一步认识先民是如何将现实物象转化为审美图像，而且逐步以图像为核心去认识史前时代先民的审美意识和思维发展，探索其中所固有的中华民族审美意识资源，将这些宝贵的资源传承下去，更好地为现当代艺术的发展提供更加鲜活的生命力。研究中国史前岩画有助于我们去探索文明前的"文明"，有助于我们从源头来探究审美意识的内涵，并为中国传统绘画和中国美学的发展提供了宝贵的感性材料。对于史前岩画的研究，也可以推动当下的艺术创作和欣赏。

岩画是一种文化的表达媒介，是史前先民的"心印"，他们利用点、线、面、体等多种元素对所看到的现实物象进行再现或者对其赋予某种宗教性，把这种史前文化系统转化为记录自然、了解自然、呈现自然的一个窗口。它将各地区的民族特性、时代特点、艺术风格、审美特征等方面用意象化的图像呈现出来，为后来的传统绘画艺术提供了宝贵的绘画技巧、绘画风格以及绘画构图等。

在中国史前岩画艺术中，原始先民运用多种造型元素创构出丰富多彩的构图形式、内涵深刻的象征符号，用写实或写意的绘画手法以及高度简约、夸

---

❶　埃马努埃尔·阿纳蒂，《艺术的起源》，刘建译，北京：中国人民大学出版社，2007年版，第18页。

张、变形的方法对物象进行造像，它既状物又抒情，创作出天真、稚拙、神秘、抽象以及高度简约化的平面艺术作品。这些艺术作品恰恰反映了先民对现实物象的高度概括和总结。作品中所呈现出的生命精神与当时先民的精神需求具有相当的契合性，因而能引起当下艺术家对艺术作品创作的欲望。他们用不同的造型元素去诉说着先民自身对神灵的寄托和情感慰藉。

中国史前岩画体现了多种元素的复合成像。岩画自身是由多种元素构成的，有视觉元素的点、线、面以及体等，还有造型元素、构图元素、环境元素，更有宗教元素、审美元素等。这些元素与主体相遇并契合融通。当受众在借用联想和想象对画面进行审视的时候，先民就会主动地调动这些元素进入这个视觉的造型图像之中，它们物我交融，以象写意，情景合一，以象显神，把现实空间与画面的空间相互融通，从而形成一幅具有审美意味的复合视觉图像。

中国史前岩画艺术是以"象"沟通人神的重要平台。史前岩画是在没有文字记录之前用图像来记录先民们生产和生活样态的图像，他们运用岩画这种形式去表达他们内心的各种巫术思想。进而通过受众对图像观看之后形成的意象来体现人与神的契合融通。显然，"象"是一种方式。

在中国史前岩画中，大量出现了对于各种神灵的崇拜图像，如生殖神、动物神、植物神等，这些神灵均使用象征这类物象的人与物来代表，通过人与物的姿势和动作来展示对神灵的崇拜，突显了从"再现物象"到"表现自我"的视角转换。这些物象都是对现实感性物象的模拟和写生，经过先民对物象能动而又积极的瞬间创构，以心映物，触物起情，感悟通神，将那些具有生动的、动态的具体物象用自由流畅的线条刻绘在岩石上，诱发受众想象，把现实物象与宇宙大化之道融为一体，以象显神，以象尽意，神合体道，主客合一。这些形象均是原始先民主观意志的外在拓展，是对物象的超感性体悟的结果。他们用"象"来呈现自我，超越自我，主体采用拟人化或者拟物化，将宗教性的观念赋予对象上，把对象物旺盛的生命力快速转移到人类的身上，从而形成一种人与神的相互转换过程。在这个过程中，人通过"象"来实现他们对事物的控制以及对生生不息生命精神的高度体悟，而这个被控制的事物又是人类精神的化身和精神载体，从而实现岩画图像的人神合一，继而实现以象体道、以象沟通的表达途径与方式。

中国史前岩画意象的创构呈现了宗教化的意味。从黑龙江到台湾万山，从江苏连云港到云南沧源，岩画均呈现了宗教化的精神意味。我们猜测，史前岩画被刻绘之初就受到万物有灵思维的深刻影响，任何物象均具有宗教特性，都具有沟通人与神的功能。因此，史前先民所创构的图像大多是具有神灵意味的。图像是呈现岩画意象的重要基础，没有图像，意象是很难创构的。也就是说，原始社会的宗教巫术观念或多或少地掺杂在被先民所塑造的岩画造型之中，这种宗教观念与图像本身彼此就形成了一个交融体，先民基于物象而超越于物象，经过主观对客观的加工和处理，通过先民的联想和想象，不知不觉地将宗教观念借图像造型、构图或风格展示出来，并按照先民内心世界所需要的神灵模样进行神灵创构，将宗教与图像相互结合，呈现一种超越现实物象、诠释生命精神以及突显瞬间性的审美意象画面。他们将这些图像以像表意，以意显像，意象结合，把图像比作是真实的并唤起先民对现实物象的物质和精神希冀，图像中的每一个动作都是先民崇拜各种神灵的非现实的主观表现。

中国史前岩画依赖周围的环境而产生，能呈现宗教意味和彰显神力。在这个场域内的一切物象均具有神性。纵观南北方的各大岩画区，无不揭示着这种神圣场域意象的存在。江苏连云港将军崖岩画斜刻在一座高山上的一整块岩面上，向着太阳；广西花山岩画崖画，面对左江；云南沧源岩画绘制在一个大的崖面上；宁夏贺兰山贺兰口有头戴装饰物的巫觋形象岩画等，这些岩画形象所在的空间环境都具有一个特性：场景具有无法言说的神圣性。先民在这些场域中做一些神圣的或者世俗的祭拜活动，而这些场域中是常人无法进入的。在这些祭拜活动中要呈现一个大的环境气氛，这个环境中的每一个元素都具有宗教的或者有灵魂的特质。当然，也表明了对受崇拜对象的虔诚膜拜之心。岩画所在的空间已经被象征性的符号所渗透，每一个象征符号都是一个神灵的"代码"。岩画作者刻绘在这个环境中的任何一笔均被打上了宗教神性的烙印，且这些岩画形象没有止步于图像的表层结构，而是经过先民对物象进行直接体悟，并基于诱发联想，主动积极地去建构主体与物象之间的物我融合和情景合一的审美状态，最后以"象"来呈现整个空间环境。正如美国学者唐·L. 吉莱特等人在《岩画与神圣景观》中所说❶："所有这些有关联的世界都是由几个强大的实体所构成，每个实体都有一系列特殊的力量。个人和群体可以与之沟通，这些超自然的实体常常会享用各种祭品。当这些实体居住或经过神圣景观时，它们通常会与地球表面上的特殊地形相关联，例如山脉、奇特的岩石、树木、湖泊和湍流，而且它们的超自然能力也可以通过如雷暴和日出等自然现象而巧妙地展现出来。"因此，岩画作为一种沟通天地、人神的平台，其自身功

---

❶ 唐娜·L. 吉莱特、麦维斯·格里尔、米歇尔·H. 海沃德、威廉·布林·默里，《岩画与神圣景观》，王永军等译，银川：宁夏人民出版社，2017年版，第95—96页。

能性的展示离不开场域空间，岩画图像所在场域空间的地理位置、场域与图像的朝向以及由场域空间所引发的视觉、听觉及幻觉现象都与场域意象有着千丝万缕的联系，先民将这些因素与岩画图像相结合，从而形成了具有瞬间化、主观化、宗教化及神圣化的场域意象。

史前岩画的造像呈现了世界性。从全世界五大洲69个国家、148个地区、超过820个岩画区的68000❶个岩画点来看，史前岩画的造像从单元造像到叙述整个故事的集合造像，都具有相同的手法。无论世界哪个区域的岩画造像，都凝聚着先民对现实形象或者臆想形象的精神寄托和追忆某个场景。他们均将现实物象作为参照，用高度凝练的线条和块面对单个物象或者集合物象进行塑造。这种造像高度体现了岩画作者的主体审美意识和"近取诸身，远取诸物"❷的审美思想。他们将现实物象摄入心灵深处，用线条快速对物象进行勾勒，且呈现出突出主体形象的意味，从而达到以形写神的目的。他们所塑造的形态均是平面性的剪影效果，大部分先民使用这些具有平面性的图像去寄托某种宗教情感或者审美情趣，把岩画的功能性和宗教性共同柔和在一个画面之中，他们尽最大可能地去呈现史前时代人类塑像的标准——平面性。他们将物象进行夸张、变形，最大程度上展示物象的体态与姿势，尽量不去遮蔽某个物象的局部，用鲜活生动的图像去展现先民的审美情趣和宗教观念。无论是中国贵州岩画点上的几何形的巫觋还是印度尼西亚的守护神形象，大多具有动作性，就是一幅画面中每一个形象都呈现出异彩纷呈的姿势。先民将对象做动作的那一瞬间定格下来，而这一瞬间正是能够呈现对象物的叙事的时间。他们用简略的笔触塑造了妙肖自然、形象生动的时代精神符号，使得这些"有意味"的符号受到先民们对超世间权威神力的顶礼膜拜。

中国史前岩画是一个综合的系统。岩画是史前先民对古代生产和生活状况的一种真实记录和写照，是在文字没有出现之前，史前人类对原始状态的一种尝试性的阐释和重要的交流媒介。他们把这种具有审美意蕴的图像作为反映现实世界、把握图像世界、崇拜神性世界的一个重要的切入点。我们说审美意象是一个主体对物象的超感性感悟，是将那些直观的、感性的以及鲜活生动的物象被主体所接纳，是主体感悟通神、体悟得神并基于审美经验的判断。他们始终以客观物象作为取象基础，而又要超越客观自然的束缚，将其幻化成似与不

---

❶ 埃马努埃尔·阿纳蒂（Emmanuel Anati），《世界岩画：原始语言》，张晓霞、张博文、郭晓云、张亚莎译，银川：宁夏人民出版社，2017年版，第5页。

❷ 黄寿祺、张善文，《周易译注》，上海：上海古籍出版社，2012年版，第343页。

似的艺术意象，并将创作者的思想情感注入画面中，这种心理活动伴随作品创作的始终。也就是说，史前社会中的感性物象均可算作岩画艺术家创构意象的基础素材，他们将现实物象经过概括和夸张形成了艺术家心目中的形象，以象寓意，以意构象。并将物象概括成线，用流畅、曲折和超感性的线条去书写人类伟大的艺术形式，用这些线条去赞美现实中的生命精神。当然，线条是基础元素，他们用线条去创构不同的题材与岩画造型，如生殖、动物、生产生活以及狩猎等。这些题材与造型在很大程度来说，是先民对物象的宗教抽象反映，并通过不同的技艺和媒介来将其造型物态化。可以说，这些题材的造型体现了物我统一、触物起情，既类万物之情，又通神明之德，使得先民的生命精神与宇宙的生命精神契合为一。他们用巫术的思维灌注于每一个造型之中，使其具有虚实相生、主客融合、空灵剔透的审美特质，每一个造型形象都在彰显着生生不息的生命精神，他们将不同造型呈现不同的造型艺术风格，每一幅视觉图像在现代人看来好似在动，也好似静止，好似诉说着他们的往事。

诚然，岩画意象的创构还体现了作者极力凭借构图来展现岩画意象性。现实物象经过先民的直观审美感受，用线将其创构成别具特色的各类造型，在此基础上，将不同形状与姿势的造型整合起来，成为一个能够再现当时情境的画面。在这个画面中，先民利用不同造型的组合和架构给我们呈现出一个鲜明的岩画构图形式和特征。他们以图显意，重在强调构图中对生命的体验和颖悟。每一个构图中都包含着先民对场景叙事的考虑。他们将动静相宜的不同造型，以一种更加合情合理的构图方法将其融入作者的内心世界中，他们凭借着对物象的全身心的体悟，实现了先民自身的一种观念、精神以及情感的解放。我们说，岩画的造型通过主体的颖悟，对物象的造型进行创构，创构之后而形成的艺术风格对意象的生成有着重要的影响。

岩画意象是人对物象进行审美联想或想象后所形成的一种风格的创构，这种造型风格给我们呈现了艺术家对现实物象的创构过程，他们借助各种技艺，将史前社会的宗教观念、审美情趣以及经济生活场景用图像的造型风格呈现在受众面前，既体现了艺术造型所呈现的审美特质，又用风格化了的形式去彰显岩画的意象效果。一方面，岩画的造型风格寓意了岩画图像的某种内涵，只不过这种内涵被作者深深地嵌入风格之中，突出岩画画面对现实"物象内在生命意兴的表达"❶。另一方面，史前先民用造型风格去体现岩画的功能特性、呈现自然风貌以及体现宗教观念，每一种造型风格都鲜明地体现了中国传

---

❶ 李泽厚，《美的历程》，北京：生活·读书·新知三联书店，2009年版，第55页。

统的尚象精神。他们把拟人化、拟物化的原始思维方式融入这种艺术风格之中。同时，妙肖自然、法天象地的审美意识与天人合一的哲学观念融为一体，从而形成了一种超脱于自然、具有象征意味并契合于原始人心境的审美意象图式。

总之，中国史前岩画的审美特征是一种以原始宗教巫术为核心，以岩石或崖壁为图像依托，根植于中国原始社会、体现原始先民的主客观意愿、适应原始先民的审美要求和视角的世俗化生存信仰。在中国史前岩画中，史前先民通过二维平面进行"仪式美术"或"仪式表演"，运用凿刻或者刻绘的技法对物象进行高度概括和书写，以粗犷、简约化的线条，将先民内心的生命精神物化为不同的视觉审美图像，每一条线都是先民对世界万物的体悟、判断和创造的融合体，每一条线或形象都受到原始宗教巫术观念的统摄与影响，高度"体现着一种出自直率'自动书写'的天籁情境。其艺术表现当属最本质的人的生命力量的宣泄"❶。他们将现实中的物象经过艺术加工，把物象提升到一个更高的审美视角，把他们所看到的各种形象经过"心""手""脑"的意象加工，表达了原始先民丰富的审美观念和宗教联想，最终展现在岩石表面。画面中线条的刚柔并进、形象的意广象圆，都使得画面的图像尽显"卷舒风云之色"❷和"与天地精神相往来"❸的生命精神，从而形成描述自我、展现周围环境、创构生命精神、彰显审美意蕴的视觉优美画面。他们凭借着这些有意蕴的线条、造型或者构图，向受众广泛地传递着他们对生活的热爱、对巫术的崇拜以及对生命精神的高度赞颂。

各类史前岩画无不体现着先民的审美意识和民族特征，充分突出原始先民的生活习性和与自然世界和谐共生的处世理念。岩画中的任何一个视觉图像都体现了作者的内心意象和艺术构思，它超越了自我的生命形式，将这种生命精神与神灵相结合，强化了宗教的神性在物象中的地位，物我交融、主客契合、神合体道，将个体的生命精神深深刻绘在史前社会的直观感性的图像上面。

人们从这些美学化的图像之中去联想古代先民的生活场景、生活秩序、宗教风俗、经济生产以及审美观念。这些岩画图像鲜明地给我们呈现了史前人类繁衍生息的全部过程。当我们看到这些有意味的视觉图像之时，不仅为之一

---

❶ 盖山林，《盖山林文集》，哈尔滨：黑龙江教育出版社，1995年版，第42页。

❷ （南朝梁）刘勰著，王运熙、周锋译注，《文心雕龙译注》，上海：上海古籍出版社，1998年版，第245页。

❸ 孙通海译注，《庄子》，北京：中华书局，2007年版，第381页。

振，这种震撼来自对史前先民艺术创造力的高度赞赏。每一幅岩画都在向我们呈现先民所处时代的自由、平等、共生和巫术观。他们通过这些"有意味"的艺术图像去建构无声的视觉世界，向后代人展示史前时代曾经发生过的事件、情感以及他们所面对的严酷的生存现实，使得后代人能从源头上更好地了解人类的发展历程和人类童年的历史故事。同时也向世人诉说着先民自己曾经有过的辉煌历史！

后　记

这部著作是基于本人的博士论文拓展撰写成的。

这部著作的撰写是一个艰苦的过程，从开题到初稿，基本上延续了四年，一步一步地向前推进。在写作过程中，不断将新的知识点与实物图像相互印证。

这部著作从题目的确定到撰写经历了一个非常记忆犹新的过程。从博士一年级，我的导师就根据我的实际情况与我商定了撰写范围，以中国史前岩画艺术的审美特征为主要研究对象。那个时候，我去买了一套《中国岩画全集》（五卷本），在没有课的时候就在宿舍看图、分析图，或者实地考察，并利用文字和照片的形式记录下来。虽然图片没有全部分析完，但是当时也撰写了30多万字，这30多万字为这部著作打下了坚实的基础。从二年级到三年级我又基于不同岩画的视角连续写了十几篇论文，如岩画中的男女生殖崇拜图像、岩画的宗教性、岩画的艺术性等。

为了撰写这部成果付出了很多努力。我攻读博士的学校在上海，我的工作单位在南京，我为了能够更好地接触到参考书中有关的重要信息，就在攻读博士的学校图书馆一次借阅了50本纸质书，这50本纸质书要用小拉杆车拉着坐上公交车去上海南站，从上海南站坐绿皮车（必须晚上走，第二天南京有课，凌晨到南京）回南京，然后下车再拖着小拉杆车到单位。每一个星期都要去一次上海，更新纸质书。从南京也要坐晚上9点多的绿皮车（票价44.5元），到上海南站已经凌晨了，然后我拖着小拉杆车再去坐公交车到闵行，晚上大街上静悄悄的，有时候感觉累，但是为了成果，必须付出，我到宿舍已经凌晨三点了，就这样，坚持了四年……

这部拙作是以中国史前岩画艺术的审美作为研究对象，以岩画图像为基础来建构中国史前岩画艺术的审美特征体系。整个书稿基本上以艺术视角对岩画审美进行分析。我个人认为，艺术审美需要有图像支撑，图像是基础，没有图像审美特征无法建构。图像是如何被创构的呢？这就涉及先民对线条、造型、构图以及审美意象的建构。当然，这部拙作不光是从艺术视角来写，还有宗教、民族、人类、民俗、神话等视角穿插在其中，相互印证，相互推动。

第一，感谢我的恩师朱志荣教授，他就如同父亲一样对我严格要求。攻读博士的四年里，导师认真训练我如何写论文，如何做科研。从题目的选定、摘要、关键字（词）、引言、正文的逻辑、结语、参考文献到标点符号都做了严格的要求。因此，我的毕业论文从选题方向的选定到提纲的设定与修改全程都在老师的悉心指导下完成，也倾注了导师对学生的关心和爱护。感谢恩师！感谢师母！

第二，感谢华东师范大学中文系给我们授课的朱国华教授、王峰教授、汤拥华教授、竺洪波教授、殷国明教授、彭国忠教授以及其他老师，是他们将自己所掌握的知识细心而又有耐心地传授给我们。感谢答辩委员会的老师们（尊敬的王才勇研究员、刘旭光教授、朱国华教授、王峰教授以及王嘉军教授），是他们在百忙之中来审读我的拙作，并提出了许多重要的意见。也感谢其他院校的老师对本拙作提出的宝贵意见。

第三，感谢我的师哥、师姐们。在我撰写论文的过程中，师哥、师姐们给我提出了很好的修改意见。还要感谢湖北汽车工业学院的朱炜副教授以及广西民族博物馆肖波副研究员的大力支持和帮助。他（她）们积极地为我的论文建言献策，纠正我论文中的一些问题。

第四，最想感谢的人是我的父母、两位姐姐还有我的妻与子。感谢他们的理解、支持和付出，我将永远铭记于心。

感谢所有关心和帮助我的人，是你们默默地支持我的工作和学习，让我安心写论文，安心学习，安心工作，是你们每时每刻为我的进步默默地铺路，是你们……

刘程

2023年1月于办公室